致传承人

——参加天津大学冯骥才文学艺术研究院召开"传承人'释义'学术研讨会"有感

向云驹

（中国文艺评论家协会副主席、中国文学艺术基金会副理事长兼秘书长、天津大学特聘教授）

你的血管流淌的是
古老的血液
你的指尖跳跃着
祖先的精灵
你被天神召唤
在祭司消失的时代
手握着
命运的权杖
蛰伏在生活
世俗与平庸的表面

时间是你的面具
只有苍老的皱纹
刀刻的性格
才能使你的声音
穿透历史的沉默
在一个需要神灵的时刻
吹奏盛大的祭典
生命的长河
波涛滚滚
你是其中一滴水
祖先的智慧
博大精深

你是其中的微尘
但是，你的存在
是形成大海的波浪
是照亮愚昧的薪火
你的干涸和熄灭
将诱发古老的诅咒
海枯石烂，或者
暗无天日
像远古的灾难
是未来永远不可挽救的
历史败笔

来自神授的秘笈
庇佑一代又一代
像母亲的分娩
悲壮而又辉煌
鲜血淋漓
但是却使生命鲜活
生的伟大
让死亡的痛苦
被欢呼遗忘

在生活久远的平静中
支撑伟大历史的传承
收敛天才的锋芒
让鬼斧神工
像冰山沉入生活的海底
直到再一次死亡到来
才在毁灭中浮出记忆的海面
光彩夺目

站立在时间
最后的断面
承受历史的风雨
倒下
就是一处绝壁
走过去
就是道路的延伸
在历史的尽头
大地母亲将重新受孕

Academic Symposium of the
inheritor "Interpretation"

传承人『释义』

学术研讨会论文集

冯骥才 —— 主编

文化艺术出版社
Culture and Art Publishing House

目 录

第一编
研讨会论文

科学地保证文化的传承
　　——传承人"释义"学术研讨会致辞 / 冯骥才 …… 3
论民间故事传承人 / 乌丙安 …… 6
从守望者到传承人 / 罗　杨 …… 25
民间发现的"乐"与"忧" / 余未人 …… 31
释义传承：从努力寻找传承人的一个习惯开始 / 曹保明 …… 37
国际语境中对传承人价值的再认识 / 郑一民 …… 50
传承人"释义"引发的思考与困惑 / 王　智 …… 57
论传承人保护的意义及传承人"释义" / 向云驹 …… 77
非物质文化遗产传承人认定标准研究 / 苑　利 …… 87
关于非物质文化遗产传承人与传承人群的几点思考 / 萧　放 …… 97
非遗代表性传承人保护的中国实践 / 林继富 …… 106
非物质文化遗产传承人的多样性与非均质性 / 安德明 …… 111
文化展示中的传承人 / 毛巧晖 …… 118
试论非物质文化遗产传承人（主体）的结构性与变化性
　　——以"皇会"为例 / 尚　洁 …… 137
传承人：制度如何思考 / 吴兴帜 …… 156

民族文化传承人的层级性与项目制语境下非遗传承人的等级化 / 黄龙光　杨　晖 169

少数民族非遗传承人认定程序存在的问题及其完善
　　——以贵州为例 / 陈静梅 186

故事是讲述还是笔述的
　　——以满族千则故事家为例 / 高荷红 202

文化抗辩理论在传统文化司法审判中的运用 / 田　艳　江　婉 225

非物质文化遗产的权利主体、传承人的权利义务及其他
　　——从《雄鹰飞逝（如果我能）》到《乌苏里船歌》 / 周　超 240

扶贫视域下少数民族非遗传承人的"身份认定"研究 / 王伟杰 261

"社区"的回归与"新在野之学"的导向
　　——传承人口述史再探路 / 祝昇慧 271

无文字民族口承史诗传承人保护实践研究
　　——以苗族史诗《亚鲁王》为例 / 唐　娜 287

公共政策视野下非遗"传承人"概念溯源 / 路　浩 304

第二编

文献与图说

在"传承人'释义'学术研讨会"开幕式上的讲话 / 邱运华 318

在"传承人'释义'学术研讨会"开幕式上的致辞 / 孙广平 320

米花歌·嘎登阿谬制人烟（片段）(节选翻译68行) / 刘廷荣　唱诵口译

余未人　记录整理 322

现场图片 326

研讨会档案 332

相关报道 335

第一编 研讨会论文

科学地保证文化的传承
——传承人"释义"学术研讨会致辞

冯骥才

天津大学冯骥才文学艺术研究院院长、教授

感谢大家参加这个会,这表明大家对这个会议的重视。

我们为什么要对传承人"释义"?所谓"释义"也就是弄清什么是传承人。这既是一个学术问题,也是当前文化遗产保护的关键性问题。

我们都知道传承人的重要。传承人是民间文化的主体,如果哪一项民间文化没了传承人,这项民间文化就消失了。所谓"人在艺在,人亡艺绝"。当然,这里所说的"亡",不一定都是"人亡",还有"艺亡"(艺术失去固有的精神了)。所以,民间文化的保护主要是传承人的保护。

我想过一个问题:历史上有没有"传承人"这种称呼?可能没有。相似的称呼是"传人""艺人"等,但不管有没有,民间文化都是靠人代代相传的。

分外地重视传承人,或者说把"传承人"叫响了,是我们这个时代,因为这个时代是文明转型的时代,在这个时代里,"遗产"的概念出现了,"物质"和"非物质文化遗产"的概念出现了,"传承人"的概念出现了。我们认为,传承人是非遗的代表,是承上启下的责任人。特别是在民间文化处于濒危的状况下，传承人的意义就分外重要，这个意义是决定性的。

我国传承人的认定就是伴随着非遗项目的认定产生的。

先是2006年认定了第一批国家级非遗项目，2007年公布第一批传承人名单，这个过程我都参与了。当时的想法是，每种文化遗产（特别是表演类和工艺性的）应设立代表性传承人，有利于发挥这些极具才华与智慧的传人的领军作用，以促进民间文化的传承与弘扬，这也是政府对管理非遗工作的把手与杠杆。

现在国家级非遗的传承人已经超过3000人了。但现在的保护方式是不是已经很完美？能不能确保传承无忧？学术界的工作是用科学的态度来检验。那么，我们也必须回到原点——"传承人"进行再思考。

首先，人类的非遗保护时间很晚。日、韩最早，是从20世纪50年代开始的；欧洲一些国家到今天还没有，如芬兰现在只有口头文学一种。我国的非遗项目是比较全面的，分为十个种类。人类的非遗公约直到2003年才确定，至今才15年。我们的非遗名录是与联合国配套的，我们的"代表性传承人"学习了日、韩的"人间国宝"制度，但我们的体量太大。然而我们现在这种"批量化"认定是否严谨，还有待研讨。此外，对传统村落的认定也是如此，批量化难免粗鄙化。

必须明确这种方式是政府的保护方式。由于政府保护要从管理出发，所以必须立项，名录就是项目化的产物。政府的非遗与学界的民间文化看上去是同一个概念，但是又不尽相同。从学界看，一个地域的文化是一个整体，如果项目化了，就会把文化的整体肢解开来。

说到传承人，我很欣赏"自然传人"这个概念。

历史上传承是自然而然的代代相传，传人不是一种身份，而且也不会是一个人，一个地方一种民间文化或艺术的传人可能很多。如果确定了其中某一位为"代表"，就会把政府支持的重点都放在一个人身上，问题就出来了，它会使一种文化归结到一个人身上，命悬一线，无形中使民间文化变得脆弱，原本的传承生态与活力受到人为的约束。这种负面问题的出现是否与我们对传承人的认识有关？原本我想把这个问题拿到巴黎的联合国教科文组织去讲。

从学界的角度看，传承人认定是一把双刃剑，利弊都有，在这两难中，如何解决呢？学界的工作是什么？我们必须清醒。

再一个是市场思维影响着传承人，包括传承的目的与内涵。在市场和旅游的驱动下，在消费主义肆虐的大潮流中，文化的产业化、旅游化、商品化，以及传承人的职业化、功利化，正在扭曲传承的目的与遗产的本质，这给政府的管理提出严峻的挑战。

还有一个更紧迫的问题节节进逼，就是认定的国家级非遗代表性传承人的老化。前几批传承人多是老一辈自然传人，具有原生性，那么下一代的传承人的认定标准又是什么？

在这样的背景下，我们必须回到原点，遗产的原点、保护的原点、学术的原点，再一次研讨、界定、确认"传承人"的概念，以便我们更明确自己的科学立场、准则与责任。比如，对于民间文化，我们是否更应把视野投射到文化的整体；对于传承人，不只关注"代表性传承人"？只有坚守科学，才能更好地保护遗产，真正地做好中华优秀文化的传承与弘扬。

期待着诸位学者的真知灼见。

论民间故事传承人

乌丙安

原辽宁大学民俗学系教授

题　记

刊发乌丙安先生此文，自有深意。

2016年，在文化部评审新一批国家级非遗传承人时，见到乌丙安先生，我对他说，文化部评审的"代表性传承人"和学界所说的"传承人"不尽相同。在民间文化中，传承人是自然存在的，无须命名。学界眼里的传承人，是某一种代代相传的民间技艺的执有者，往往不是一个人，而是一个群体。政府的"代表性传承人"多是一个人，是人为确定的、命名的，是政府保护非遗的一个"抓手"。但这种行政化的"代表性传承人"是否可以确保遗产在民间真正活态地存在与传承，还有待观察与探讨。

然而在当前的文化现实中，代表性传承人却被视作非遗的全部，甚至学界一些人也把"代表性传承人"当作传承人的全部，这对于民间文化遗产的保护极为不利。为此，我们学院打算召开一个对传承人的性质与本质追本溯源的"释义"的研讨会。我希望他给予支持。我相信，以乌丙安先生深厚的田野经验与学术功底，肯定能把这个纷乱的问题剖析清楚。

谁料他非但满口答应，还说早在30多年前就写过一篇关于传承人的文章，随后便将这篇文章寄来。

由于乌丙安先生匆匆辞世，未能参加我们"传承人'释义'"的会议。所幸的是，他的文章却早早到达了我们手中。文章中许多独到的思考已经通透地融入了这次会议的主办思想中，我们对他心怀感激。现将先生的文章刊发在此，一为大家研读，二为向他致以怀念，愿他在天国能感知到我们由衷的心意。

冯骥才

2019年6月25日

前　言

我国民间故事的搜集工作在近30年中取得了辉煌的成就，这已经是有目共睹和举世公认的事实了。但是，如果把已经取得的成果与我国民间故事的丰富资源相比较，就会立即感到我们所搜集到的民间故事，无论在数量上或艺术质量上都相差很多；如果再把我们的搜集工作的进展速度和预定的普查目标相对照，就更显得远远落后了。因此，时至今日，在我们的工作部署上还不得不继续强调"抢救"二字。

在这里至少有四个事实可以做证：

一、全国性的民间故事集（包括选本），仍然停留在20世纪60年代的水平，没有更多的增长。

二、55个少数民族中，至少有二分之一的民族民间故事还没有得到有效的挖掘；特别是在人口不足

10万人的26个民族中，民间故事的采集工作十分薄弱，有的几乎为零。

三、省、市、自治区一级中，地方性民间故事的搜集工作很不平衡，除少数省辖市、地区及县进入普查的初级阶段外，大部分地区还没有着手正式搜集。

四、中华人民共和国成立之初60岁以上的民间故事传承人，在近三十几年中，带着他们贮存的故事相继离开人世的，无法估算。

这四个基本事实使我们不能不严肃地认识到：除了政治的、历史的重大原因，使我国的民间文学工作走了一段漫长的崎岖坎坷之路外，在工作方法上严重地缺乏科学性，也是很值得总结的原因之一。我国当代搜集民间故事的状况是：

1. 一般性空泛的号召和动员多，保证采集的有效措施少。

2. 停留在纸面上的规划多，保证执行计划的组织工作少。

3. 民间故事的理论研究相对较多，民间故事科学搜集方法的研究少。

4. 基层搜集工作的正反两方面经验多，认真研究、系统总结推广的少。

5. 缺乏目标的盲目搜集多，有目标的科学采录少。

6. 失去的采集机会多，抓住的采集机会少。

这"六多六少"标志着我国30年来的民间故事搜集工作终究还是进展缓慢的。从这种局面看来，民间故事的搜集工作并没有显示出一"抢"二"救"的紧迫感。

民间故事的搜集工作比起30年来的民间歌谣搜

集工作也是落后的。如果我国民间文艺工作者已经看到了"人亡歌息"的状况,那么"人亡故事断"的局面就更加严重了。

因此,我认为抢救民间故事遗产的关键,首先在于抢救贮存故事的民间故事传承人,这便是我提出本文研究课题的出发点。

一、一条科学的搜集工作经验

在研讨民间故事传承人的开始,认真回顾1949年以来民间故事采录史上有意义、有价值的事例,很有必要。

1954年秋,我国著名的民间故事搜集家孙剑冰和著名的内蒙古"爬山歌"搜集家韩燕如在内蒙古乌拉特前旗汉族聚居的六个农业村进行了两个月的搜集工作,提供了我国20世纪50年代中最好的采录经验。从他们发表的《略述六个村的搜集工作》[①]一文中,人们可以找到一项十分重要的记载,那便是发现付家圪堵村民间故事传承人秦地女老大娘的事实。根据记载,可以归纳出以下四个要点:

1. 秦地女"是个真正的故事家",她主动给搜集者讲故事:"……鱼哭啦,长长地流下两道眼泪……"讲出了民间童话的风格和水平,她不是一般的民间故事转述人或线索提供人。

2. 秦地女当时67岁,她十二三岁时从妈妈那里听了故事便记住能讲了。

3. 据秦地女说,她妈妈讲的故事是从她姥姥(外祖母)那里听来的;她姥姥的故事又是从她妈妈的姥姥那里听来的。这条故事传播的线路是她妈妈告诉

---

① 见1955年4月《民间文学》创刊号。

她的。

4. 秦地女讲的故事至少在一百几十年前便流传了；搜集者强调："要不是我们去，她的故事会失传的。"

秦地女是个真正的故事家，她的被发现是我国民间故事搜集采录工作中的重大科学发现。这个发现使我们比较清楚地认识到民间故事的蕴藏特点及传播特点，大体上摸到了民间故事活动规律的脉搏，使我们从秦地女身上了解了民间故事传承人这个活的文化宝库的真正价值，以及善于发现她（或他）的重要意义。

遗憾的是，这条宝贵的科学经验，即使在当时也没有引起足够的重视；过了不久，"左"的干扰和破坏，使秦地女式的故事家们不得不带着丰富的民间故事遗产告别了人世。秦地女的同龄人如果活到今天，已是96岁的高龄老人了。我们的民间文学工作者从这里可以清楚地回顾这种"抢救"的灾难性历程！因此，80年代重新提起这条科学经验是很有必要的。

我们的民间故事采录工作的<u>重点应当切实地放到民间故事的传承人——当代秦地女们的身上了</u>。

二、一个成功的范例

近四年来，我国民间故事的搜集工作在部分地区迅速复兴起来了，民间故事的普查在许多有条件的村、社中正在试行，大有成效，以县一级为单位的地方民间故事集纷纷辑录刊印了。辽宁省在岫岩、新宾、西丰、喀喇沁左翼蒙古族自治县（今属内蒙古）、大连、丹东、辽阳、阜新、铁岭等市先后展开了村落民俗的调查和民间故事的采录，收获比较大。就在这复兴起来的民间故事采录热潮中，先后发现了贮存大量故事的民间故事传承人，其中超过"百则故事级"的就有大连的李明（48岁，女）、岫岩的李成明（70岁）、佟凤乙（54岁，男）等。其中，最值得注意的是超过"百则故事级"的朝鲜族民间故事家金德顺老大娘被发现的事例。

事情的简略过程是：1981年5月，辽宁省民间故事搜集工作者裴永镇（朝鲜族）在沈阳市郊苏家屯朝鲜族稻农区采风时，查访到了一位"哈儿妈妮"[①]，名叫金德顺，当时81岁，是20世纪同龄人。她是从黑龙江省五常县农村迁到苏家屯女儿家定居的。金大娘在五常县时便是讲述古老民间故事的能手，当地农村社员都熟悉她，但是30多年来她却从未被民间文学工作者发现。金大娘来到苏家屯不久，便引起了当地妇女，特别是老年人的关注，因此不少人向裴永镇同志介绍她能讲故事的本领。裴永镇立即专访了金大娘，首次采录便听到了20多则富于幻想色彩的故事，讲述者生动的语言、丰富的感情、吸引人的拟态、清新的风格和有趣的故事情节，一下子便抓住了搜集者。于是，金大娘被年轻的搜集者用车接到了自己家中，像亲祖母一样对待，一连住了十天，共讲了150多个故事。搜集者把全部故事录了音，把金大娘讲故事的姿态表情拍摄成照片，并用了大约三个月时间完成了整理和汉译工作，从中选出了73篇故事和34篇故事资料，汇辑成107篇的故事专集，以《金德顺故事集》为名，由上海文艺出版社用精装、平装两种版本公开出版发行。

这是民间故事搜集采录的一个成功的科学范例。

---

① 朝鲜语对"老奶奶"的称谓。

从这个范例中，至少可以概括出以下五个值得注意的事实：

1. 金德顺老大娘和秦地女一样，是个真正的故事家。她讲出了民间故事的风格和水平。她的故事贮存量十分惊人，按照国际通例，她是我国发现最早的一位"百则故事级"的民间故事传承人。

2. 金德顺老大娘和秦地女一样，从幼年起便喜欢听故事，默记故事，讲故事，一直讲了60多年。

3. 金德顺老大娘讲的故事主要是从她的妈妈、祖母、外祖母和善讲故事的姑母那里继承来的。以后，她又从迁居的长白、舒兰、五常等地听来些故事，积累到现在。

4. 金德顺老大娘出身"贱民"，深受财主及"两班"贵族剥削压迫。她听来的故事至少流传了百多年，许多故事反映了近百年的历史面貌。

5. 裴永镇的搜集方式显出十分鲜明的紧迫感，他用了各种有效方法，带着深厚的阶级感情，一次完成了采辑工作。1982年春，金大娘因年老患血管病症造成瘫痪，更加证明了这是一次成功的抢救。

这五点事实完全可以为民间文学的抢救工作提供好的经验，加以推广，尽力弥补若干年后造成的损失。

金德顺老大娘讲的"百则故事"，个个都散发着浓烈的山花香。它们不仅有鲜明的朝鲜族民俗特色，更重要的是还有故事家个人的口语艺术风格，甚至从忠实的文字译稿中都可以显现出朴素、优美、动人的艺术感染力量。

金德顺老大娘讲的故事由三部分构成：第一部分是民间幻想性故事，包括魔法故事和动物故事，也就是通常称作"民间童话"的故事；第二部分是民间写实性故事，其中除了一些传奇式生活故事外，还有一些机智人物金善达的故事和讽刺故事；第三部分是分别反映"贱民"与"两班"贵族剥削阶级进行斗争的民间传说。

金德顺大娘的故事充分证明了民间故事传承人所贮存和讲述的故事有其传承的完整性、稳定性和典型性。它们和那些道听途说、残缺不全的转述的故事不同，往往保持了民间故事的原型，极少有紊乱的线索、断片的情节和多重复合的结构。金德顺的故事大部分可以与世界上同型故事相媲美。像表现恶后母遭报应的故事《孔姬与葩姬》《蔷花和红莲》《后阿妈妮》等篇，主题相近，情节各异。《孔姬与葩姬》正是朝鲜族的"灰姑娘型"故事，美丽善良、横遭后母迫害的孔姬，正是"灰姑娘"式的主人公。这个故事和汉族的《翠儿和莲儿》、壮族的《达架和达仑》以及唐代段成式编《酉阳杂俎》中记录的《叶限》故事，同属一个祖型。《后阿妈妮》是朝鲜族"无手女型"故事，和世界同型故事相近，只是这则故事中的无手姑娘是姊妹二人。异类婚姻战胜邪恶的幻想故事在金德顺故事中占有重要位置，其中"天仙婚配型"的《牧童与仙女》是朝鲜族的牛郎与织女故事；"龙女型"故事有《水宫公主和农民》；"螺女型"故事有《田螺姑娘》，它是以"美妻画像"为线索展开情节的，和各民族同型故事有相似之处，但又独具特色。有一则《龙凤相配》的故事，其实正是朝鲜族的"蛇郎型"故事。《蛇姑娘》《人为什么有头发》等也都是异类变形成婚的好故事。在这些奇异婚姻的情节中，表现了人民向往幸福的愿望和为追求幸福而进行的斗争。

动物报恩,帮助穷人致富的幻想故事有《三根鸟羽》《农夫和青蛙》《猎手和老虎》《姑娘和癞蛤蟆》等,它们也都表现了被压迫、被剥削的弱小者期待援助和渴望获得幸福的心愿。金大娘讲的"两兄弟型"故事的代表作有《亨卜和脑儿卜》《长鼻子哥哥》《卖甜屁》《长生不老草》等,它们也都和世界同型故事一样,赞美了正直善良,鞭挞了奸猾和邪恶。

从金德顺老大娘口中抢救出大量优秀民间故事这一事实充分证明:民间故事采集调查工作,只要目标明确,方法对头,不失时机,取得显著成效是不成问题的。在这里,善于主动发现民间故事的源泉,即善于发现民间故事传承人并及时挖掘他们贮存的全部故事遗产是关键的关键。

裴永镇同志对民间故事传承人的故事专录,为我国当代搜集工作提供了典型经验,随着村落普查的开展,这个成功的经验将会在各地开花结果,金德顺式的民间故事传承人,一定会更多地被发现出来,他们的故事财富也将会大量地被挖掘和抢救出来。

三、可供借鉴的国际先例

早在19世纪,德国格林兄弟广泛采集民间童话时,对民间故事传承人便十分重视。一部哺育了世界几代人的《格林童话》,大部分迷人的魔法故事是从老农妇马莉和葳曼夫人这两位故事家那里采录来的,只不过格林兄弟并没有为她们编出什么故事专集罢了。

半个世纪前,日本民间故事的搜集有了迅速的发展。早期柳田民俗学①所建立的"乡土研究",为日本

---

① 以日本现代民俗学奠基人柳田国男为代表的民俗学的通称。

民间故事的大规模采集奠定了理论与方法两方面的基础，以民间故事的村落普查热潮为标志的采集期中，取得了搜集民间故事的丰硕成果。其中，也取得了调查采访民间故事传承人的好经验。

在这里值得着重提出的是日本民间故事搜集家的先驱佐佐木喜善的成就。1922年，他在江刺郡，从40岁的烧炭人浅仓利藏口中采录了大量故事，于当年由"乡土研究社"出版了一本辑有85则故事的《江刺郡昔话》，这是日本民间文学采集期中从民间故事传承人口中采录故事专集的开端。

1927年，著名的民间故事传承人的代表作《老媪夜谭》出版了。这本故事专集是佐佐木喜善继江刺郡专访之后又对陆中下闭伊郡辷石谷江老大娘讲的故事的专录成果。他花费了50多天的时间，从这位老大娘口中采录了300多则故事，用其中103篇故事辑成了这本故事集，使它在采集期中成为达到"百则故事级"的民间故事家的代表作。当时的辷石谷江老大娘73岁，据编者在该书序言中记载：她讲的故事都是在幼年时代从祖母那里听来的。佐佐木喜善的科学采录经验为日本民间故事的调查开拓了新路，产生了巨大的影响。

20世纪30年代是日本民间故事传承人的故事专集丰收时期。1930年，土桥里木搜集的《甲斐昔话集》问世了。这本故事集共收120则故事，全部采自山梨县西八代郡上九一色村；其中80个故事采自编者的祖母，这位老人也是一名出色的民间故事传承人。柳田国男为这本故事集撰写了序言，题为"民间故事的搬运和管理"，对故事传承的管理实态做了重要提示。同年，川合勇太郎也以自己73岁祖母生前讲的 70 多篇故事为主，辑成并出版了《津轻故事集》，也展示了故事传承人的艺术成果。1931 年，佐佐木喜善的岩手县故事集《听耳草纸》出版了，这是从故事传承人那里采录来的 303 篇规模的故事专集，其中还附录了讲述者的自然状况。1932 年，岩仓市郎用速记法从越后南蒲郡葛卷村一位名叫牧野悦的 80 多岁老大娘那里，采集成了一部《加无波良夜谭》故事专集。由于他忠实的记录，故事保持了故事家的民间修辞风格，这本集子成了研究故事的重要文献。1935 年，相继出版了山口麻太郎的《壹岐岛昔话集》和关敬吾的《岛原关岛昔话集》。前者收录了从几名故事传承人口中讲出的 140 个故事；后者是从编者家乡南高来郡小浜町这个渔村的两名故事传承人口中采录的 193 则故事。1939 年，铃木棠三的《佐渡昔话集》出版了，分前、后两编，共 190 篇故事。其中，前编的故事是以古野末女为中心的 10 名老大娘在 6 天的时间里讲的。古野末女也是一名出色的民间故事传承人。

　　这些成果推动着日本民间故事的搜集工作，从采集期进入了繁荣的"黎明期"。这期间，柳田民俗学的一项重要内容便是采集法的研究，柳田本人在《昔话的采集期》一文中强调了民间故事在传承人中讲述的特点，论述了民间故事讲述家的资质和故事的变异状态，为科学的采录做了引导。纵观战前日本民间故事的搜集工作，最引人注目的便是民间故事传承人的贡献和搜集家从故事家那里开发故事宝库的巨大成果。

　　战后，从 1948 年复兴起来的日本民俗学，在民间故事的搜集方面继承了采集期的传统，步入了向民间故事家采录故事的新里程。从 20 世纪 50 年代起，搜集家展开了广泛深入的科学采录，六七十年代出版了大量故事传承人的故事专集，为全日本民间故事的集成创造了充分条件。1954 年，丸山久子在佐渡岛稻田区国仲地方，从一名老大娘口中记录了 52 个故事，编成《佐渡国仲昔话》，1969 年出版。1958 年以来，稻田浩二、福田晃从冈山县真庭郡八束、上川两个村的 67 名讲故事能手那里记录了 358 个故事，1968 年出版了《蒜山盆地昔话》，这集故事反映出同一地区的故事积层以及故事传承人的活动特征。

值得注意的还有野村纯一及野村敬子编刊的四本故事传承人的故事专集。1967 年出版的《吹谷松兵卫昔话集》，收录了新潟县枥尾市吹谷的多田家（松兵卫）十名讲故事能手的 68 个故事，这些故事都是以母传子女、祖母传孙辈的家传体系流传下来的，故事的传承线路十分清晰。1970 年，出刊了《萩野才兵卫昔话集》，收录了山形县新庄市萩野地方叫作才兵卫的安食丹波守后裔富士媪讲的 64 个故事。这些故事都围绕着安食家的由来展开，显示了故事的祖承线路。1971 年，《五分次郎》出版，这又是一本山形县最上郡鲑川村两名故事传承人的故事专集。1972 年又刊印了《关泽幸右卫门昔话集》，收录了山形县最上郡真室川町关泽的幸右卫门的美浓媪讲的 85 个故事。上述两名老媪都是不识字的故事传承人，都是日本"长姊管家"相续制的接班人，编者对她们的家传故事体系及管理，做了很有意义的解析。

在 20 世纪 70 年代里还有：1972 年，稻田和子指导的山阳学园短期大学"昔话同好会"编刊了《鸟取县关金町昔话》，特别记述了发现"百则故事级"的故事传承人毛利久的情况，收录了 155 个故事。1973 年，有马英子编刊了《福岛尚松昔话集》，收录了鹿儿岛县大岛郡大和村津奈久的福岛尚松老婆婆的 130 个故事。这位出生于 1878 年的近百岁的老故事家，讲了许多很有教育意义的动人故事，几乎在现有故事类型中难以找到，十分古老而又珍贵。1974 年，福岛县田村郡船引町的一位名叫三轮千的老婆婆讲的 102 个故事，编辑出版。冈山县阿哲郡哲西町名叫贺鸟飞左的老婆婆讲的 411 个故事，被编成《中国山地昔话》出版。这位老故事家具有惊人的记忆力和讲故事的才能，在日本故事传承人日渐减少的当代，这样的优秀故事家十分难得。这时期，最有代表性的是大谷女子大学"说话文学研究会"编的《牧村昔话集》及其续集的出版，不仅收录了 735 个故事，而且还记述了新潟县东颈城郡牧村的有关资料。其中，特别介绍了两名故事家金井系和他的婶母五十岚富士野，对研究故事传承线路有重要价值。在这个时期，还有宫城县登米郡南方町的故事家永浦诚喜讲的 275 个故事，也是从祖母那里传来的，其中 175 则故事编辑成集出版了。双目失明的杉本纪久枝老婆婆讲的 83 个故事的专集，故事家西山太吉为代表的故事专集，都是 70 年代的成果。

　　日本民间故事从战前的采集期到战后 30 多年间的繁荣期，对于民间故事传承人的调查研究已经取得了半个多世纪的科学经验，对我国民间故事的搜集工作有积极的借鉴作用，切不可等闲视之。

　　我国目前数以几十万计的村村寨寨仍然保留有民间口头故事传承的实际形态，故事的自然传播仍处在活跃期。我国村落的故事传承人如果以新中国成立时15岁左右为基准,那么今天50岁以上的故事家肯定还有很大数量健在,他们贮存的故事资源还远远没有被开发出来。在日本能够有那样多有代表性的故事家及其故事被抢救出来,那么相应地在我国应当抢救出若干倍的数量,难道不是一道小学生的算题吗?它的答案岂止是一个50年代的秦地女,80年代的金德顺呢?

日本民间故事传承人的调查采录是日本民间故事搜集工作成功的关键,我国对这种经验和方法有必要认真加以研究,因地制宜,结合我国实际,有效地予以采用。

四、民间故事传承人的民俗特征

民间故事传承人,在我国民间文学理论界又通称"民间故事讲述家"或"讲故事能手";但从民间故事的民俗活动考察,讲述只是口头性特征,它还不能说明故事传承的形态。贮存故事的故事家能讲述,一般听众的转述也是讲述,因此,严格说来不是所有讲述者都是故事传承人。民间故事的传播是人民生活本身的一项有机的活动,并不是什么自觉的文学创作活动。如果十分简单地以为讲故事单单是一种群众性的"文学活动",而忽视了民间讲故事的途径、方式、职能都有自身的习俗惯制,那么要想对民间故事的调查研究得出全面正确的结论并取得丰硕的成果,恐怕是比较困难的。

在这里提出四个题目进行探讨:

第一,民间故事传承人的形成;

第二,民间故事传承人的传承线路;

第三，民间故事传承人的母性特征；

第四，民间故事传承人的故事活动。

民间故事传承人是如何形成的？这是个比较大的理论与实践的问题。简言之，并不是所有听过故事或讲过故事的人都是故事传承人，常见的故事转述人固然也能起到传播故事的作用，但是真正传播民间故事、发挥民间故事作用的，主要还是民间故事传承人。他们往往从幼年时候起便喜欢听故事，听了便牢记，记牢便讲述，这种口耳之间、口传心授的自然往复，形成了口头故事的原始积累，实际上已经编成了口碑故事集，奠定了故事传承人的基础。民间生产和生活的丰富内容与千姿百态的生活样式，都成了不断加强故事传承人修养的素材；多次反复的讲述实践，锤炼了口头艺术语言，使他们形成了远比一般转述人的口语优美得多的讲述语言，使故事情节在不断熟练的构思中有了更精巧的组织。在故事的自然传播过程中，传承人善于把零散的故事收纳起来，把断片的故事结构起来，经过他们的融化，再传播出去，显示出一种惊人的集散故事的才能，因此传承人在群众中得到承认、喜爱和推崇。所有这些故事家的经历都可以拿来做证。

民间故事家都有他们自己的传承线路，这是由故事流传的规律所决定的一种民俗现象。从本文所引述的国内外资料中可以看到，故事传承人所讲述的故事不仅都有其直接的源头，而且还都有清晰的传授脉络。在大多数情况下，常常沿着以下一条线路进行：

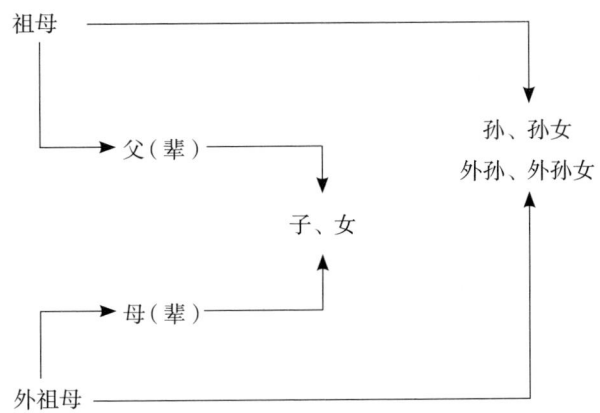

这是一条代代沿袭成俗的故事祖承线路，也正是秦地女所说的从"老姥姥"到"姥姥"到"妈妈"再到"自己"的线路。这是一条极为普通的家族传承线路，在我国绝大多数村寨家庭中几乎都或典型或不典型地存在着这样一条传讲故事的线路。

因此，在理论上任何人都不应该过分夸大或片面理解民间故事的集体流传特点。应当看到民间故事传承的实态在生活中是十分具体的、个别化的，有的甚至是单线传承的。故事传承人在日常讲述活动中往往只讲给某几个听者（主要是子女），而不是听众。尤其是在家传故事活动中，这种个别化的流传较为普遍，正是这种千家万户的故事传承才汇聚成故事的集体性特征。显然，它和民间艺人在勾栏瓦肆说唱故事拥有听众的特征有很大区别。民间故事传承人的祖承线路是故事遗产继承转移的基本途径，对这条线路的充分了解是认识民间故事传承规律的关键。

从民间故事传承人及其传承线路的调查中可以看到：母亲、祖母或外祖母几乎都是代代相续的故事传承人，这种母性特征是十分明显的事实。这种以老年妇女为主要标志的故事传承人是由传统的家族、亲族结构决定的。我国过去的家长制大家族中的家婆或主妇，有母方血缘关系的外婆，或日本某些地方的"长姊管家"制中的家姊，都有她们特定的管理家族生活的职责；其中，抚育和教养子孙是她们最主要的管理项目之一；在这里，口头故事、儿歌、童谣、谜语等都是最有活力的育德育才的教科书。20世纪30年代，我国学者注意了传播歌谣者的女性特征，重视了歌谣与妇女的课题，事实上，故事传承者的女性特征也同样是很鲜明的。对于这一点，甚至一些伟大作家都有记述和回忆，普希金对奶娘罗季昂诺夫娜讲给他的民间童话的怀念，高尔基关于外祖母伊凡诺夫娜用民间故事哺育他的追忆，鲁迅对祖母和长妈妈讲故事的深情回顾，都在提示读者认识民间故事传承人对少年儿童的教养作用。这种母性特征在家传故事中一直起着主导作用。辽宁省大连市的一名女故事传承人李明讲的几十个故事，在没有被搜集整理之前，是她的两个孩子从幼年起每晚都必听的故事，现在孩子都已长大成人，也都不同程度地掌握了讲这些故事的本领。民间故事传承人的母性特征在实践中并不都是以直系血亲的传授为常规，常常也有伯母、婶母、姑母、姨母、舅母等旁系亲族及奶娘、保姆、近邻的婶子大娘等。总之，这些传承人与听者都有亲缘上的、生活上的密切关系。这里强调的故事传承人的母性特征并不等于说没有任何男性老人是故事传承人，而是为了提示女性传承人的普遍意义。在民间，男性传承者的传承重点往往是各种类型的民间传说，他们所显示出的广泛的社会传播特点与女性传承人的家传故事还有许多差别，关于民间传说的男性传承人，是另当别论的课题。

从民间故事传承人的故事活动调查中还可以了解到，这些故事家并不是随时随地都在讲故事的。他们经常有讲述的具体环境，即大体特定的时间与地点。日本的故事传承人多是"炉边夜谭"，和我国大西南山寨中围火塘讲故事的古老方式相似。这种"夜谭"形式也是我国传统的讲故事活动的特点。我国东北农村，多在冬夜热炕头上或围火盆而坐，听讲故事；或在漫长的寒夜，母亲、祖母把孩子搂在暖烘烘的被窝里用动人的故事催眠入睡。夏季夜晚的庭院里、大树荫下、葡萄架下，都是故事活动的主要场所。这种口头传承的民俗特征是故事传承人的活动特征，也是故事传承的重要条件，失去了这些条件，故事家往往也施展不出讲述才能。这便是秦地女在晚上给孙剑冰同志讲故事和金德顺在深夜给裴永镇同志讲故事的民俗依据。因此，搜集者熟悉不同民族、不同地区、不同故事传承人的故事活动特点是十分必要的，不了解这一点，就发现不了故事传承人，也采录不到从他们口中涌出的几十个、上百个美妙的故事。

结束语

当前，我国民间故事的搜集工作方兴未艾，据了解，较为普遍采用的搜集方法仍然是"泛采"，有的甚至是"道听途记""撒大网""碰大运"的非科学方法，带有相当大的盲目性和偶然性。因此，大量故事出自转述人之口，零星断片，缺乏完整性，有的甚至连故事的流传地点都很难判明。虽然也有不少搜集工作者采录了一些讲故事能手的故事，但是由于对故事传承特点认识不明确，往往也只是"浅尝辄止"，缺乏这种专采专录的耐心和经验，失去许多好机会。

目前，民间故事传承人正以无法减缓的速度自然淘汰，抢救民间故事传承人的工作应当立即展开，对故事家的综合调查也应当像人口普查那样落到实处。至少应当把50岁以上和70岁以上的两层故事家及其故事贮存量调查清楚，集中人力、财力和现代化设备，进行一次有效的采录。民间文艺研究会和各级群众文化部门应当给予组织上的保证，计划具体、可行，步骤方法得当，可望在三年至五年时间里把全国民间故事全部抢救完，为完成《中国民间故事集成》，为继承祖国民间文学遗产，做出历史性的贡献。

（1982年9月·沈阳）

本文1982年9月完稿，1983年3月15日收入内部出版发行《民间文学论集》第1集（2000册，中国民研会辽宁分会主编），赠阅全国各省、市民协。文章中所提20世纪80年代的县级地名，保留原名称。

从守望者到传承人

罗 杨

中国民间文艺家协会顾问

"非物质文化遗产"的概念正式形成于2003年10月联合国所公布的《保护非物质文化遗产公约》。而这一公约最初的表述则是1989年联合国教科文组织所推出的《保护民间创作建议案》。至1998年联合国颁布《宣布人类口头和非物质遗产代表作条例》，这是国际上首次采用"非物质遗产"的术语，同时做出解释："人类口头和非物质遗产"的定义就是原封不动的、一字不差的"民间创作"原来的定义，旋即我国于2001年向联合国申报第一批人类口头和非物质遗产代表作，自此，"人类口头和非物质遗产"开始进入中国大众的视野。2005年，国务院发布《关于加强我国非物质文化遗产保护工作的意见》后，"非物质文化遗产"这一专有名词便在中国社会上广泛流行起来。由此我们可以看到今天所谓的"非物质文化遗产"系由"民间创作"而来。

把民间口头传承这种精神性极强的文化与以往的以物质属性为主的文化遗产对立呼应起来，以最终定为"非物质文化遗产"，是人类对文化遗产给予全面认识的一次文化自觉，也是人类对于历史文化全面认知的一次升华。基于全球化发展的文明进程，中国学术界与世界学界表现出了文明进步的同步性。在联合国及世界学界关注到文化遗产的精神属性时，中国的学界也在开始探究文化遗产的"非物质"特性。在中国，对"看不见，摸不着"的"民间口头文化"的热切关注几乎与世界上对非物质文化遗产的关注是不谋而合的。2001年，时任中国民间文艺家协会主席的冯骥才酝酿发起民间文化的抢救行动，至2003年中国民间文艺家协会正式启动了"中国民间文化遗产抢救工程"，正好与联合国的"非物质文化遗产"保护行动相向而行。而中国民协的这一文化行动被视为中国非物质文化遗产保护工作的先声，引发并促成了后来中国政府部门主导开展的非遗保护工程。

在我国，文化遗产工作中通行的"项目代表性传承人"的概念是中国在非遗保护实践工作中创造的名词，而在其他国家，用的不是这种称呼。在冯骥才先生倡导抢救民间文化之初，他就注意到了"人"在民间文化传承中的核心地位和关键作用。不过囿于抢救民间文化之初，我们社会文化自觉程度及民间艺人的窘境，那时冯骥才使用的是"守望者"的称谓。这时的"守望"更多地在于守护、坚守的境地，而很难担当起"传承"的使命。但是"人"是文化传承的主体，不仅是非自然传承的主体，也是自然传承的主要力量的判断已完整形成。整个民间文艺界也认识到当文化危机来临之时，只有民间艺人的存在，方能使他们所携带的文化消亡得以幸免，只有他们的存在方能保持这一民间文化活态的存在，所谓"人在艺在，人亡艺绝"。

2005年初，中国民协全面开启第一批民间文化传承人普查，冯骥才将普查的对象定义为："数千年来一直活跃在民间的歌手、乐师、舞者、戏人、武师、绣娘、说书人、工匠、民俗活动的主持者和祭师。"并强调："他们上接来自远古中华的文化信息，如果其中一条线索断了，一种文化随即消失，如果他们大批中断，文化就会大批消亡。"2006年，中国民协在人民大会堂正式命名166位"民间文化杰出传承人"。此时"传承人"这一特有称号得到全社会的认可并开始风靡，也开始影响到国家的决策部门。文化部着手开展传承人的认定工作，并聘请冯骥才为专家委员会主任。2007年6月5日，文化部发文命名了226位国家级非遗"项目代表性传承人"。至此，一个由知识界文化界呼吁发起的民间文化抢救行动，上升为由政府出面主导的"中国非物质文化遗产保护工程"，一个由专家学者关注的"民间文化杰出传承人"受到了国家的正式保护并获得了称号，即国家级非物质文化遗产"项目代表性传承人"。

当民间文化成为非物质文化遗产，当民间文化守望者成为非物质文化遗产的传承人，一种上千年的中国社会文化观念开始被悄然地改变，一种被重新定义的社会文化的萌芽开始了"脱胎换骨"的新生，对农耕文明的保护与传承形成了全社会的肯定和共识。

"传承人"理念的推出及实行，改变了百年以来（可以追溯到新文化运动）民间文化携带者的社会地位，也改变了社会对他们的认知，甚至改变了我国体制性制度与体制外文化的逻辑关系。"草根文化"不仅开始"活起来"，也"火起来"。草根文化从来没有像现在这样被主流社会、主流媒体、主流体制如此高看过，过去的民间艺人往往被认为不能与现代社会的文明相融合，不能与都市生活相对接，很难在现代教育体系中加以传承，而被放在被主流社会所淘汰的行列。而现在，新型的"传承人"的身份，使他们重新回到已经渐行渐远于当代社会文明的生活之中，并跻身于现代文明的主流社会中，在公共社会领域中有了一个有尊严、有地位的合法身份。

不仅是名分的重新定义，不在于称谓的表述，而且这是一次社会对一种文明的重新认识和观念更新。以往曾经有很多民间艺人为传承草根文化而受到伤害，而现在他们可以尽情地自在地传承祖辈传下来的文化；以往很多民间艺人所传承的文化被封存、被禁止，甚至被追缴，而现在他们是文化财富的持有者、传承者，掌握着我们民族不可再生的文化资源；以往对于来自民间的文化，我们首先要进行价值的判断和优劣的筛选，要做出是科学的还是迷信的，是先进的还是落后的，是精华还是糟粕的判断，而现在评判的标准强调的只是公约或非遗法中要求的"代表性"。这就是"项目代表性传承人"在不经意之间所起到的"化腐朽为神奇"的功效。

"传承人"不仅是一种法定身份，而且是一种文化身份。在"劳动创造人类""劳动创造美"的命题中，传承人创造了人类的物质文明也创造了精神文明，在人类社会的自然经济时代创造了男耕女织的人文图景和天人合一的生活方式。在这一漫长的文明发展过程中，他们逐渐从人类的生产生活中分离出来，成为以满足人类日益丰富的精神需求和提升社会生活品质的，集发明家、艺术家、手工艺家等多重身份或职业于一身的人。传承人既是一种历史范畴也是一种文化范畴，是人类非物质文化遗产传承的主体，是一个民族的历史发展过程中所产生的民族文化心理底层结构和思维方式的文明基因承载者，是民族特殊性的重要标志。

"传承人"作为一个专有名词，其内在地具有民族性与代表性，传统性与现代性，技术性与情感性，个体性与国家性。作为一个民族文化基因的携带者和传承者，有着巨大的文化价值和生命力，即使他们具体的表现形态在不断前进的社会中有时会显得"陈旧过时"，但作为基因的核心精神是不会过时的。这本身就是传承人作为文化基因传承者的重要品性，他们身上所贮藏的民族共性的情感与审美体验，可以跨越时间的长河，具有永恒的价值。在生物学中，生物遗传基因（DNA）是生命系统中的决定因素。文化基因也是文化传承中最基本、最持久的精神因素。不同的文化基因决定了不同的民族文化，不同的文化基因决定了不同的文化特性。文化基因一旦转变，也许不会造成亡国之耻，但却隐藏着亡种的风险。因此非遗传承必须防止"转基因"。

非物质文化遗产是以人为本的文化遗产，既以传承人为载体，也以传承人为主体，它是以活态记忆、动态技艺为核心的传承。这一非遗特性决定了传承人的关键地位所在。历史上的传承人是生命的文化和生活的文化的创造者。在当代市场经济大潮下，原来的艺术品变成了产品和商品，但如果文化的属性变成了商品属性，传承人变成了商人，丧失了文化属性的非遗和传承人很快就会失去文化的意义和价值。在当下的非遗实践中，一些传承人看重的不是非遗的传承使命，专注的不是非遗本身的继往开来，而只是看重非遗传承人的身份，从而利用这个身份而获取经济利益。在非遗的名义下，有些传承人忽视或不了解非遗"草根"的本质，盲目迎合市场和时尚文化消费的意趣，追求精英化和高雅化、贵族化，使非遗日趋脱离其生长的土壤。有的传承人热衷参加展览，发表作品，开发产业。这些都使非遗改变了原有的生存状态，背离了非遗传承的真谛，掺入了太多的功利性。加之政府个别部门的误导和"砖家"的谬误，使传承人陷入迷茫的路径中。"珠算"和"书法"已经被联合国教科文组织列入非遗名录多年了，但是我们现在有多少人在学珠算、写书法？又有几所学校开设了珠算课和书法课？这岂不是辜负了我们当初申遗的良苦用心吗？

用现代理念改造民间文化，民间文化将不复存在；让传承人离开民间的水土，传承人一定水土不服。冯骥才先生提出"重新定义传承人"的呼吁，应该让我们在当下非遗热中能够有足够的冷思考，从而完整、全面、深刻地把握住传承人应有的价值和维度。传承非遗不需要电闪雷鸣，而是要润物无声；传承非遗不仅要有滋有味，更要原汁原味。真正的传承人必须始终保持在不失自身本色的前提下，在更为广阔的空间里绽放光彩。

民间发现的"乐"与"忧"

余未人

中国民间文艺家协会顾问

在民间游走的不经意间，我曾经有过三次奇妙的经历，我被镇住了。

最近的一次就在 2018 年 9 月 8 日。我到了花溪区燕楼镇同心村，被一群来自嘎多的苗族绣娘围着道家常。我很喜欢那样的氛围，她们把我当作见过世面的"奶奶"辈的一员，问一些好奇的问题："你来过我们村？你咋认得我们绣的是蕨草花、水波浪？你咋晓得我们寨子的故事？"在她们提出问题的间隙，我也随口问道："你们除了会绣花，还会些什么？会唱吗？会跳吗？哪个唱得最好，跳得最好？"她们咯咯地笑，互相推让着。有人说某某会唱酒歌、山歌。我说："酒歌、山歌不算稀奇，你们一定个个都会！我稀奇的是古歌。"大家有些蒙了，答不上来。一位 73 岁的绣娘想了想说："你稀奇的是不是'我弄'（苗语音）唱的歌？"我猜想"我弄"一定是歌师的苗语音译，便蒙着回答："是呀！"绣娘说："'我弄'唱的是《米花歌》，死了人才唱，我们妇女不会啊！"

无独有偶，甚至是一而再再而三！八年前在清镇也是同样随意的聊天中，我发现了麦格乡的《簪汪古歌》，两年前发现了水城陡箐镇夹岩苗族的长篇唱诵，这些东西至今还没能完成记录和翻译，此刻又遇到了一个。

当天下午，我们三个人就到了嘎多，这是一个苗族聚居的寨子，"我弄"刘廷荣家就住在寨口，新房子挺亮眼的。进了家门，见他正在与当年参加"越战"的老战友叙旧，客厅里是宽敞的沙发，历史的遗痕要从屋里罕有的老家什中细细寻觅。

刘廷荣，1959年生，初中文化，参过四年军。

我说明来意，刘廷荣很兴奋，马上就要把他自唱自录在手机上的《米花歌》放给我们听，但怎么也打不开，于是我们就《米花歌》聊了起来。他说："《米花歌》是在葬礼上唱的，过去要唱一整夜，一直唱到天亮出殡。现在只唱到夜里十一二点，就不想熬夜了。内容从盘古开天地、嘎登和阿谬兄妹制人烟，一直唱到今天。比如，嘎登是哪个生的？他怎样制人烟？从前是男生男，从嘴里生，生出来的娃儿小得像个蜜蜂，要长到二三十岁才会分辨东西，百把岁才会看牛。从前的人不会死，男人老了蜕层皮，蜕皮后又成小后生，天下不够坐（住）；从前女人死不了，女人老了蜕层皮，蜕皮转来当姑娘，天下住不完。世上挤得住不下了，老天下了七天七夜的大雨，把人都淹死了，只剩下嘎登、阿谬两姊妹，后来他们姊妹成了亲[①]……《米花歌》有大调子和小调子两种。大调子的第一首是唱芦笙，第二首唱鼓……慢慢地从古到今，各种大事都要唱；小调子唱后生姑娘玩耍的事。"

我问："你是怎么学唱《米花歌》的？为什么学？"

他说："我当兵回来，当'我弄'的父亲年纪大

[①] 姊妹，贵州方言中指兄妹和姐妹，这里是兄妹之意。

了，但只要有人过世，寨里寨外的人们都要请他和唐华明两人去唱。他不去也不行，如果没人唱，亡人的灵魂就回不到老祖宗身边；去了就要熬夜唱通宵，生病打针也得唱。后来，我看父亲不行了，就决定跟父亲学，以便替他去唱。但《米花歌》太长了，真不好学啊！我又跟一个马林乡的师傅学，他现在已经80多岁了。我先后跟几个师傅学，现在在世的就他一个了。我前前后后学了十多年，才熟透了歌词，能够独自出去唱了。"

我问："'我弄'就是鬼师吗？"他说："不是，我们只是唱《米花歌》，并不懂得鬼师的事。鬼师要清楚亡人这个家族的历史，但他不一定会唱《米花歌》。"他又特别强调："'我弄'这两个字是苗语发音，你用汉字记不准确的。你虽然记下了，但你照着字音读，就读不准。"我很理解他说的这个，但因为不懂苗语不会苗文，我也只能记下这两个相近的字音，仿照1956年前苗文尚未创立时老一辈民间文学工作者的做法。我又问："'我弄'是否要负责'开路'？"他说："'我弄'也不管'开路'，'开路'有专门的师傅负责。不过，现在的年轻人都不大想学了。"

年轻人不想学也有他们的道理。因为年轻人大多外出打工，没有空学；学歌要有一定的天赋，否则要唱一整晚的唱词根本背不下来；而归根结底是老人们一代代传承下来的信仰淡化了，没有坚实的信仰支撑，这种无文字记录的口头传承是很难继续的。

我问："唱《米花歌》有报酬吗？"

刘廷荣说："从前人家是捆一把糯米（老品种'摘糯'）给你，后来大家不种那种老糯米了，就改成送两升黏谷子，后来又改成送一升黏米。现在呢，是送一个红包，里面封多少钱是随主人的意。几十百把元，180元、200元的都有。"

现在附近的花苗聚居寨子死了人，常常请刘廷荣去唱。他去过湖潮、马场、凯掌、马林、青岩、惠水、燕楼等地唱诵，乌当也有人请，是别人去唱的。他还带了几个40多岁的徒弟。

我感觉到这是一首很有价值的苗族长篇古歌，它唱诵了苗族远古的"创世记"，造天地万物和人，与其他支系的古歌不一样，独具特色；还唱诵了历史上的各种大事和苗人自身的生活，对研究苗族的历史、迁徙史、文化史、葬俗、婚俗等各种民俗、文学艺术、社会变迁是一条极佳的路径。《米花歌》有一定的流传地域，之前没有人搜集翻译过，应当尽快列入各级非遗部门的抢救日程。

我推荐刘廷荣到中国民间文艺家协会与天津大学冯骥才文学艺术研究院主办的"传承人'释义'学术研讨会"上唱诵，经审核，被选中。10月11日，他在开幕式上演唱了三分钟《米花歌》选段，他是会上唯一的古歌唱诵人，受到与会者的极大关注。

在民间，这种无意中的发现就像在森林中突然遇到一只展翅的孔雀，在沙砾中突然觅得了一颗发光的宝石，心中之乐，无以言表，深感在贵州这片土地上苗族文化的广博与深厚，就像当年民间传说的"棒打野鸡瓢舀鱼"一样。

但在快乐之后再想想，却又有诸多的不解和遗憾，一是新中国成立后，贵州经历了几次民间文学的普查，最近的两次，第一次是从20世纪80年代开始，延续了20年的"民间文艺三套集成"的普查；

第二次是 2002 年发起的"中国民间文化遗产抢救工程", 2003 年发起的"中国民族民间文化保护工程"所进行的普查，历时良久，怎么都没能发现这样丰厚的蕴藏呢？其原因我想可能有以下四方面。

第一，非遗工作表皮化。现在非遗的普查申报主要是自下而上地进行，即各乡镇的信息员往区县文化局提供线索，区县文化局往市州文化局申报，市州文化局往省文化厅申报，省文化厅往文化部申报。这看起来是行之有效的方法，通过这种方法，确实也发现和保护了一大批非遗项目。但这种申报的基础是乡镇文化站的信息员、基层文化工作者对民俗和民间文学知识比较匮乏，凭他们的业务水平去发现和判定非遗项目有一定的难度。他们更多的是看到一些显性的活动，而像一部分民俗类和民间文学类的活动，有其神圣性、信仰性、私密性，加之老人对历次政治运动的遭遇还没有完全从记忆中抹去，情况就比较复杂。文化部门的工作者频于应付申报，也没能更多地深入田野做调查。

第二，非遗普查没有建立专家参与机制，非遗普查过程缺少专家参与。专家专注于个人的研究课题，常常是深入某个领域的东西，没能顾及面上的普查和新发现，这对非遗项目的发现、保护、传承都是巨大损失。

第三，20 世纪 50 年代创制的西部苗、布依、侗等文字在民间极少有人会，本地缺乏少数民族文字专业人才。即使在省里，少数民族文字专家也很少，有一些土语因操持人口少，专家中也没人能掌握，比如四印苗的土语，专家中就没有人会。这样，一是难以发现民族地区历次普查遗漏的东西，二是发现了也没办法翻译整理。

第四，少数民族地区开展非遗工作的特殊困难。不懂当地语言的人，没有一定的方法，不一定能够得知内情；即使知晓，也没能把它与非遗项目联系起来。比如，葬礼上各民族的唱诵就常常被当作"迷信活动"，而没能往学术上、非遗事象上去关联。其实在没有文字传统的少数民族地区，口头文学的传承是民族史和地方史的重要基石，是民族历史的丰厚源泉，要从中吸取养分，从而获得记忆和延续。

我国的"非遗"蕴藏深厚、浩瀚，前路漫漫。"非遗人"真乃不学不成、不问不知也。

释义传承：从努力寻找传承人的一个习惯开始

曹保明

中国民间文艺家协会顾问、吉林省民间文艺家协会主席

"传承"是什么？"传承"是一种文化，而且是一种独特性、创造性的文化，是对生活有发现性的文化，它是人类在同自然、生产、生活的互动中产生的一种认同。因此，传承彰显着一种个性的发现，它有着经验性、历程性、科学性，它带着生命的情怀，一代一代传承下去，最终形成传承人的一个生存习惯，被世代传承记载下来，成了人类的遗产。"遗产"又是一个综合概念，包括物质和非物质两方面。在物质方面，它是社会生活和生产中的著名品牌的创造，而它必然有着自己不同的生成过程和创造过程，这就是由此产生的习惯，它是一个极其生动的过程，它起着提炼生活的作用，具有启示生活和使人类社会更加美好和高尚的能力，遗产并不都是陈旧的传统，而是蕴含在传统中的一种突出的特色文化。但是如何去认识文化遗产，正确地释义"文化遗产"，特别是如何界定传承人的遗产特征和传承特征，那就是形成遗产的方法，在今天的生活中，我们依然存在着许多误区。那么如何去解读遗产在传承中的特点？传承的要点究竟是什么？为了搞清这些理论问题，我们必须到实践

中去看待遗产，解读传承。我认为，抓住传承的核心，就是要找到传承人的传承方法，而这个方法经常存在于传承人的生产和生活习惯中，因此要很好地解析传承人的生活习惯。

在我们东北，每年当严冬到来，寒风刺骨，大雪落地时，人们以为北方人再也不愿出屋，而是守着暖乎乎的炕头，烤着火盆，喝着小酒，等着冰化河开，大雁南来，可是查干淖尔渔猎文化遗产传承人石宝柱却不是。每年一进入冬季，当北风吹刮，第一场大雪正在落地时，在查干淖尔边上的西山外屯，石宝柱都会悄然地走出家门，他要去追踪寒风，查看大雪被风吹刮的走向，确定"封湖"（冰湖上冻）的时辰和方位，以便知道鱼群走到哪儿了，好在冬捕开始时知道该在哪儿凿冰下网。他的这个习惯是多年养成的，俗话叫"踏卧子"。吉林省国家级非物质文化遗产查干湖渔猎习俗，又叫"冬捕"，是指生活在这里的人们要会一种独特的技艺——凿冰捕鱼去开展渔猎活动。可是茫茫的冰层下，冬季鱼群会停在哪儿呢？渔猎文化遗产最重要的一个传承本领就是作为代表性传承人要能明确地判断出鱼群冬季会藏在大雪覆盖的冰层下什么位置，于是，有着几代冬捕把头经历的渔猎文化传承人石宝柱，从祖先那里接受下来一个独特的识别"渔猎"冬季藏躲在冰下什么位置的本领，他能通过对北风吹刮的力度和冬季头一场雪落地的时辰、厚度，去判断鱼群停在哪儿了，于是，他养成了一个独特的习惯，冬季，当第一场雪落地时，他便会悄然离开温暖的家，到旷野和冰面上去跟踪寒风和大雪的走向。所以，在科尔沁的查干淖尔，也就有了那独特的渔猎文化遗产。而有些人到今天也依然没有捕捉到他的这份遗产的独特内涵，甚至不理解他的行为。反过来，总认为渔猎文化也就是下网捕鱼，而冬捕只不过是在冰层下设网便可以了。其实这是忽略了作为文化遗产的重要规律，也就是遗产传承的特殊规律，以及传承人自身的经历与遗产之间的关系。

在查干淖尔这个独特的渔猎文化发生地，人们常说：下雪不刮风，打鱼的就发蒙；雪大、风大，冬网好打。渔猎谚语讲述的就是这些朴实而深刻的道理。而恰恰是这种遗产规律的代代相传，使遗产本身越来越生动，进一步促进了遗产的更生动的传承。2018年9月26日，中共中央总书记习近平在东北视察，他来到了国家级文化遗产查干淖尔渔猎文化发生地查干湖，当地领导向他介绍了渔猎文化遗产《冰湖腾鱼》①《最后的渔猎部落》②（由曹保明记录，冯骥才题写），并告诉总书记，今天的查干淖尔冬捕习俗就是800年前辽金时期"春捺钵"渔猎活动的传承与延续，总书记高兴地说："要守护好查干湖这金字招牌，让人民年年有鱼。"③总书记对优秀文化遗产有一个重要的肯定，他认为是"金字招牌"，首先，遗产是一种具有独特形态的文化，它不同于一般意义上的生活与生产活动，如果只以一般的观念去对待文化遗产，就捕捉不到文化遗产的真正的传承规律，也感受不到遗产的真正价值，于是，总认为遗产是一般性的生产和生活，这样就捕捉不到遗产的真正传承形态。那么如何掌握遗产传承的真正形态，把遗产的主要特征、规律提炼出来，我个人认为，要从努力去寻找作为传承人的一个特殊生活习惯开始去认识遗产和遗产传承人，避开他与常人的共同形态，挖掘出他自己的独特的生产、生活习惯，这才能释义真正的遗产

---

① 曹保明：《冰湖腾鱼》，五洲传播出版社2017年版。
② 曹保明：《最后的渔猎部落》，上海文化出版社2004年版。
③ 引用自：http://travel.people.com.cn/GB/n1/2019/0222/c41570-30895776.html。

传承人的传承，从而认识遗产的传承规律和传承人传承遗产文化的规律。

那么如何去寻找和认定传承人的一个习惯与非遗传承有着怎样的重要关联呢？甚至有人觉得传承人的一些习惯简直使人不可理解，有些习惯甚至让人觉得那是一种古怪的习惯或看法。长期以来，我们发现每一个优秀的具有代表性的传承人，他对一种文化往往都会有自己的与别人不同的看法，甚至与一般人的看法完全相反。这时候，你就要注意了，这可能是遗产传承人的珍贵的遗产真实，他发现了他所传承的遗产的真正的遗产内涵。比如在生活中，我们要求最好的木匠认为自己的作品应当是严丝合缝的，这才是上好的物件，可是日本著名的非物质文化遗产代表性传承人宫殿木匠西冈常一却认为"我不认为严丝合缝就是最完美的"①。这是为什么呢？这是一个多么奇怪的木匠啊？他怎么敢提出这样一个立论呢？他认为"每一棵树都有它们各自不同的癖性，有的干燥得很快，收缩得很厉害，即使建造完了，也不能说是完美的建筑。还有的由于受到顶瓦的重压，也许要在两百年后才有可能达到完美的姿态"。②他还说："但在我看来，虽然看上去不那么规则，不那么规整，但是只要对它们进行适度的调整和组构，一样能成就一座伟大的建筑，就像法隆寺那样。它比任何一座看上去严丝合缝、毫厘不差的建筑都更美丽非凡。"③西冈常一的这一观点其实很好地释义了文化遗产的传承，也就是传承人如何看待传承，也解读了我们不能从一般的意义上去看待传承的问题。在他看来，人们不能单单以木工活计的"严丝合缝"标准来衡量木工遗产，而是要求遗产在精神、文化、情怀以及在科学上的"严丝

---

① ［日］西冈常一、小川三夫、盐野米松：《树之生命木之心：天地人卷》，英珂译，广西师范大学出版社2016年版，地卷第200页。
② ［日］西冈常一、小川三夫、盐野米松：《树之生命木之心：天地人卷》，英珂译，广西师范大学出版社2016年版，地卷第200-201页。
③ ［日］西冈常一、小川三夫、盐野米松：《树之生命木之心：天地人卷》，英珂译，广西师范大学出版社2016年版，地卷第201页。

合缝",他的遗产标准是既尊重手艺,又尊重产生手艺的生命,那是使产生生命,又使生命赖以生存的自然得到尊重,这是一种扩大了的遗产观,从而加深了人们对传承的认知。

我国著名文化学家、国家文化遗产保护专家组组长冯骥才先生认为,"传统文化和文化传统是两种东西,传统文化有时是有形的,文化传统是精神的。如果传统文化没了,再伤害到文化传统,我们的民族就什么也没有了,根性的、最本质的 DNA 受到破坏了"。[①] 精神连接着情感、情怀连接着科学,科学来自自然,自然包容在人类的生产、生活的内涵里,文化遗产所传承的是人类千百年来在生存历程中所传承和延续下来的文化,它具有整体的文化传统,包括人类的技艺和记忆,这才是冯骥才先生所说的,如果传统文化没了,还讲什么文化传统呢?那往往成了一些表相的传统文化,也就是西冈常一认为的"严丝合缝"并不是衡量遗产的唯一标准。其实,传统就是传承,传承是在传递传统,在这里,其实西冈常一和冯骥才先生已经很好地释义了什么是文化遗产的传承。

其实,文化遗产传承文化的核心是尊重自然、尊重生命、尊重科学、尊重生命的情感。传承和传统是传递着人类生命的共同体思想和观念。自然是万物之母,生命是一种活态的情怀,而科学是世上任何事物的规律,传承人是在这三个命题中去发现自己的文化,传承自己的文化,发展自己的文化,可是由于生活生产是多样性的,传承人发现、认识、传承自己的遗产就会千差万别,而最终的结果是相同的,那就是要创造出优秀的人类文化遗产,而我们就是要寻找和总结出他们如何通过不同的传承去达到非遗的美和

---

① 冯骥才文学艺术研究院编:《为未来记录历史:冯骥才文学与文化遗产保护国际研讨会论文集》,文化艺术出版社 2018 年版,第 217 页。

生动,那就要深入挖掘出传承非遗的不同之处。长期以来,由于我们在工作之中常常是发现不了非遗传承的不同之处,或者是找不到不同之处,更不知从何处下手去寻找非遗传承人的不同之处,于是使许多非遗特征相对雷同,述说重复,过程大同小异,于是就以为非遗传承人的一切也便如此。前几年甚至出现了非遗"文本"写手,就是一项遗产要申报了,只要找到填报"文本"的写手,这个遗产文本很快便会产生,难怪大家惊讶遗产文本的快速和雷同。其实问题就在于我们没有细心去寻找和挖掘传承的不同,而应该细致地思考、梳理、挖掘出遗产形成的自然、历史和文化原因,并找出这些原因在传承人身上的体现,这样,遗产就生动了、活态了。习近平总书记说,让收藏在博物馆中的文物、陈列在广阔大地上的遗产、书写在古籍里的文字活起来。活起来,其实就是让遗产回归自己的本真,因为遗产就是来自自然和生活实践。就如东北的许多非物质文化遗产一样,郑发菜刀、孟氏接骨、赵小孩、李连贵大饼、老韩头豆腐串儿、董从仁草编、郑长友柳编、彭祖述石刻、白春雨泥塑、隋进才铁画、关云德剪纸等,其实都有自己的形成过程,它们不可能雷同。河北邯郸大名镇有一个非物质文化遗产项目"赵氏下水",当地人在申报之前,只介绍说是当年"寇准在大名为官之时,因喜欢下水香而不腻的口感,对其赞不绝口,人称'寇准下水',后几经流传,形成今日的赵氏下水"。这样去释义一项遗产,是突出了遗产的历史性,但遗产的历史性,只是遗产的重要性,不是遗产的整体性。遗产的整体性中,历史性只是遗产传承的一部分,如在遗产名称上,到底是"寇准下水"还是"赵氏下水"?据有关资料记载，景德元年（1004），寇准为宰相，他在大名发展生产，安抚人民，积极备战，防御辽国人南犯，使当地百姓的生活得到了改善。可是"寇准下水"只释义了寇准喜欢吃这道"美味"，因它"色、香、味俱全，又有以脏补脏"的功能等，所以寇准爱吃，被传为"寇准下水"，但这只是寇准的"爱好"，释义不了"下水遗产"的技艺与文化。这是遗产在地域文化中的"名人传承"法，这很重要，但作为释义传承，就必须透过名人传承去寻找遗产的自然属性，也就是遗产的源头来历。

前不久，我带领"那方水土，探美中国"文化工程考察组来到大名，在当地文化名人杨达、赵明宇的带领下，我们在大名城东的新市场引河路路西，找到了"赵氏下水"的赵家传人。原来赵家从前十分贫苦，从祖上开始就从事屠宰业，可是从前干这一行的没有工钱，杀完了猪，雇主家只给你一副下水算作工钱。赵家如果每天杀五头猪得到五副下水，吃不完就要拿到集市上去卖了换工钱，可是如果到晚上还卖不完，扔了又可惜，于是赵家聪明巧手的媳妇便将舍不得丢弃的下水的各个部位洗净，经过煎、炒、烹、炸等各种处理法，终于将下水做成了一种独特的美味传了下来，从此"赵氏下水"出名了。其实这背后又有多少苦情甚至难以言表的辛酸，当天卖不掉的下水，往往变臭、变苦，赵家舍不得扔掉，就自己含泪吃那些苦下水、臭下水。赵家人说，当年祖上先人告诉他们，由于总吃臭下水、苦下水，他们家的人后来吃什么都是苦的、臭的。杀猪的手艺人，他们都是喝苦水泡大的呀！直到今天，大名镇（古称魏州）的杀猪手艺人家依然供奉着这一行当的祖师爷——庞涓，而赵氏人家称庞涓为"苦神",现在依然清晨三叩首,早晚一炷香。习惯是什么?其实习惯是人难以忘怀的记忆。如"赵氏下水",这个遗产蕴含着多少人类生存的辛酸。这个遗产就如天津郊区小西村的屠户手艺人家的孩子喜欢吃红烧兔子头一样,屠宰手艺人却吃不到猪肉,于是只好在市场上买那最便宜的兔子头回家给孩子红烧,从此形成了一种饮食遗产。而这正活生生地道出了遗产产生的社会原因和历史原因:卖盐的,喝淡汤;当奶妈的,卖儿郎;挖煤哥家里冻得像冰窖;淘金老汉一辈子穷得慌……

释义"遗产"和"传承",其实不能单单地记录传承人的技艺,这样反而会形成一种记忆模式的误读,还要更加深入地挖掘记忆遗产,这是遗产最初产生的出处,这也正如保罗·康纳顿所说:"作为记忆本身,我们对现在的体验在很大程度上取决于我们有关过去的知识。"[1]在这里,他所说的"过去的知识",涵括了记忆凝结所需要的全部素材。当然,释义"传承"必须记录传承人的技艺,可技艺并不是传承的全部,一定要找到技艺背后的精神支撑、情感支撑,这才能深刻地阐述"传承",当然,这不好找,它比记录技艺要难得多,要复杂得多,所以"传承"的这一部分文化常常被忽略。我们坚持去寻找传承人的一个习惯,就是为了克服这种释义时的被忽略,而被忽略的却正是传承生成的自然规律,该融入的却被人为地切断了。正确地释义"传承",是为了发展、传承,推动文化遗产在社会实践中产生新的重要的作用,也是在改变着人们的观念。遗产不是陈旧的文化,传统文化是生动的、活态的,优秀和生动的文化遗产能够在新时代文化发展中通过生动的传承展示自

---

[1] 刘志荣:《潜在写作1949—1976》,复旦大学出版社2007年版,第18页。

己的力量。

　　传承人的传承，很多生动重要的部分往往沉淀在他的记忆深处，我们如何去深入他的记忆，并打开他的记忆？这是非常重要的认识遗产的功能。人类的记忆过多地表现为口述行为和行动行为，因此，我们掌握遗产就是要了解和掌握传承人表达或建构遗产的过程。可人类的记忆形式是广泛的，它借助语言、实物、行动等不同形式而存在于生活的各个领域，但仅就遗产传承人而言，他们的这种记忆，或者说代表性记忆，却往往表现在他的代表性习惯上，所以我认为，释义"传承人的传承"，一定要找到他的一个（当然不止一个）代表性习惯，解剖这个习惯，走进他的这个习惯里，传承的一切内涵也就迎刃而解了。就习惯而表现出的传承人的记忆十分重要，因这里有传承人记忆的规律性，也是传承的代表性。所以，准确地释义"遗产"，一定要找到遗产产生的源头，不然就无法准确地阐述"遗产"的概念，甚至造成误读和误传，如朝鲜族手拍舞的概念就是这样。

　　在生活中，时时处处都可能出现对非遗的内涵的误读，这是因为非遗是过去时，它产生的初期一定会是一种生活的记录，可是随着时光的磨洗，它的初始因由往往被人为地遗忘了，于是便产生了许多非遗只记载和传承了它的表现形式，忘记了为什么这样表现，随之而来的便是随意阐述非遗，甚至错误地表述非遗。长白朝鲜族自治县地处长白山腹地，它背依长白山天池，位居鸭绿江源，对面便是朝鲜，四周高山连绵，沟壑纵横，峻峰林立，江河叠瀑，早在4000多年前是秽貊人、东胡人、肃慎人等多族以及蒙古族、满族先民等各族群混居生存之地，并创造了渔猎，狩猎，木帮，人参的采集、种植等珍贵的非物质文化遗产类别，如十三道沟著名的狩猎舞遗产就在这里生成。这项遗产是由十三道沟（长白山沿着鸭绿江从临江算起向上要经过二十四道沟到达长白县）的朝鲜族猎手金学天家族的先人所传承的，主要是表现猎人狩猎归来，愉快地向族人表述如何狩猎，并通过各种模仿动物的动作、表情，发出种种动物的叫声来表现狩猎丰收后的兴奋。在 20 世纪 90 年代，我曾经在十三道沟乡书记崔明光（他现在已是长白县政协副主席）的陪同下一起考察金学天的狩猎生活，亲自见证了他如何以动作和声音去召唤动物，又得知他的家族世代传承下来一部珍贵的狩猎生活手抄本《高兴》，是记录猎人狩猎归来的心情和技艺的重要的非物质文化遗产文本，只可惜《高兴》在"文化大革命"期间被红卫兵搜去烧掉了，他向人们表述的许多狩猎舞的动作、复述、声音，都来自他记忆中祖先的狩猎生活。因此，我们要认定，其实朝鲜族的非物质文化遗产项目"手拍舞"根本不是"手拍"舞，而应该是"狩猎舞"。

从"狩"到"手"，虽然看似是一字之差，却是失之千里的一种误读，我们今天将朝鲜族手拍舞遗产记录下来，只能看到人们以各种动作在展示这个遗产的特点，却说不清"手舞足蹈"的来历和原因，而这次非物质文化遗产边境地区调研的专家们才搞清楚，原来"手拍"是来自"狩猎"，更让人认同这个结论的便是我们在长白县博物馆看到了金学天的狩猎录像。（这大约是在他逝世前的 2014 年时，他在病中为人们展示狩猎舞的"拍手"、喊叫、跳动，他的脸部由于疾病，已不能自如地变化，他只好用手拉扯后，使嘴巴、耳朵强行扩动。）这是非常珍贵的记录，这更加证明了"手拍舞"其实就是"狩猎舞"。2003年，我的记录金学天生活的《世上最后一个懂鸟兽语言的人》[①]出版以来，在社会和生活中产生了极大影响，2017年由韩国海天出版社译成韩文在韩国出版，足见韩国学者对这项遗产的重视，而金学天于2014年前后逝世，当时我并不知道，是朝鲜半岛的韩国学者、全北大学的李周钟教授来信打听此事，我才得知。所以足见金学天的狩猎生活文化遗产的重要性和影响力，这也证明和校证了作为朝鲜族非物质文化遗产的"手拍舞"应该叫"狩猎舞"，更不是什么"木帮舞"（在此前，一些地方学者也曾经将金学天的遗产标注为"木帮舞"）。这也产生了一个同样的问题，只知他在"舞"，不知他"舞"的来历，这对今天要如何去释义"遗产"具有重要的提示作用，那就是遗产的真正性质，一定要找到传承人本身，并从传承人所传承遗产的生活实际出发，去表述"遗产"，认定遗产，而不能只靠记录遗产的表象，不去挖掘遗产的来历而阐述"遗产"，这样永远无法正确释义"遗产"，说明"遗产"，从而导致误读"遗产"。释义"传承"要从生活开始，要找到遗产最初的来历，所以释义"传承"要先到生活中去调查遗产，说明遗产传承的来龙去脉，而不是一味地接受。这也是在真正地保护遗产，传承遗产，不然无法真正为遗产定位。究竟谁是"遗产"定义的主导者？遗产的主体是谁？生活的最初记载应该是遗产的根脉定位。

释义"遗产"和传承遗产要努力寻找和挖掘传承人的生产生活、活动习惯。还有一个例子，日本木匠秋山利辉说，他的木铺、木作坊要求他家售出的家

[①] 曹保明：《世上最后一个懂鸟兽语言的人》，西苑出版社2003年版。

具"每一件都保证要用到一百年以上，不到年份就开裂、坏损，可以来退换"。①看起来他讲述的是技术，可是接下来我们发现了他的木铺的一个规矩，他要求他的徒弟们每天必交一份"习艺心得"，每日下班前后将"心得"分别交给师傅和自己的父母亲，一式两份，内容一样，就是当天你在做活时有没有对不起师傅或父母的地方。同时，他还要求他的徒弟头三年不但要干活、学技艺，还要每人负责管理作坊旁边村落人家的厕所，帮忙清理和打扫。显然，这时我们才看清了什么是传承。其实传承，是心的传承，是精神的传承，体现在物质上，却传承在非物质的背景和空间里。释义"传承"，要求我们能在他们（传承人）的生活中去概括他们的精神能力，要从他们的生产生活习俗中找到一个或若干个例子。在我国，其实我们早已有这样的传承了。当年鲁班曾经收过一个徒弟，他跟师傅学了三年，觉得自己已经不错了，于是有一天他不辞而别离开师傅走了，自己也开了一个木铺。可是一做工才发现，没人与他拉锯（那时使锯都是两个人），这时他才想起自己走后师傅是怎么拉锯的呢？于是他偷偷到师傅家的窗外去看，发现师傅做了一个木头人帮自己拉锯。他很聪明，一看便会，回去后也做了一个木头人，可是他做的木头人就是不会动，他只好又去请教师傅。师傅问他，你量它的胳膊了吗？他说量了。你量它的腰了吗？徒弟说量了。师傅又问，你量它的心了吗？徒弟答，我没量心。师傅说，这就对了，因为你没良（量）心，所以它不会动。其实心是无法量的，可是人心是可以衡量的。这也充分说明我们释义"传承"，一定要挖掘和寻找到传承

① 《匠人精神Ⅱ》，陈边阳译，中信出版社2017年版，第63—65页、第105—115页、第168页。

人精神上的传承，而不是仅仅盯住技术和产品，不然，我们所捕捉到的传承就只能是一般性的、常规的东西。

　　传承是传承人的生活，它充满了总结性和创造性，这才有可传承的内容，总结性就是归纳性，创造性是传者的必然性，不找到这关键的两点，我们也认识不到什么是"传承"，更解释不了什么是"传承"，那么也就无法释义"传承"。但记忆又是最易被遗忘的遗产，这需要文化遗产的抢救者和保护者学会努力地从传承人已经和正在被遗忘的记忆里去抢救他们的遗产，甚至是唤回已经被传承人完全遗忘的遗产部分，但大多数时候，人们做不到。这次"传承"释义论坛，就是要我们努力去做到对"传承"从概念到实践的全方位的思考，力求达到在当代文化遗产抢救、保护、传承的过程中，实现比较理想的结局，也把我们当代的遗产观留给历史，更是留给未来。

国际语境中对传承人价值的再认识

郑一民

中国民间文艺家协会顾问、河北省民间文艺家协会主席

传承人是造就民族和国家文化特色的源泉之一。研究传承人的价值就是探索和维护世界文化多元化的方法与措施。因此,世界学界对传承人的研究越来越重视并不断深化。有鉴于此,本文从传承人是民族和国家文化艺术精英、传承人是民族和国家文化艺术承前启后的使者、传承人是造就世界多元文化艺术的主力军和源泉及当代人的使命四个方面来阐述对传承人价值的认识。

20世纪下半叶,当工业现代化的浪潮犹如飓风一样席卷地球村的时候,人类感到世代滋养自己民族和国家独立于世界之林的文化出现生存危机。西方工业文明携带其价值观,侵蚀和扫荡着所到之地的民族和国家文化。在各国政治家和学者的强烈呼吁下,1972年10月16日,联合国教科文组织召开大会,通过了《保护世界文化与自然遗产公约》,并通过审定和公布《世界遗产名录》《世界记忆名录》《人类口头和非物质遗产代表作》等形式,拉开了世界范围内保护民族与国家文化遗产的热潮。在探讨保护措施、方法、内容、项目、范围、对象、类别、目的、标准等工作中,"传承人"三个字犹如一个摆不开甩不掉的精灵,关涉着文化遗产保护的各个领域、各个阶段、各个方面。特别是在口头和非物质文化遗产所包含的民间文学、传统表演艺术、传统工艺美术、传统生产知识、传统仪式、传统节日等领域中,更是言必涉"传承人"。因此,研究传承人、评价传承人、认识传承人、保护传承人的问题就成了学术界不断推陈出新的话题。

一、传承人是民族和国家文化艺术的精英

在世界语境中讨论人类文明,由两大文明组成,一是典籍文化,二是民间文化。典籍文化由历代知识分子著就,亦称为"精英文化";民间文化由世代民间艺人口传身授传世,而称为"草根文化"。在阶级社会里,人们视典籍文化为高大上,视草根文化为下里巴人,由此造成长达数千年的误读,颠倒了人类文明形成的源与流的关系。直到18世纪工业革命爆发,草根文化才逐步由民间走上学坛,并在时代发展中渐渐获得与典籍文化一样的重视。所以,当21世纪联合国教科文组织将保护好"非物质文化遗产"视为人类可持续发展战略在全球掀起保护非物质文化遗产热潮时,专家学者们便齐声发出要保护好"传承人"的呼声。

所谓"非物质文化遗产传承人",是指那些直接参与了非物质文化遗产传承,且有突出成就,并愿意将自己所掌握的相关知识与技能原汁原味传授给后人的自然人或社会群体。他们是非物质文化遗产的承载者,也是非物质文化遗产的丰富者、创造者和传

播者。非物质文化遗产因他们的存在而鲜活和充满生机，民族和国家因他们的存在而使民族血脉与品格得以传递与弘扬。他们是人类生活中的英雄，世代在民间广为传颂，甚至被立庙奉祀，例如，中国历史上的纺织能手黄道婆，造纸术发明人蔡伦，活字印刷术创造者毕昇，建筑祖师爷鲁班，铸钟和音乐之祖伶伦，抚琴大师伯牙，中医始祖扁鹊（秦越人），等等，以各自的特长、技能与行业共同构筑着中华文明之塔，共同彰显着中华文明的悠久与灿烂。这样的先哲先贤，你能说他们比典籍文化名人老子、孔子、孟子、墨子贡献小、名气小吗？既然老子、孔子、孟子、墨子等典籍文化名人被誉为民族文化精英，黄道婆、蔡伦、毕昇、鲁班、伶伦、伯牙、扁鹊等草根文化先哲先贤也应被冠以"民族文化精英"的桂冠！因为典籍文化是在草根文化沃土上滋养升华而成的，没有草根文化，就没有典籍文化；失去草根文化支撑，典籍文化就成了空穴来风、无根之木。所以我们说，传承民族和国家非物质文化遗产的传承人，是民族和国家文化艺术的精英！

二、传承人是民族和国家文化艺术承先启后的使者

在学术研讨中，传承人是民族和国家文明的创造者、记录者和传承者，这一认识已成为海内外学界的共识。称他们是民族和国家文化艺术承前启后的使者，主要源于以下三点：

其一，他们是民族和国家历史文化及各种知识的重要记录者、忠实守护者。在人类历史中，历史文化

和知识传递主要是通过两种渠道,即文字记述和口传身授两种方式来完成。文字记述是由官方和知识阶层的人来完成,这种记录虽然具有超稳定性,却因受官方指令而带有明确的局限性和时代烙印。在广大民众不掌握文字和文字记述权的时代,用口述形式世代相传来记述民族和国家历史文化及知识便成了与文字记述异曲同工的奇观。对于那些没有文字的民族或文字还没有形成的民族来说,口口相传便成了唯一记录传承民族历史文化和知识的形式,历史上承担这一使命的人多为部落酋长、巫师和具有一技之长的"民间文化人",用今天的语言表达即"非物质文化遗产传承人"。这种对历史文化和知识的传递方法虽然具有直述其事、其象、其识的原汁原味特色,却因当事传承人的偏见和传承中的不断扬弃与加工附会,而不能完全当作正史来对待,但其主体内容是不容置疑的,这就是传承人的重要价值所在。他们不仅为我们提供原汁原味的历史文化和知识源起及事象,还纠正或补充了正史记录的偏颇。因此,当今世界极其重视各种传承人所讲述的口述史。例如,各级政协重视口述和亲历的文史资料,各级党史办重视口述和亲历各种革命事件的史料,大专院校和社科机构将传承人和口述的各种文学艺术资料立为学科来研究等,都体现了传承人在记录和守护历史文化方面的不可替代性。

其二,他们是民族和国家传统工艺技术的传承者。人类世界之所以称为"缤纷",是因为既有丰富的物质文化遗产,也有多彩的非物质文化遗产。这些都需要传承人来继承、传播和弘扬。例如,农耕社会各种耕种农具、各种交通工具、纺车、织机的制作技术,烧制各种陶器、瓷器、铜器、铁器的技艺,各种家具和服饰的制作技艺，各种药材的炮制技术，各种美酒佳酿的酿制技术，各种建筑的设计制作技艺，等等，无不是传承人代代相传而成为中华瑰宝，并成为名扬四海的老字号和著名的国家品牌。人们感念一代又一代传承人为中华民族和国家创造了如此灿烂的物质文明与精神文明功绩，称他们是民族和国家的科技成果的创造者和传承者。可以说，没有他们一代代的接力棒一样的传承、弘扬和创新，就没有当代科学技术的进步与腾飞。

其三，他们是民族和国家文学与艺术的传承者。大家都知道一句名言："文学艺术源于生活，生活是创造文学艺术的源泉。"例如，列入世界非物质文化遗产保护名录的中国剪纸、昆曲、京剧、中医针灸、中国蚕桑丝织技艺、福建南音、南京云锦、安徽宣纸、浙江龙泉青瓷、西安鼓乐等，还有列入国家级非物质文化遗产保护名录的皮影、石雕、藏族的格萨尔说唱、苗族古歌史诗《亚鲁王》、侗族大歌、苗族舞蹈、四大传说、各种祭仪等，这些令世界羡慕的深深根植于民间沃土的中华奇葩，无不彰显着传承人对国家文学艺术的贡献。他们通过口头演唱、讲述或肢体语言表达人类的审美追求、信仰和愿望，通过线条、色彩和造型来传达人类的审美需求，在这种劳动中，他们让一张张巧嘴慧口和一双双巧手成了实现目的的高级工具。代复一代，造就了中华各族人民文学的丰富多彩，艺术的争奇斗艳，让人们在美的享受中化蛹成蝶，将中华文明从一个巅峰推向另一个巅峰。专家学者赞颂传承人的这种功绩，称他们是国家传统文学与艺术的传承者，民族精神与道德的守望者。

三、传承人是造就世界多元文化艺术的主力军和源泉

我有一位多年从事国际旅游事业的朋友,有一次相聚,他给我讲起海外一些国家的奇风异俗:

到了巴西你才知道衣服穿得很少也不会害臊;

到了荷兰你才知道男人与男人当街拥抱比男人抱女人还火爆;

到了阿根廷你才知道不懂足球连个朋友也难结交;

到了奥地利你才知道连乞丐都可以弹唱小调;

到了西班牙你才知道被牛拱上天还乐得哈哈大笑;

到了印度你才知道走在路上必须给牛让道;

到了泰国你才知道见了美女就拥抱会多搞笑;

到了丹麦你才知道男女老少讲童话都不用打草稿;

……

大家听了一定觉得很有趣,其实这就是世界民族文化多元化的一个生动缩影与写照。由于人们生活的地域和环境不同,产生了不同的信仰与习俗、审美与追求,构成了世界文化多元化奇观。造就这种奇观的功臣,就是各行各业文化艺术的传承人和传承人所带领的众多地域文化艺术展演群,并由此熏陶出不同地域、不同民族、不同国家的文化风貌和审美追求,凝练出这个地域、这个民族、这个国家不同于其他民族、其他国家的特有品格与精神。因此才有了法国加莱古老编钟的美妙音乐、巴西圣保罗风情独具的街景、南非好望角的奇风异俗、西班牙的奔牛节、泰国

的集体江河沐浴、形形色色的韩国服饰、中国傩戏和昆曲等数以万计的世界文明特色文化艺术之乡。从这个意义讲，笔者认为，传承人是造就世界多元文化艺术的主力军和源泉！

四、保护传承人是当代人的神圣使命

研究人类文明史会发现，今天是昨天的继续，未来永远是今天的继续。割断历史，就不知道自己从哪里来，要到哪里去；不懂得历史，创新无从谈起；不继承历史，一切发明创造就成了无根之木。因此，我们要学会尊重历史，尊重历史沉淀凝聚的文化；而尊重历史和文化，首先要尊重历史文化艺术的承载者——传承人。一个聪明智慧的民族，从来都是在历史文明的基础上开创更辉煌的文明。从这个意义来讲，保护传承人不是权宜之计，而是构建中国特色社会主义和实现国家可持续发展战略的必然选择，也是在经济全球化中维系人类文化多元化的必然选择。世界进入21世纪，经济竞争的背后是文化，文化竞争的背后是民族与国家的兴与亡。在习近平总书记新时代中国特色社会主义思想指引下，当代中国正在由富起来向强起来迈进，要使中国永葆中国特色，永远屹立世界之林，实现中华民族伟大复兴的"中国梦"，保护好传承人便成了我们当代人一项义不容辞的神圣职责与使命！

传承人"释义"引发的思考与困惑

王 智

陕西省民间文艺家协会副主席、西安市非遗中心副主任

一、夕阳下的挽歌？ICU 里的临终关怀？

当笔者修改这篇论文，思考如何理解"传承人"的时候，不断接到来自西安市长安区著名的古法造纸村落北张村几个传承人的咨询求助电话。其中，有国家级代表性传承人张逢学父子，有省级代表性传承人马松胜一家人，有区级代表性传承人王康利，他们的家乡——在明清之际素有长安八大古镇之称的著名造纸村落，正在面临千百年以来的最大变局——拆迁。2017 年春节，该村村民自发组织了一次盛大的社火，算是最后的纪念，以后再耍是不可能了。2018 年，随着拆迁的逐步推进，签了字拿了补偿款的村民陆陆续续各奔东西，开始了长达数年的拆迁与回迁过渡。方圆 10 公里的 15 个村庄都在拆迁中，随着西安城镇化进程的不断推进，不仅北张村一带，西安西部大片郊县地区直接划归西安高新技术产业开发区，西安西部和咸阳市东部又划归西咸新区，这一广阔区域涉及多个城市和多个区县。这些地区有诸多非遗项目，比如人类非遗代表作集贤鼓乐、国家级非遗代表性项目牛郎织女传说和迎城隍、省级非遗代表性项目龙窝酒酿造技艺，等等。人随地走，据说非遗项目也要移交到高新区和西咸新区。开发区不同于区县，更是一种政企合一、招商引资、建设发展的机构，大拆大建是必然的。

传承人说，自己门前也挂着长安区非遗传习所的牌子，但是在拆迁补偿协议中，并没有对非遗传习所或者非遗家庭作坊进行照顾补偿的特殊条款，反映了多次也很无奈，拆迁方只是口头许诺，将来在辖区内可与企业家合作建非遗基地、办博物馆，统一解决传承人的问题。地方文化部门的工作人员反映，手握《中华人民共和国非物质文化遗产法》（以下简称《非遗法》）的各级文化部门在大规模的城市规划与拆迁中的话语权微弱到可以忽略不计。因为《非遗法》第二十六条："对非物质文化遗产代表性项目集中、特色鲜明、形式和内涵保持完整的特定区域，当地文化主管部门可以制定专项保护规划，报经本级人民政府批准后，实行区域性整体保护。确定对非物质文化遗产实行区域性整体保护，应当尊重当地居民的意愿，并保护属于非物质文化遗产组成部分的实物和场所，避免遭受破坏。"第三十七条："开发利用非物质文化遗产代表性项目的，应当支持代表性传承人开展传承活动，保护属于该项目组成部分的实物和场所。"但是在实际工作中，对非遗项目的实物和场所的保护却很难实施。

不得不准备搬迁的传承人说，用了几十年甚至上百年的青石纸槽搬不走了，换个地方再原样复制可以展现古法造纸全套72道工序技艺的老作坊其实是需要许多客观条件的，以后或许这样原始的作坊就永远消失了。虽然开发区也有文化局，也意识到这个情况，他们也做了调查，他们也知道这样的资源将来是开发区重要的文化品牌，但是他们没有类似区县所属的非遗保护中心这样的机构，一时还无法妥善接管辖区内移交来的诸多非遗项目。即便接管了，所有的非遗项目和代表性传承人也面临一个与全新的城市化环境相调适的问题。不仅如此，丝路起点的西安，国家中心城市的西安，正在建设富有历史文化特色的国际化大都市的西安，发展日益提速。反过来说，非物质文化遗产的生态环境会变得越来越薄弱和濒危。一个现实规律是：非遗资源的多少、存续现状的优劣恰恰与经济发达程度成反比。

虽然西安市目前正在申报第六批非遗代表作项目，还在申报省、市级代表性传承人，但这种申报与十多年前申报的价值不可同日而语，申报的速度也赶不上大环境改变的速度，而且今后要面对的一个既紧迫又长期的问题就是：在城市化进程不可逆转的背景下，如何在新形势下、新环境下保护和传承非物质文化遗产？如何保护传承人？比如，在拆迁中，传承人用了百年的巨大碓石、青石砌的纸浆池子都不得不丢弃了，以后再恢复就只能用水泥砌一个，或者用铁皮做一个。但是铁皮池子、水泥池子，纸浆会发臭，比不得青石池子，而现在如果花些代价收集起来，将来就能在非遗博物馆的建设中保留最有价值的原生态纸浆池子，就能让后人看到真实的历史技艺。

15年前，笔者第一次来到手工造纸村庄调研。北张村自古就以造纸著名，几乎家家户户都造纸，国家级非遗之所以能够申报成功，正是基于这个村落还有多户人家一直坚守着传统的楮皮造纸技艺。西安地区仅有的十个国家级非遗项目，这里的古法造纸就是其一。十多年来，笔者来过这个村庄不下百次，帮助传承人做申报和宣传，做口述记录，陪同国内外专家考察，也陪同国内外媒体拍摄。中央电视台在十多年前引发全国关注的系列片《留住手艺》中的造纸篇就是在这里的马松胜家庭作坊拍摄的。当地有句民谚，叫作"一豁纸槽顶十亩地"，意思是说，本地自古人多地少，即便有人家把闺女嫁到该村也嫌地少，怕闺女嫁到这里受苦，于是当地人说，不要嫌我们地少，我们家里的捞纸池子要顶十亩地的产值。这里有北张村、南张村，据说是汉代上林苑遗址，村名来源于"向北张网""网开一面"的帝王故事。村子紧依沣河，是周代丰镐二京的核心地带，自古就有"沣出纸、水漂帘"的民谚。隔河相望是秦都古镇，是后秦王朝为方便鸠摩罗什渡河讲经译经修建的水旱码头，隔河相望还有一处周文王灵台的遗迹。半年前，笔者还作为国家级非遗传承人抢救记录工程摄制组的顾问在这里对国家级传承人张逢学老人进行记录。不料仅仅过了几个月，整个村落就将发生彻底改变，连一些地名都将被覆盖。村落是农耕文化语境下非遗项目生存的土壤，没有了村落，许多传承人也就失去了环境。

十年来，西安市围绕村落挖掘了诸多非遗项目，认定了数百个省级、市级、县级代表性传承人。但是村落不存在了，"皮之不存，毛将焉附"？例如，2006年申报的西安地区最著名的曾经两次进京表演的大白杨村社火民俗已经10年没有组织大活动了，因为其村就坐落在二环以内，历经多次变迁，村民变成居民，已经完全城市化了。没有了土地，也就没有了阖村老幼祈求五谷丰登大闹社火的意识了。两位代表性传承人尝试与附近的汉城湖旅游点合作组织小型活动，也不尽如人意。许许多多依赖传统农耕文化历经千百年存续下来的生产生活方式、民俗文化活动消失已成为必然。这十多年的非遗保护努力是夕阳下最后的挽歌吗？难道永远不可能让濒危的非遗再走出抢救室的临终关怀吗？

二、"传承人"释义与释疑

2003年，冯骥才先生说过的三句话影响了笔者近15年的人生轨迹，也影响了诸多艺人、匠人和非遗志愿者的生活轨迹。这三句话就是：谁来拨打抢救民间文化的"120"；知识分子的书桌在田野；每一分、每一秒，都有民间文化在消失，抢救就是与时间赛跑，与生命赛跑！

这样的理念深深影响了笔者和陕西一批热爱非遗的人。

从那时起，听到民间文化抢救"120"的警笛声，我们就背上行囊，带上设备出发去田野、去民间，去记录、去发掘、去收集，一连奔跑了15年。

这次研讨会上，冯骥才先生听笔者一件一件介绍带来的陕西非遗实物：陕西社火架子上三寸金莲鞋底子上窟窿的妙用，陕西社火和血社火（冯先生甚至直接把社火道具戴在头上，连说"有意思"），陕西尧头窑最古老的制陶工具陶钩上的"角子"和"面子"所蕴藏的智慧，陕西娃娃哨和丝路上吉尔吉斯埙（冯先生马上从书架上拿起一本泥塑著作，翻到他收藏的新石器时代的牛头埙做对比），陕西民间文化符号五毒元素，等等。陕西是中华文明最重要的发祥地之一，在这样的地方从事非遗抢救与保护工作，笔者深感幸福。

带着部分田野考察的图片和几十件非遗实物，笔者继续自己的乌兰牧骑式讲座之旅，向冯骥才先生及全国专家请教非遗真谛，反思传承与保护之惑，用15年工作实践碰撞学术理论。15年来，中国非遗保护的实践活动轰轰烈烈，工作成果显著。我国或许是世界各国中最重视非遗工作的国家，建立了各级政府主导下完备的四级非遗工作体系和非遗名录体系。我国列入世界非遗名录39项代表作，国家级非遗名录1372项，各地资源清单87万项。有学者说，假设两年申请成功一次人类非遗代表作，1372项国家非遗就要申请2774年。15年来，"非遗"从一个不为国人所知的词汇变为当下的热搜词汇，非遗及非遗传承人还成为当下的网红，非遗+双创、非遗+旅游、非遗+扶贫、非遗+产业化、非遗+互联网、非遗+会展经济、非遗+"三进"（进校园、进农村、进社区）等，令人感慨万千。

这些年来，每天都在和艺人、匠人打交道，说起传承人，笔者的第一反应是，这不是一个学术概念，不是一个定义，不是申报材料中的文本和光盘，也不是那个盖着钢印的红本本"代表性传承人证书"，更不是那张可以打进传习补助的银行卡，而是一个个鲜活的人，是成百上千个朴实憨厚、神态各异的面庞，是门类各异忙碌在各自行当中的身影。无论个体还是群体，都在一点一滴的文化细节中潜藏着伟大的精神力量和传承的智慧。

传承也不是理论上的量身定做，而是鲜活的实践坚守。要了解什么是传承人,就一定要走进他们的生活,走进田野,走进传承人的心里。民间文化的传承,在学者是门学问;在非遗工作者是工作和事业;在艺人和匠人是世世代代延续的生活。生活千姿百态,传承人也是千姿百态。传承人的个性,传承生态环境的差异,使我们不可一刀切地去认识传承人和文化的传承。只有走进他们,才能破解传承之困,才能找到真正的传承钥匙。笔者认为,无论传承人如何定义,无论代表性传承人如何认定,用生命坚守,用生命传承,才是真正的传承人。

这次论坛的主题不是"代表性传承人",而是"传承人"释义,其中有着深刻用意。在非遗法和各省、市、县区的认定、命名工作中,只有"代表性传承人"的概念。而"传承人"是一个广义的概念,也是一个模糊的概念。代表性传承人要经过评审、认定,民间说"是有红本本的,有文件的,有名额限制的,有荣誉光环的,有资金补助的"。传承人则可能什么名分都没有,所有非遗传承者都可以视作传承人,也可以不视为传承人。因为在非遗申报中,一些项目和传人由于种种原因无缘申遗,就像本次论坛邀请的一些艺人。但是无论认定与否,他们都在用生命坚守,用生命传承。在长期的调研中笔者发现,在代表性传承人之中,还有一种"顶尖级的"、无法复制与超越的"国宝级"传承人,笔者形容他们可能100年才出现一个,比如,陕西的剪纸大师库淑兰,还有陕西动态风筝大师张天伟等。

关于传承者和传承人,民间还有多种说法,几年前,笔者曾接到北京卫视邀请,说要上他们一个叫《传承者》的节目。笔者奇怪地问:"你们的节目不都是上刀山下火海的绝技艺人吗？本人无艺在身，是不是搞错了。"编导说："没有错，你误会了，我们的节目之所以叫'传承者'，就是我们认为传承者比传承人的概念更大，所有传播中华文化的人与群体都是传承者。"笔者想，从广义上而言，《成都宣言》中人人都是传承人的理念早已深入人心。

还是在多年前，福建漳州提线木偶剧团团长告诉笔者一个传承人的四分法概念，令人印象十分深刻。他们刚从联合国教科文组织演出归来，到西安参加金狮奖展演，通过与国外专家交流，他们总结木偶戏的传承人概念应该是四个层面：一是上面要有"传人"，就是师傅；二是下面要有"承人"，就是徒弟；三是有了师傅和徒弟，没有欣赏者也不行，所以就要有所谓"欣赏者传承人"，就是观众；四是有了这三个层面的人还不行，还要培养"潜在的传承人"，也叫"未来传承人"，就是孩子。这样，你的艺术才会一代一代传下去。他们认为现在的代表性传承人认定制度有缺憾，有局限，只保护师傅的做法是瘸子，是一条腿走路。传承人的四分法给笔者相当大的震撼。

三、"传承人"释义引发的诸多困惑

做了多年的非遗保护工作，困惑不是越来越少，而是越来越多，正如面对博大精深的中国优秀传统文化，你会越来越感到自己的无知与肤浅一样。"传承人"释义引发了笔者诸多思考，连同困惑一并罗列如下：

1. "传承人"定义与"代表性传承人"定义差异之惑。

2. 传承人普查、挖掘之惑。

3. 个体传承人、群体传承人、集体传承人认定之惑。

4. 传承人群体伟大的精神力量和文化细节中的智慧挖掘感悟之惑。

5. 代表性传承人的光环与普通传承人的无名无分差异之惑。

6. 人人都是传承人语境之惑。

7. 非遗项目与传承人异地申报之惑。

8. "传人、承人、欣赏者传承人、未来传承人"的传承人的四分法之惑。

9. 濒危代表性传承人迅速离世、抢救变成临终关怀之惑。

10. 增补年轻传承人条件之惑。

11. 与时间赛跑、与生命赛跑、与城市化进程赛跑之惑。

12. 在纳入庞大的行政体系运转的时候,传承与抢救缺乏紧迫感之惑。

13. 国家层面对国家级代表性传承人的抢救记录推进与省、市、县级的代表性传承人抢救记录跟进乏力之惑。

14. 代表性传承人队伍身份日益复杂化之惑。

15. 所谓"职业传承人"或者"传承人职业化"之惑。

16. 文物认定有年限而非遗认定无年限之惑。

17. 伪传承人鸠占鹊巢之惑。

18. 伪病人挤进ICU抢救室开始打营养点滴之惑。

19. 守望坚守神圣纯净的天空之惑。

20. 利益驱动之下，传承人认定争端烽烟四起之惑。

21. 大型集体民俗类项目传承人认定矛盾突出之惑。

22. 商业品牌之争进入传承人领域之争之惑。

23. 依法保护非遗传承与现行法律法规冲突越来越多之惑。

24. 高层理论学术争议直接给基层实践带来方向性困惑之惑。

25. 城市化进程下非遗生存环境恶化，保护矛盾越来越突出之惑。

26. 产业化、市场化背景下的非遗保护探索之惑。

27. 衍生品之惑。

28. 皮影戏变成皮影雕刻、皮影成为皮画之惑。

29. 伪非遗、伪文化打非遗幌子之惑。

30. 非遗保护能否借鉴文物保护理念之惑。

31. 非遗"遗产化"之惑。

32. 100 年三代人谱系认定之惑。

33. 传承环境造假之惑。

34. 权钱交易、评审潜规则等种种乱象之惑。

35. 非遗普查挖掘不受重视导致评审认定不到位之惑。

36. 普查队伍、评审专家、传承人群体三者割裂之惑。

37. 某些专家学者不接地气之惑。

38. 申报文本光盘千篇一律之惑。

39. 传承人申报辅助材料不受重视之惑。

40. 割裂的申报、不能割裂的保护之惑。

41. 传承人现状"鱼干理论或鱼缸理论"之惑。

42. 所谓"最后的申报"之惑。

43. 传承人申报白热化之惑。

44. 赶上或挤上"最后一班传承人申报车"之惑。

45. 中华优秀传统文化的创造性转化、创新性发展能否直接套用非物质文化遗产的创造性转化、创新性发展之惑。

46. 公约与非遗法解读之惑。

47. 非遗传承人认定标准之惑。

48. 非遗本真性、原真性、真实性之惑。

49. 非遗与双创结合之惑。

50. 非遗与扶贫结合之惑。

51. 偌大的家园，无处摆放自己的传统之惑。

52. 站起来的文化自立、富起来的文化自觉、强起来的文化自信之惑。

53. 非遗与文化扶贫四个层次（科技扶贫、智力扶贫、思想扶贫、精神扶贫）之惑。

54. 非遗产业的投资多回报少、有产业没文化、有数量无质量、有制造无创造之惑。

55. 生产性保护等同于产业化保护之惑。

56. 各种创新的工艺要跻身遗产之惑。

57. 对遗产的坚守还是对遗产的创新之惑。

58. 如何判断代表性传承人传承能力丧失之惑。

……

四、关于"传承人"释义引发的再思考

学术理论往往不是基层工作者所擅长的，笔者的思考还显幼稚。但是无论如何，希望用基层的实践碰撞学术理论，为非遗学术做些实践探索。

第一，代表性传承人不断逝去是一个最紧迫的问题。

如何面对代表性传承人的不断逝去？坐视其亡吗？如何落实"保护为主，抢救第一"的理念？传承人是非遗保护的核心，在普查、记录、评审、研究、传承、发展等非遗保护工作的各个阶段，传承人始终是核心。十年间，我们评定的非遗代表性传承人不断离世。笔者原以为，抢救、保护传承人是一件十分紧迫的事情，听到"120"的呼叫，我们就要立即出发，就一定要与时间赛跑、与生命赛跑。实际上，当这个工作被纳入庞大的行政体系的时候，就会觉得它变得按部就班了，传承抢救似乎都变成一个缺乏紧迫感的工作了。你个人也必须适应这个不紧不慢的节奏。非遗法规定，制定非物质文化遗产代表性项目保护规划，应当对濒临消失的非物质文化遗产代表性项目予以重点保护。代表性传承人的评审已整整过了12年，以陕西为例，过去的评定中一直偏向年长者，多为60岁以上者。西安地区目前有192个市级以上非遗项目，有234位市级代表性传承人。陕西省有674个省级非遗项目，有344位代表性传承人。不过，近年来，据不完全统计，省级代表性传承人骤然去世了45位以上，西安市的市级传承人去世了16位以上，笔者送过的花圈也有20多个了。国家层面对国家级代表性传承人的抢救记录正在进行，但是地方层面，对省、市、县级的代表性传承人抢救记录还为各地的人力、财力、物力以及观念意识所限，迟迟无法推进和跟进。国家级传承人抢救记录工程到了省里也因为技术问题等原因，投标包给了专业的影视公司来做。影视公司当然要讲效益和效率，都希望在短期内完成，不可能常年关注传承人。年老的传承人迅速离世，我们如何面对？简单的办法是增补一个更年轻的人吗？在最初的传承人评审中，如果出现年纪大的和年纪小的二选一，评委一定会选择年龄大的，而如果今天碰到二选一，往往选年纪小的。在今后一个阶段，评审的速度甚至赶不上去世的速度，抢救任务十分紧迫，与生命赛跑、与时间赛跑总是一个痛在心里的话题。在后来的申报中，一些地方不得私下划出认定代表性传承人的年龄界限，即高于某个年龄段的人的申报不予受理，令很多年长者望而却步。虽然各地有不少年轻人进入市、县级代表性传承人队伍，但是艺能与老的艺人、匠人比起来天差地别。

第二，代表性传承人评审热背后的思考。

随着省、市、县级代表性传承人的增多，传承人的社会身份日益复杂化。最初，我们在民间四处寻访，那些干了一辈子甚至是立下生死状的艺人和匠人，他们几乎不知道自己是传承人。而现在随着非遗申报热，毛遂自荐的、各方推荐的，到处托关系走门子要当传承人的、外地迁入本地要求申报的越来越多。现在的代表性传承人队伍越来越复杂化，乡村领导、企业法人、行业协会首领、国家公职人员、宗教高层、体制内的文艺院团名家名角、体制内中医药从业人员、退休职工干部、餐饮界大师名厨等，许多人都拥有了非遗代表性传承人光环，都开始享受传承补助。基层对此有个比喻：这如同健康的人也挤进 ICU 抢救室开始打营养点滴了，其中更有伪非遗传承人也通过了层层评审鸠占鹊巢，这个"伪"字恰恰还难以界定，你还很难说他是"伪"的。

第三，我们希望守护一片纯净的精神家园！

多年来，我们都有一个愿望，希望在非遗保护工作中，我们守望的是一片神圣纯净的天空。但是这些年来，你能感到这片天空也时而被雾霾所染，因为利益而烽烟四起，争端不断。传承人的评选也交织着某种无法分清的关系网，交织着利益分配和区域平衡。评审是否专业？评审的"专家"是否专业？在某些地方，在某种程度上，传承人称号的标签化已经成为凝结着权力和利益的符号资源。申报中不乏谱系造假、年代造假、影响力夸大、技艺造假、传承环境造假、评审潜规则、升级申报、明码标价等种种乱象。陕西话把运作叫"捻拢"，基层工作人员感到，在非遗申报和资金使用中，捻拢的事情越来越多了，再捻拢下去，非遗这片天空也就不纯净了。虽然一些著名的非遗项目和传承人备受各界关注，但是传承人也感慨：雪中送炭的少，锦上添花的多。政府逐年增加的非遗经费被形容成"撒胡椒面和点眼药水"，微不足道。钱越来越多了，争议也越来越大了，一方面缺钱，另一方面也存在非遗专项经费花不完、年终突击花的怪现象，资金没有流向非遗最需要的地方。非遗申报政绩化、非遗保护脱离实际、非遗保护不积极作为、非遗保护单位保护不了非遗等问题依然困扰着非遗工作。

第四，大型集体民俗类项目传承人认定矛盾突出。

在代表性传承人认定中，基层反映一个比较棘手的问题是，大型集体民俗类项目的代表性传承人认定矛盾突出，有的认定了代表性传承人却得不到群众认可，有的为了避免矛盾，干脆不认定。非遗法中也没有对应的条文。申报单位、保护单位作用发挥不足。对此，陕西近年来开始尝试命名"传承单位"，对一些大型集体类非遗项目，比如，社火、庙会、戏剧等，由政府推荐、社会认可，已经命名了50多个"传承单位"。比如一个村庄的社火会为保护单位。

第五，忽视非遗普查造成评审不科学的思考。

普查挖掘与专家的评审脱节，普查有局限，挖掘不足、不深、不广泛，评审就不科学、不到位。普查与挖掘是非遗保护中最基础的工作，是所有链条上的第一个环节，普查与挖掘得不到重视，就会造成普查队伍、评审专家、传承人群体之间割裂、专家不接地气。在申报中，对申报书的要求过于规范，从而造成千篇一律、辅助资料越来越不受重视，专家苛求文本和光盘的错别字。相反，真正精于技艺的传承人，没有几个人能在申报文本中妙笔生花。笔者也一直觉得，千篇一律的申报书的字里行间，文化传承的伟大的精神力量和文化细节中的智慧无法得到充分体现；传承人创造性的手工劳动和因材施艺的个性化制作也很难在简单的文本中得到体现。非遗申报涉及许多领域，而许多领域连专家也是空白。普查、挖掘、申报不仅仅是表面的文化形式，更重要的是挖掘非遗背后的精神内涵、挖掘智慧、挖掘祖先的创造力。所以要坚决反对普查中的形式主义、申报上的机会主义、保护中的官僚主义。传承人的评审认定说起来容易，操作起来很难，活态的无形文化传统不像文物保护那样有明确的年限界定，其尺度、标准也常常因人而异，所以要积极促进专家队伍与传承人队伍的深度交流。

第六，关于传承人保护现状的"鱼干理论或鱼缸理论"。

陕西鄠邑区长期从事非遗工作的刘珂在与笔者讨论中对保护传承现状有个比喻，叫"鱼缸理论或鱼干理论"。

假如中国文化是一条长河，鱼与鱼群就好比传承人，河流到今天，面临干涸、断流、污染、改道等恶劣的生态。鱼无法生存，为了保护鱼，就在鱼群中遴选出一些特殊的鱼，放入鱼缸、鱼池喂养，如同送进ICU抢救，打点滴。这些特殊的鱼还可以常常在鱼缸里、鱼池里作作秀，长此以往，鱼走不出鱼缸，就会割断鱼与鱼群的关系，就会割断鱼与整个生态环境的关系。最终这条鱼会变成鱼干，挂在墙上，进博物馆了。而最合理的保护方式是治理整个河流的生态，鱼才能畅游。传承人的抢救如同给濒危的病人打点滴，如同进了ICU特别护理病房。但传承人不可能永远依赖"点滴"活下去，所以要打破鱼缸，放鱼归河；当然ICU里还可能挤进来一些并不需要打点滴、并不需要特别护理的鱼。这个来自基层的比喻很形象生动，结论是，要努力恢复和营造中华传统文化这条河流的整体氛围与生态才是非遗保护的必由之路。

五、关于非遗项目评审和传承人认定的几个问题

第一，分类申报是否科学的反思。

申报分类不明确，直接关系代表性传承人的认定。

我国非遗项目分类是十大类，在基层评审中，比如，某区申报陕西面花，第一年按照手工技艺类报，被打回去，说分类错误，要求来年按照民间美术类再

报。等到来年按照民间美术类申报，碰到其他专家又认为陕西面花是民俗类项目，因为文本和光盘过于强调作品本身造型和制作技艺，而对面花背后的四时八节的民俗文化寓意涉及太少又打回去了。类似的项目还有民间花灯类、九大碗民俗宴席、剪纸等。但是你具体问相关专家，面花作为一种手工技艺或者作为一种民间美术到底有什么区别，到底以什么标准评？专家也回答不上来，只是个人侧重点不同而已。

在一些专家解读联合国教科文组织非遗公约中，我们看到某个人类非遗代表作，一个项目却可以分属多个类别。比如，西安鼓乐既是音乐表演艺术，也是社会风俗、礼仪和节庆遗产；剪纸是手工技艺，也是民俗；烤馕和抓饭既是饮食技艺，也是生活方式、文化传统和节庆活动。显然这样的一个项目可以分属多个类别的分法更科学，更有利于帮助人们了解其背后的多重文化内涵。但是在现有我国名录申报体系中，却认为对一个项目进行了碎片化和割裂的申报，其弊端就是给申报带来片面的认知，使今后的保护无法深入和进行整体保护。我们来举一个例子，假设某地的窗花、年画、对联在春节文化活动中是一个整体，但是分成三个项目申报后，也分成三个类别申报代表性传承人，并各自制定孤立的保护规划，你会发现三者其实是一回事。失去了春节这个大环境背后的文化、民俗与信仰，你无论如何也无法保护一个孤立的项目。窗花不再贴在窗上，而是热衷于做巨大的百米长卷；年画不再贴在门上，而是变为收藏品；对联也不再针对不同家庭拟写，而是照抄《对联大全》，这个例子或许不完全恰当。但是笔者想说，可以割裂地申报，但决不可割裂地保护，这样申报或许并不科学，人们总说重申报、轻保护，其背后是不知道怎么保护。

第二，非遗项目和传承人认定标准的百年三代之惑。

十多年来，我们在省、市、县级别的非遗项目和传承人认定的标准中，一直按照百年历史、三代有序不间断传承的最基本条件来认定遴选，而且百年必须是本地百年，三代也基本要求有本地谱系。这是非遗名录和代表性传承人一开始掌握的最基本认定条件，即要达到100年历史才算遗产，要达到三代有序不间断传承才能算作世代相传，而且必须是在本地的三代百年传承。然而，这一基本认定条件逐渐被突破。

遍查公约和非遗法以及各地文件，发现这一基本条件从未出现在正式的文件中。《国家级非物质文化遗产项目代表性传承人认定与管理暂行办法》中的三个条件说：掌握并承续某项遗产；在一定区域或领域内被公认为具有代表性和影响力；积极开展传承活动，培养后继人才。《国家级非物质文化遗产保护与管理暂行办法》第十二条规定，国家级非物质文化遗产项目代表性传承人应当符合以下条件：完整掌握该项目或者其特殊技能；具有该项目公认的代表性、权威性与影响力；积极开展传承活动，培养后继人才。这两个条文中的三个条件均没有硬性指标。

"百年三代"据说只是专家如此掌握，而各地评审也因人而异，专家掌握的尺度也不一样，解读也常常有分歧。世代相传到底是多少代？多少年才算非遗？如果拿物质文化遗产做个比较，会发现，作为物质文化遗产的文物认定有明确的年限，诸如1949年、1911年、1795年等，作为活态文化传统的非遗却很难划定统一的年限。既然认定标准模糊了,不同专家、不同地域就会有不同的解读,你会发现认定标准的模糊给后来的保护工作造成了一定的困难,使非遗认定有机可乘、有隙可钻。至于代表性传承人的代表性、权威性、影响力、科学价值、艺术价值、社会价值、历史价值等,也取决于不同人的认知。我们困惑,到底非物质文化遗产必须具备多少年限才算是遗产?到底世代相传是多少代?如果在非遗普查的第一环节就产生相对模糊的认识,那么进而就会影响到名录体系认定,影响到传承人的认定,最终影响到后续保护工作。

笔者在新疆生产建设兵团见到一些非遗项目,可以追溯百年历史,但很难在兵团城追溯百年,因为生产建设兵团也不到百年。陕西也有 20 世纪 80 年代才入驻的各地手工艺项目,比如,定居西安的河北内画艺人一直要求在陕西申遗,据说 30 年来已经形成秦派内画风格。近 20 年来,陕北居民大量迁入西安城区,也将陕北的秧歌、腰鼓、伞头文化、踢场子、转九曲等全套的陕北文化带入西安,有些水准还很高,也要求在西安申遗。这些问题一直困扰着我们。

还有传承项目与传承人分开认定的办法存在弊端。第一年报项目,第二年报传承人,一次轮回申报,也造成诸多操作上的矛盾,到底是一次性捆绑式认定,还是分开认定?这也算是一个基层遇到的实践矛盾。另外,在代表性传承人认定中,各地都会有名额限制,一些项目传承人多年空缺,不利于传承;逐级申报与直属申报的矛盾暴露出传承人分级认定制度有隙可乘;为争抢名额造成家族内部、传承人群之间矛盾重重。

最后，无法结尾的结尾：快乐着、困惑着、幸福着。这些年一直在乡野奔走、挖掘、调查、记录，每年下乡100天以上，算下来走过了3000多个村落，调查过5000多位艺人、匠人及其群体，为筹备非遗展厅收集过20000件实物，积累的音频、视频、照片、文字存满了30个硬盘，即便整理一辈子也整理不完。今后不仅要像冯骥才先生所说，与时间赛跑、与生命赛跑、与城市化进程赛跑，还要与自己的生命赛跑。乡野调查成为笔者生活与工作的主旋律，一下乡，连病都好了。就像曹保明老师所说，田野调查成为一种习惯，还成为一种幸福生活。这样的幸福生活让笔者对非遗工作有了这样的理解，非遗工作就是16个字：记录历史、挖掘文化、守护精神、传承文明。笔者认为，保护与传承的金钥匙不仅在专家手里，更在传承人手里，实践者最有发言权。走进生活才能认识传承人，走进非遗的实践，才能找到非遗保护的真谛。

论传承人保护的意义及传承人"释义"

向云驹

中国文艺评论家协会副主席、中国文学艺术基金会副理事长兼秘书长、

天津大学特聘教授

在非物质文化遗产保护中,传承人的保护占有重要地位,具有重大意义。传承人保护不仅事关整个非物质文化遗产保护得失,也是一个高度复杂的学术难点。将非物质文化遗产的历史和逻辑的起点定位于传承人,是中国非遗学术的贡献;将历史学的口述史理论与方法运用到非物质文化遗产保护并形成传承人口述史的理论、方法论、实践成果,也是中国非遗学术的重大创新创造;将非物质文化遗产置于身体哲学和身体人类学、身体民俗学视野,确定其身体遗产的性质和哲学性,也是中国非遗学术的重要亮点。传承人问题依然存在众多学术难题和疑点,传承人保护依然缺乏顶层设计和核心举措,需要开展扎实、深入、有效的研究和探索。

一、"传承人"概念史

2001年,联合国教科文组织在全球公布首批人类口头和非物质遗产代表作(后改名为"人类非物质文化遗产代表作"),从此掀起一股全球非物质文化遗产保护热潮，也拉开了中国非物质文化遗产保护的大幕。在一个全新的文化概念全面进入中国语境，一种全新的文化类别进入人们的视野，一波全球性的新型文化浪潮席卷中国大地之际，用中国的语言、概念、学术、思想、理论来翻译和解释，在联合国教科文组织尚未为此种新型遗产作出全面概论系统理论时，用学术的立场来思想和定义定性此种遗产，有其现实紧迫性和必要性。2002年，中国民间文艺家协会率先与中央民族大学合作，举办了经教育部批准的全国首个人类口头和非物质遗产研究生班。本人受邀为这个班开授了"人类口头和非物质遗产概论"课程。2004年，本人在授课基础上撰写的《人类口头和非物质遗产》一书公开出版发行，成为我国第一部非物质文化遗产学术专著，也被联合国教科文组织驻北京办事处官员称赞是全世界第一部非物质文化遗产的学术著作。在当时，这个著述必须尽快深入准确地回答这样一些社会问题和大众困惑：怎样站在全人类和全世界的高度理解"人类口头和非物质遗产"，它的价值、性质和形态是什么，如何对此种遗产进行分类与保护，联合国为什么要对它进行世界性的保护，这是一门什么样的学问，怎样欣赏和鉴别这种新型遗产？我的这本著作全面介绍和研究了有关人类口头和非物质遗产的概念、联合国保护之由来、代表作评定的国际标准、此种遗产"申遗"的程序、它的分类和科学评价、它的形态与价值、中国的研究与保护等。在理论上提出了一系列开创性的诠释，也第一次将此种遗产置于一个统一的学术框架和理论结构中。此书出版后也被媒体报道为"是一部为非物质文化立论的著作"。冯骥才先生则称是"平地筑起的大厦"。正是在这部著作中，在并无学术借鉴的情况下，我为非物质文化遗产做出了定性研究和表述，提出非物质文化遗产是一种传人文化、人体文化，强调指出，非物质文化遗产有一个突出的性质和特征，即它以人体为载体，与人体共存亡。有艺之人在，此艺即在，有艺之人亡，此艺即亡；有艺之人操持此艺，此艺即在，有艺之人弃艺不习，此艺亦亡。所以，非物质文化遗产是因人而存亡的，它依赖于人的使用和传承，它是一种传人文化。在此种遗产的分类上，我从此种遗产的属性、载体、本质出发，提出了一套纯粹理论性的分类法，即身体、口头遗产、体饰文化、手工技艺、行为文化等。传人和身体的传承，这个概念确立了非物质文化遗产独一无二的样式、形态、面貌。这一理论定位也为非物质文化遗产保护奠定了理论基础和实践方向。

2002年初，中国民间文艺家协会正式启动筹备了一年多的中国民间文化遗产抢救工程。在工程的实施过程中，濒危性是抢救工程施策的重中之重。冯骥才先生率先梳理出濒危性几个重大方向或类别，即传承人的濒危、口头文学的濒危、远古文化传承濒危、少数民族文化传承濒危、古村落遗产濒危、手工技艺传承濒危。针对这六大濒危，我们提出了相应的抢救保护措施。其中，为延缓传承人濒危、提高社会对传承人的重视和珍惜，我们设计了一个专项工程，即"中国民间文化杰出传承人调查、认定与命名工程"。本人参与了这个工程的策划、设计、定名、立项、制作工作手册、确定工作流程等全过程。这个项目的设计理念和概念，一是借鉴了日本关于"人间国宝"的命名和保护，二是借鉴了当时国家实施的青年杰出人才扶持计划中的"杰出"概念。杰出传承人对象包括：民歌手、故事家、史诗说唱艺人、工匠、祭师、民俗主持人、手工艺者、民间画师、民间乐手、民间舞者等。2005年3月在北京隆重公布此一项目并全面实施，2007年6月1日，中国文联和中国民协联合在人民大会堂隆重颁授首批166名中国民间文化杰出传承人证书，公布首批杰出传承人调查出版成果。此事也产生广泛而深远的影响。2007年6月5日，文化部公布第一批国家级非物质文化遗产项目代表性传承人名单（226名）。自此，传承人保护与非遗保护有机地统一起来，成为不可分割的一纸两面。以后，逐渐深入、扩大、升级、丰富、提高、发展、完善。

2009年，在陆续完成20余个著名产地的文化普查，中国木版年画集成工作进入后期编纂出版工作之时，冯骥才先生在天津大学冯骥才文学艺术研究院中国木版年画研究中心与他的博士、硕士和教授、讲师们一起开展了一项中国木版年画传承人口述史丛书的调查、整理、编纂、出版工作。这一传承人口述史专项专题工作，无论是在理念还是在方法论上都更加成熟。其成果也更加具有口述史特色，是迄今为止传承人口述史最优秀、最成熟、最成功、最典型、最有代表性、最具推广性、最符合传承人保护规范和特色的学术成果。这套丛书调查了中国木版年画集成中10余个省、市、区有活态传承和杰出传承人的年画产地的年画传承人，由冯骥才先生亲自主持、设计、参与和指导，因而更全面地体现了他的口述史方法与原则。方法论上更是形成了成熟的传承人口述史的访谈、整理、存档、成书的系统流程、规则、原则、步骤、技术、手段、理论。此后冯骥才先生还主持完成了"传承人口述史研究方法论"国家社科基金重大课题，进一步推进了传承人口述史的研究与实践。

二、"传承人"的身体遗产

随着非物质文化遗产保护工作的日益深入，"申遗"的社会热情、大众热潮一浪高过一浪，国家非物质文化遗产法公布与实施，中国的世界非物质文化遗产居全球第一，国家级非遗名录和代表性项目传承人一批批公布，国家文化和自然遗产日年年举办，因此，对非遗性质的文化深化和哲学高度需要更加详尽细致的解读。在一个时期，我曾经就此进行了深入的思考和研究，撰写发表了系列性的学术论文。其中，《论非物质文化遗产的非物质性》从哲学上澄清了"非物质文化遗产"概念的起源和人们理解上的似是而非，论证了它的物质基础，指出：人类的身体及其运动是非物质文化遗产的物质本体，非物质文化遗产是以人为本的遗产。非物质不是没有物质，而是不以材料物质为主，是以人为其物质和载体的一种特殊的文化遗产。身体是其第一载体，人的言语、声音、动作、行为是次级载体，各种物质材料和表演实物、场景则是辅助载体或间接载体。《论非物质文化遗产的身体性》在身体哲学的意义上进一步深入展开论述，提出了"身体遗产"的概念，指出：身体是非物质文化遗产的一个重要支点，也是非物质文化遗产分类的逻辑起点。非物质文化遗产是以人为本体、以人为主体、以人为载体的遗产，是通向身体哲学的身体遗产。遗产的身体和身体的遗产揭示着非物质文化遗产保护和研究最深刻的奥秘和意义。在研究中，我把身体遗产按其身体性排成五个层级：一是直接由身体承载的非物质文化遗产，二是为保护和美化身体并以身体表现、展示和呈现的非物质文化遗产，三是以身体为象征或者象征身体的非物质文化遗产，四是以身体演唱、表演、制作并成为被欣赏乃至自我欣赏的身体的非物质文化遗产，五是以身体行为和身体图式建构的非物质文化遗产。根据此一遗产的身体性所做出的遗产分类包括：口头遗产（包括语言、口头文学、口技、口头艺术、声乐）、体形遗产（包括发饰、服饰、文身等）、形体文化（包括舞蹈、杂技、武术体育）、行为文化（包括器乐演奏、民俗文化、民间演艺）、综合文化、技艺遗产，等等。由此得出结论：非物质文化遗产有机地融入了传承主体的生存与生活中，自觉与不自觉的传习传承是实现濒危遗产文化救赎的必由之路。传承可以超越身体的死亡和生命的短暂，使非物质文化遗产可以在身体之间、代际之间传递。

三、"传承人"释义

第一，"传承人"是非物质文化遗产中的核心概念，没有传承人就没有非物质文化遗产。一切保护非物质文化遗产的制度设计、法律保护、工作措施，都应该以传承人为核心。有物无人是文物保护的模式和特色，见人见物才是非物质文化遗产保护的特色。

第二，作为非遗的传承人或者项目，因其非物质性、无形性，以及它的民间性、草根性，可以说这类遗产自有历史以来就是很少被记录的，很少有文字、图像、文物和影像的"无形文化遗产"，因此记录此种遗产是抢救和保护的重要职责和使命，也是重要的方法和手段。

第三，鉴于传承人在此种遗产中至高无上的地位，记录，除了必须有遗产形式、样态、文本、作品等以外，不可缺少的应该还有传承人的口述史。这种口述史不是历史学口述史的模仿和照搬，它是有人类学传统和中国实践经验总结，具有符合传承人特点，为非物质文化遗产保护所必需的性质和特色的口述史。

第四，传承人记录可以分为传承人技艺史调查、生活史调查、传承谱系和师承关系调查，在此基础上应该对杰出传承人、国家级代表性项目传承人开展专业的传承人口述史工作。其中，杰出传承人还包括群体性传承项目、全民性传承项目中佼佼者的口述史，包括故事、史诗、说唱等语言性强、语言类项目的佼佼者的口述史，包括综合类项目并被民间公众公认为"老把式""好把式""能人""机智人物""能工巧匠"等的口述史。某一种民间形式中有不同类型的杰出传承人，应当分门别类开展他们的口述史。比如，藏族格萨尔说唱有神授型、梦授型、师授型、自学型，民间称呼有"神授艺人""闻知艺人""掘藏艺人""吟诵艺人"，要分别一对一开展口述史，不可或缺。

第五，技艺、作品的记录与口述史相结合。目前，我们大多是记录创作过程、技艺流程、作品汇集，这较过去单纯记录作品有了巨大的进步和丰富，但与口述史相结合的全面记录及其综合呈现还是不多。对最重要的一批传承人，如进入世界非物质文化遗产名录的项目而其中又命名了国家级传承人的就应该进行口述史加其他记录的综合调查、整理、呈现。有些口述史作品中已经包含了丰富的作品内容和技艺技术细节，但因为是穿插在口述史中，所以呈现得并不系统和完整，作品的分析、研究、鉴赏乃至文化背景和文化内涵也因为体例问题，呈现受限。因此，有必要围绕杰出传承人问题综合设计记录的框架结构。

第六，在身体与活态的意义上，没有一个人能把自己排除在非物质文化遗产的习得、遵从、传承之外，但是作为身体性的遗产，我们又会在主体与客体的同一性上产生哲学悖论。也就是说，在当下非遗保护大热，发生全民性非遗狂欢的语境中，我们自己会出现既是保护的主体，也是被保护的客体即保护对象的现象。这往往会导致在通常情况下，特别是在传承人群体中，主体与客体角色混乱，两种需求互相矛盾，使传承和保护都无所适从。或者主体与客体浑然一体，传承和保护的内在需求和外在要求，要么都被置之不理，要么很好地融合，这取决于传承人文化自觉的程度。这使非物质文化遗产的传承和保护都十分复杂化。这完全有别于文化遗产保护只要对对象施以科学的方法就可以解决问题的局面。所以，传承人的身份、传承人的意识、传承人的知识、传承人的意义，应该如何确立，应该如何定位，应该如何行止？似乎都存在巨大的问题，似乎都不是一个命名颁授就完事了的事情。此中尚有众多的问题需要讨论和研究。

四、建议国家建立传承人及非遗文化基因库

非物质文化遗产由于它的活态性、无形性和濒危性，使记录的意义上升到重要的高度。记录是抢救和保护的重要形式，赶在无形文化遗产无形地消失以

前，将之有形地记录下来，就是一种文化抢救，记录就是保护。目前，我们在一般意义上开展的非遗记录可谓如火如荼，方兴未艾。有鉴于传承人的老龄化及大量故去，有鉴于时间的流逝和时代的变迁导致传承的危机，有鉴于各种不可预料的自然灾害和灾难的发生，非物质文化遗产同样面临着与动物濒危、物种濒危、生物多样性不存一样的危险，生物、生态、生命等学界无不积极建立生物多样性或者动植物基因库，以便确保人类未来有依凭的丰富的基因资源。我认为，人类的非物质文化遗产保护也应该以科学的标准对重要的非遗项目和传承人口述史进行标准记录，用这样的记录建立数套分散布局的人类非物质文化遗产基因库。这里的关键是记录的科学性与标准化。根据中国与联合国教科文组织合作的经验和我们自己学术界长期积累的经验，这种科学标准的记录可以称为"三多一史"，即多学科、多语言、多媒体加传承人口述史的立体性、整体性记录。

多学科，包括对一种非遗样式，组织多学科学者联合调查。比如，民间文学类要有民间文艺学、语言学、人类学、民俗学、民族学、文学、音乐学、影像学等学科学者参与，在调查中发挥多学科优势。

多语言，就是将口头遗产和无形遗产记录下来时，要有方言或民族语言记录，再同时配以国际音标、汉语拼音、汉语文字，翻译成英语等，使之可以被多种语言文字和语音符号系统记录与还原。

多媒体，指记录时运用文字、录音、图绘、图像、摄影、摄像、拉班舞谱、音乐简谱、音乐五线谱、场记、舞台调度图、三维数字技术等多技术多媒介同时记录，并从其文化上进行综合的、立体的、整体的记录，同时保留可以存留的代表性作品和实物。

史，即传承人口述史，也包括文字、录音、摄像等。

通过以上记录标准记录下来的非遗资料，最大的优势是具有可模仿性，可以最大限度地复制和还原此种非物质文化遗产，适于构成文化基因的样式及其存在，为可能的变故和未来的人类留存宝贵的文化火种和传承基因。类似的记录，笔者21世纪初参与过的中国与联合国教科文组织联合进行的中国少数民族民歌调查可为范例，此次调查得到联合国教科文总部的高度评价，视为国际范例。现在，我们具有更多便利、条件、技术和可能了，应该未雨绸缪地考虑建立国家级或全球性人类非物质文化遗产基因库。

非物质文化遗产传承人认定标准研究

苑 利

中国艺术研究院研究员、天津大学兼职教授

物质文化遗产"看得见""摸得着",保护起来相对容易。但作为表演艺术类、工艺技术类以及节日仪式类的非物质文化遗产①,由于是以技术或技能这种"看不见""摸不着"的形式保存于传承人头脑之中,所以保护难度很大。但是如果我们换个思路,问题也许就会迎刃而解——既然这些技艺与技能保存在传承人的头脑之中,我们保护好传承人,不就等于保护好非物质文化遗产了吗?事实也证明,只要鼓励传承人去做,非物质文化遗产就会活在当下;只要鼓励传承人精益求精,非物质文化遗产就会越传越好,越做越好;只要鼓励传承人带徒授艺,非物质文化遗产就会代代相传,永不断流。所以,保护非物质文化遗产的核心要素,就是保护好非物质文化遗产传承人。

那么什么样的人才能成为非物质文化遗产传承人呢?

---

① 非物质文化遗产粗而划之,可分为"传统表演艺术""传统工艺技术"和"传统节日仪式"三大类。倘若细而划之,又可将其分解为"民间文学""表演艺术""传统工艺技术""传统工艺美术""传统节日""传统仪式"六大类。

一、被认定人所传必须是祖先所创非物质文化遗产

非物质文化遗产传承人的认定，重点不在传承人姓氏名谁，而是看他的所传是不是非物质文化遗产。那么什么是非物质文化遗产呢？我们提出这样五条标准：

（1）从传承时限看，该人所传文化事项必须具有百年以上的历史。时限不足百年者，不能申报非物质文化遗产。

（2）从传承形态看，该人所传文化事项必须以活态形式传承至今。至于那些在历史上产生，但因种种缘故，并未能以活态形式传承至今者，是不能申报非物质文化遗产的。

（3）从原生程度看，该人所传文化事项必须以原汁原味的形式传承至今。那些在传承过程中，已经被改编改造了的传统文化事项，是不能认定为非物质文化遗产的。

（4）从传承品质看，该人所传文化事项必须具有重要价值。有人认为，所谓"非物质文化遗产"，就是我们通常所说的"传统文化"。其实，这种认识不够准确。非物质文化遗产至少具有百年以上的历史，从这个角度来说，它肯定是"传统文化"。但这并不等于说所有的"传统文化"都是非物质文化遗产。"传统文化"与"非物质文化遗产"的最大区别在于，"非物质文化遗产"是经过价值衡量之后的"传统文化"——在传统文化中，凡是具有重要历史认识价值、艺术价值、社会价值、科学价值和借鉴价值的，便是非物质文化遗产；凡不具有上述价值，或是上述价值

不是那么突出的，便不是非物质文化遗产。也就是说，我们所说的"非物质文化遗产"，一定是具有重要价值的，不具有重要价值者，是不能评其为非物质文化遗产的。

（5）从传承范围看，并不是所有的传统文化事项都能评为非物质文化遗产。从属性看，非物质文化遗产只存在于表演艺术、工艺技术、节日仪式三大领域，除此之外，都不能认定为非物质文化遗产。①

二、被认定人必须亲自参与非物质文化遗产的活态传承

非物质文化遗产传承人必须亲自参与非物质文化遗产的活态传承，它的所指主要包括两方面内容：一是指只有真正工作在生产第一线上的，懂传统技艺，具有实操经验的优秀匠人或艺人，才有资格申报非物质文化遗产传承人；二是指尽管已经不再亲自动手，但仍能深入一线，凭借自己长年积累起来的经验，去指导业内后人的那些杰出的、颇受同行或晚辈尊敬的老艺人或是老匠人，才有资格申报非物质文化遗产传承人。相反，那些在非物质文化遗产保护工作中，确实做出过重要贡献的组织者、协调者、研究者以及热情参与者，尽管他们确实为非物质文化遗产保护也付出过艰辛努力，但由于并未直接参与非物质文化遗产各种手艺的活态传承，并不能熟练掌握非物质文化遗产的各种专业知识与技艺，故不能申报非物质文化遗产传承人。

从国外经验看，非物质文化遗产传承人的认定年龄，通常被限定在50岁左右。在我们看来，在这个

---

① 有关非物质文化遗产定义，详见苑利、顾军《非物质文化遗产保护干部必读》，社会科学文献出版社2013年版，第4页。

年龄段的传承人，尽管由于年龄、体力、手劲、眼力等诸多因素的限制，他们在手艺上已经开始走"下坡路"，但这一年龄段的传承人所传"绝活"是最多的，所懂技艺是最多的，所知相关传统也是最多的，因此，作为师傅，以传承人的身份带徒授业，这一年龄段显然是最好的。与亲自传承相比，我们更看重的是他们能将自己长期以来积累起来的相关知识、技能与经验分享给他的继承者。相反，50岁以下或是更年轻的传承人，他们所传技艺在纯正度上往往会存在许多问题。如他们所唱民歌多半会夹杂某些美声唱法的影子，他们所剪剪纸多半会融有西方绘画的影子，他们所雕作品多半会带有西方雕塑艺术的影子。也就是说，最纯正的民间唱法、民间剪法或是民间做法，在他们身上并没有被原汁原味地继承下来。这种承载有太多"转基因"成分的"传承人"，一旦进入传承队伍，很容易导致所传项目的迅速异化。当然，凡事都有例外。在田野调查中，我们也确实发现过一定数量的、保持了中国传统的后继人才。他们代表了中国非物质文化遗产的未来，需要重点关注。

三、被认定人必须原汁原味地传承非物质文化遗产

在非物质文化遗产保护原则中有一个非常重要的原则，这便是"本真性保护原则"或"原真性保护原则"。该原则来源于物质文化遗产保护原则中的"真实性保护原则"。在文物保护者看来，保护物质文化遗产的第一步，就是首先应该对文物本身的真实性做出明确的判断——这个文物到底是不是真的。如果不

是真的，我们当然没有必要对其实施科学保护。马未都先生曾给我们讲过这样一个故事：一天，一个小伙子拿了个陶罐子请马未都鉴定，他想知道这个陶罐子到底是东周的，还是西周的。马未都掂了掂，告诉小伙子："这是上周的。摸着还烫手呢，怎么可能是文物呢？"不仅是文物界，只要与文化遗产相关，我们认定时，首先画出的第一个问号，就是它到底是不是真东西。在非物质文化遗产保护上，我们同样应该遵循真实性原则，用它来判断一下我们所传项目的真伪。当然，这只是遗产保护工作的第一步。接下来，为确保所传项目的真实，我们还应在传承过程中，避免任何形式的改动。实践告诉我们：只要不改，便有价值——"钻木取火"不改，我们便可知道早在一万多年前人类是如何获取火种的。"客家山歌"不改，我们便可知道1000多年前中原人山歌的唱法。如果我们将"钻木取火"改成了打火机，把"客家山歌"改造成了西洋唱法，我们保护的非物质文化遗产还有什么历史认识价值？非物质文化遗产是我们与祖先沟通的重要窗口。如果这里失守，我们将会失去一个与祖先沟通的渠道，祖先的智慧就会因我们的改动而彻底消失，我们失去的不是在某些人看来土里土气的民歌、舞蹈或是土得掉渣的传统工艺技术，而是一笔所剩不多的、独特而重要的文化战略资源。失去它的直接后果，便是新时代的文学、艺术、科学、技术，都会因上述文化战略资源的不足而裹足不前。这就需要我们在非物质文化遗产保护过程中，及早建立起"文物"保护意识，把非物质文化遗产作为一种所剩不多的、包含众多祖先智慧与经验的"活化石"保护起来。从表面看，物质文化遗产与非物质文化遗产，确实是完全不同的两码事,但在本质上,两者却是完全一致的——它们都是历史的一部分,它们的最大价值都是历史认识价值。也就是说,我们所谓的"非物质文化遗产",尽管不是"秦砖汉瓦",但它是秦砖汉瓦的烧制技术;尽管不是"故宫长城",但它是故宫长城的建筑技术。作为一国文明的活态载体,非物质文化遗产的有无,往往比物质文化遗产来得更加重要,因为它直接关涉一国文明能否延续,一国文明能否断流的大问题。为确保中华文明永不断流,传承人要做好以下两项工作:一是将祖先所传遗产原汁原味地继承下来,二是将祖先所传遗产原汁原味地传承下去。

说到"原汁原味",很多人会心生误解,认为原汁原味是否太难。其实,我们坚守的"原汁原味"说起来不难,做起来也不难——昨天怎么做,今天还怎么做;师傅怎么做,徒弟还怎么做。难道这会很难吗?当然,我们所说的"原汁原味",并非像某些人理解的那样非物质文化遗产一点儿都不能变,而是说最能代表该遗产的决定性基因,一点儿都不能变。这些决定性基因包括该遗产的传统表现内容、传统表现形式以及所用的传统材料,这些因素最好一点儿都不要变。① 至于那些不影响原有基因的小的随性改变,我们没有必要管得太多。"一遍拆洗一遍新",是非物质文化遗产活态传承的普遍规律,管得太多,反倒会影响民间文化活态传承的随意性。

---

① 苑利:《工艺美术类遗产"原汁原味"三议》,《民间文化论坛》2011年第5期,第61页。

四、被认定人必须愿意将自己的所学传授给后人

除具备足够的专业知识与高超技能外,在传承人的认定中,人们还非常看重传承人是否愿意将自己所掌握的全部知识与技能,毫不保留地传授给后人。否则,即便才高八斗,也不能认定为非物质文化遗产传承人。我们对传承人的考核,大致分为两个部分进行:一是看他是否已经将前人的技艺或技能原汁原味地继承了下来,二是看他是否愿意将前人的技艺或技能原汁原味地传承下去。前者强调的是传承人是否得到了"真传",后者强调的是他的徒弟们能否在他那里得到"真传"。作为中华文明的"二传手",传承人肩上的这两副担子一副都不能少。一般情况看,传承人在评定时,我们对他是否已经得到"真传"进行了初步的评估,故在这个问题上不会有大的问题,所以,我们在考查传承人的传承力时,需要重点考查的是后者——他是否愿意将前人的技艺或技能"原汁原味"地传承给他的后人。

在非物质文化遗产传承过程中,由于传承项目类型的不同,传承方式与路径也会有很大的差异。譬如,具有相当技术含量、可以养家糊口的非遗项目,多半是通过血缘传承(家族传承)的方式加以传承的,其缘由无外乎"肥水不流外人田"。那些技术含量不高,基本上凭体力吃饭的非遗项目,多半是通过业缘传承的方式加以传承的,其传承动力无外乎凭体力养家糊口。而那些作为公共文化存在的非遗项目——如侗族大歌、苗族舞蹈等,多半是通过地缘传承的方式加以传承的,其传承动力无非是通过自娱自

乐的方式宣泄情感，愉悦身心①，教化世风，交流情感。事实上，传承人在传承方式、传承对象的选择上，都会因传承项目类别的不同而有所区别。在考察传承人的传承能力时，也应将上述因素考虑进去。

五、被认定人必须具有一定的代表性、权威性与影响力

非物质文化遗产的传承人是一个民族传统文化的"二传手"，这个民族的传统表演艺术、传统工艺技术、传统节日仪式，特别是其中的核心技艺，能否被原汁原味地继承下来并传承下去，传承人发挥着重要作用。因此，传承人的选拔是一项非常严肃的工作，来不得半点儿马虎。非物质文化遗产传承人至少在以下三个方面是出类拔萃的。

（一）代表性

非物质文化遗产从类型学角度来说，会分为传统表演艺术、传统工艺技术和传统节日仪式三个大类；从地理学角度来说，也会因自然环境与人文环境的不同而有所区别。如甘肃的皮影与乐亭的皮影、福建的皮影与广东的皮影，都会因环境的不同，在用料、刀法、造型、工艺等方面有很大的不同。我们遴选的传承人，没有一个能包打天下，敢说自己是某类遗产的集大成者。他们至多只能成为某一门派，或是某一地域流派的代表。于是乎，能否代表这一门派或是这一地域流派的艺术特色、文化特色、工艺特色，便成了我们考察非物质文化遗产传承人的重要标准。

---

① 即所谓"饭养身，歌养心"是也。

（二）权威性

非物质文化遗产传承人是否具有权威性是由多种因素决定的。权威性的形成包括以下因素：

首先，非物质文化遗产传承人的权威性，有时是由传承人正宗的传承谱系决定的。譬如，对于某些家族传承型非物质文化遗产项目来说，其核心技术通常掌握在嫡长子手中，在非物质文化遗产传承人申报时，嫡长子显然具有明显的优先申报权。这是由家族传承这种特殊的传承方式决定的。对于某些业缘传承型非物质文化遗产项目来说，其核心技艺通常掌握在大徒弟手中，在非物质文化遗产传承人申报时，大徒弟显然具有更为明显的优先申报权。这是由业缘传承这种特殊的传承方式决定的。非物质文化遗产申报的权威性，通常是由非物质文化遗产传承规律决定的。找到了规律，我们就会事半功倍，就会不犯或是少犯错误，并将真正的非物质文化遗产传承人钩沉出来。

其次，非物质文化遗产传承人的权威性有时是由传承人高超的传承技艺决定的。"实践是检验真理的唯一标准。"考察一个传承人是否具有权威性，最重要的指标，就是看他做得如何，是否掌握着这个行业的"独门绝技"。在行业内部，并不是所有匠人都能掌握某种"独门绝技"的。只要我们找到了"独门绝技"的所有者，自然也就找到了我们要找的传承人。

最后，非物质文化遗产传承人的权威性，有时还要看他的技艺保有量。譬如，某国家级布袋戏项目传承单位只能演出20余个折子戏，而当地并未进入遗产名录的草台班子竟然能演出200—300个折子戏，谁更权威自当一目了然。

（三）影响力

非物质文化遗产传承人的认定，通常都会是一个系统的认定，要考虑到方方面面。但综合到一起，便是该传承人是否具有广泛的影响力，是不是某行业或某领域的标志性人物。因此，是否具有很高的知名度与很强的号召力，也应该成为我们衡量、选拔非物质文化遗产传承人的重要尺度。①认定机构也会根据传承人影响维度的大小，将其评为县级、市级、省级乃至国家级非物质文化遗产传承人。

总之，我们所说的"非物质文化遗产传承人"，是指那些不但能将祖先所传技艺原汁原味地继承下来，同时也愿意将祖先技艺原汁原味地传承下去，且在这个过程中取得过公认成就，具有一定代表性、权威性和影响力的某些自然人和社会群体。②

---

① 2008年6月14日实施的《国家级非物质文化遗产项目代表性传承人认定与管理暂行办法》第二条规定："本办法所称的'国家级非物质文化遗产项目代表性传承人'，具有公认的代表性、权威性与影响力的传承人。"
② 非物质文化遗产的传承主体有时是个人，有时是团体，有时则是群体，所以仅用指代个人的"传承人"一词来替代所有的传承主体显然是不合适的。

关于非物质文化遗产传承人与传承人群的几点思考

萧 放

北京师范大学社会学院教授

"非遗传承人"是一个具有明确针对性的概念，它的内涵确定。但由于非物质文化遗产的类别的丰富性与传承过程的复杂性，对于非遗传承的关键角色传承人的认定与培养是一项具有学术含量的文化行政工作。如何制定认定传承人的文化标准与技术标准，以及清晰界定个体传承人、团体传承人、传承人群与非遗文创人员的活动范围，并在实际非遗保护传承工作中得到系统的贯彻执行，是当前中国非遗研究领域的重要工作。

一、"传承人"的概念、类别

传承人是负有特定文化传承责任的个体或群体。传承人属于文化代际传承中的关键角色。

从非物质文化遗产所涵盖的对象看，非物质文化遗产有两大存在形态：

一是单一属性的非物质文化遗产。单一属性的非物质文化遗产是指该遗产具有与个人才智紧密结合、个性特征鲜明的特点，它不依赖群体合作，具有独立表现、独立传承的文化属性。如个性化很强的表演艺术：故事、歌谣、史诗、评书、音乐演奏、工艺技能等，这些非物质文化遗产，它的文化土壤是集体性的，但在才艺表演与技艺传承上大多是以个人出现的，从传承人主体的角度看，具有单一的文化遗产属性。

二是综合性质的非物质文化遗产。综合性质的非物质文化遗产是指该项文化遗产具有群体参与的属性，它依托较广阔的文化空间，文化传承与享用具有广泛的群众性。如节日、庙会、群体仪式活动、社区信仰等，这些公共参与较强的民俗活动，就属于综合的非物质文化遗产。我们要根据文化遗产的不同属性，决定不同的文化保护措施。针对被保护对象实际、量身定制相应的保护方式。由于非物质文化遗产与作为文化主体的人关系密切相关，因此对于传承人认定异常重要。何种资质的社会成员能够充当传承人的角色，承担起传承文化遗产的重任，需要慎重考虑。

二、传承人认定的方式与依据

根据传承人所在的时代与制度环境，有自发的传承人与政府认定的传承人的不同类型。

非物质文化遗产产生于以农业为主体的传统社会，是传统社会的文化结晶，它承载着优秀的民族文明，是民族文化观念与智慧的具体表现。在传统社会，非物质文化遗产是人们生产生活的技能、社会关系维持与精神满足的必要基础，它有着自发传承的社会氛围与社会条件。因此，在传统社会非物质文化遗产传承人的培养大多在文化共同体中以非制度化的潜移默化的方式习染，或者家庭作坊的师徒传承。在传统社会，传承人依赖技艺、能力与声望非自觉但自发地平等传承。

当代社会，传统文化已经失去自发传承的社会环境与便利的土壤，人们已经将从前的文化成果视为文化遗产，在非遗语境下，传承人更多地依靠政府与相关权力部门认定。根据中华人民共和国文化部令45号，2008年6月14日开始实施的《国家级非物质文化遗产项目代表性传承人认定与管理暂行办法》，国家级非遗项目代表性传承人的认定，是需要经国务院文化行政部门认定的，承担国家级非物质文化遗产名录项目传承责任，具有公认的代表性、权威性与影响力的传承人。在公开、公正、公平的原则下，以申报、审核、评审、公示与审批等程序认定。是否符合国家级传承人资质，需要他掌握并承续国家非物质文化遗产项目；在一定区域或领域内被公认为具有代表性与影响力；积极开展传承活动、培养后继人才。

政府以申报认定非遗传承人，它的优点是在技艺文化声望不被社会日常接纳的时代，对执业者有地位肯定与经济保障，使濒临绝境的优秀遗产有了传承发展的机会。局限是这种认定是否会带来排他性，有可能因为我们对非遗传承人的认定与选拔标准的制定与执行过程中的偏差，导致传承人称号的名实错位或者把握不当，引发矛盾纠纷，以致非遗项目传承困难。因此，认定传承人的文化标准与技术标准都应该细密周全，而且有监督与评估机制，以矫正在申报与认定过程中可能出现的工作偏差。

我们在实际申报审核中如何确定个体非遗传承人

与群体传承人呢？这里提出一些个人看法。

对于单一属性的非物质文化遗产传承人的认定，因为对象明确，易于选择。我们只要制定若干文化原则与可操作的技术指标就可以从同一类型中选拔出大家公认的非物质文化遗产的传承人，这些传承人的个人才艺与技艺代表了特定非物质文化遗产的最深造诣与一流水平。而且这种造诣与水平得到社会公众的认可，以及政府、专家的肯定。比如，著名的评弹演员、故事家、特定曲调的歌手、史诗传唱者、音乐演奏家、剪纸艺人、工艺师等，技艺的代表性与社会声望是其作为非物质文化遗产传承人身份认定的重要指标。对于这些传承人的认定，可从两个向度考虑：

一是从纵向的传承历史看，他们所传习的技艺是否有较久远的历史，是否具有作为文化遗产的深厚的历史底蕴与丰富的精神内涵。我们不妨以日常习见的灯笼与气球的制作者为例，二者都可在现代节日生活中见到。但我们在选择为非物质文化遗产传承人时，只考虑制作灯笼的工匠，而不会选择气球的制作者，即使气球比灯笼漂亮一百倍。道理很简单，前者作为年节的装饰，在中国传承了上千年，它已成为中国庆祝文化的符号，而气球是现代工业的产物，它还没有融入我们的文化之中，只是新奇的标志，缺乏作为民族文化符号的历史内涵。

二是从横向的社会文化资源分布与普通传习人生存状态看，应充分考虑指定的非物质文化遗产传承人，是该类型非物质文化遗产中的重要代表。确定非物质文化遗产传承人的目的，就在于抢救同一类型的非物质文化遗产，在于传承特定文脉。在尽可能的条件下，根据传承对象的实际，找到传承人的风格流派、理出传承谱系,确定并传承该门手艺、技艺、演艺的历史风格与传统。如绍兴的猴戏,绍兴章家四代传习猴戏,六小龄童是第四代猴王,章家猴戏在他手上继续发扬光大,成为中国猴戏技艺的杰出传人,他无疑是绍兴猴戏的重要传承人。这类传承人很容易确定。但天津的泥人张与北京的泥人张,哪一位能作为非物质文化遗产传承人,就得进行认真的考究,看其技艺传承线路与作品的风格特色,假如他们都有自己确定的历史渊源,都保持了各自的风格特色,二者难分轩轾,我们不妨将他们列为共同的技艺传承人;假如不是这样,就另当别论。

总之,对单一形态的非物质文化遗产传承人的确定,以其所掌握的才艺的文化内涵与技术品质为第一标准,选择掌握才艺的杰出者。不过我们在确定单一形态的非物质文化遗产传承人时,不便用太苛刻的条件,我们采用相对高的选择标准,有一定代表面,这样可以较充分地调动广大地区人们参与保护非物质文化遗产活动的积极性,达到保护非物质文化遗产的实效。

综合性非物质文化遗产一般与特定群体、场所与社区关联,它是群体性的文化活动,群体传承是该类型非物质文化遗产的特性,因此对其传承人的认定,相对困难。但也不是没有办法,关于综合性非物质文化遗产的认定,可按非物质文化遗产的样态进行切分,找出主干的文化环节,然后确定其中具有组织推动力量的关键人物,即在特定文化环境中形成的知识人或文化权威。他们具备传承文化遗产的素养与主动性,只要将这些人物认定为非物质文化遗产的传承人,综合性非物质文化遗产的活态传承就有了人事的保障。我们可以借鉴韩国经验，他们没有节日这样普遍性文化遗产的保护，他们是在传统节日活动中选择特定主题，比如，端午祭，对主持的巫师，以及相关项目的主持人，进行分别认定，这一组传承人的认定，确定了对此项非物质文化遗产的有效保护。韩国在综合性非物质文化遗产传承人的认定过程中，实施的就是将自然人与特定技能结合起来的方式，这种方式对我们认定非物质文化遗产传承人的工作有着重要的借鉴意义。比如，端午节俗活动，我们决定祭祀仪式主持人，划龙船的指挥者、歌手等。当然缺乏典型仪式的节日要确定传承人比较困难，我们就不一定要认定传承人，用文化示范与节日习俗引导习染的方式，强化群体的文化记忆与文化传承。

有些综合性非物质文化遗产可以文化生态区保护的方式进行整体保护，保护的重点就在于保持特定文化空间的完整，保护方式是在特定文化区内选取若干标志性文化事象，确定传承对象。然后采取措施，确保非物质文化遗产动态传承的生命力量。对于非物质文化遗产的保存，重视文化空间（cultural spaces）、重视文化遗产的生命力量，是《保护非物质文化遗产公约》中特别强调的。

总之，非物质文化遗产传承人，有个体与群体两类。技艺的传承大多依靠个体，传统文化活动的传承主要有赖于特定的团体或群体。我们在讨论传承人培养时应同时关注传承人个体与传承人群体，这里说的传承人个体与传承人群体既是基于技艺传承的个体人群，也是基于文化活动的一般参与人群体。也就是说有技艺类型的传承人与文化活动类型的传承人，他们共同构成非物质文化遗产传承人主体。

三、传承人的传承责任与国家非遗传承人群研培计划评估及认知

对于传承非物质文化遗产的传承人来说,主要是沿袭传统,保守家法,将过去留下来的文化财富传承下去,这是传承人的根本义务。同时我个人觉得传承人也应该根据时代的变化(包括工作条件与民众心理需求),在尊重传统文化根本价值与意义的基础上,沿着传统文化的路径进行积极的演化,以体现非物质文化遗产的精神活力及其在现代社会延展的生命力量。这符合联合国保护非物质文化遗产公约的根本精神,我们任何的文化遗产保护都是为了保护人类的创造力与保证我们人类能够享受人类积极的文明成果。我们的保护是动态的文化环境中的保护,是现代与历史、群体与环境的互动与对话,因此对非物质文化遗产来说一成不变的保护只是一种理想,它既不切实际,也不符合文化演化的规律。当然,我们在目前的工作条件下,首要工作是坚决反对与制止对非物质文化遗产的滥用与盲目改造。对于传承人来说,坚守传统是第一位的,同时也可作符合逻辑的渐进式演化的尝试。

传承人群,则是希望非遗传承有更广泛的传承基础,是从传承生态角度考虑的。的确,如果没有大众对非遗的普遍认知,没有社会大众的集体的精神、情感与趣味传承,非遗不进入现代生活,那非遗就失去影响与助力现代社会的功能。对于传承人群来说,非遗研培就很重要。现代教育对于培养传承人群就有它的优势。在现代社会,非物质文化遗产传承人群的培养是一个全面、系统、综合的教育工程,需要全社会

方方面面的通力协作与共同努力。从现代教育的模式看，家庭教育、社区教育、学校教育与社会教育是基本教育模式，非物质文化遗产传承人群的培养工作要顺利开展并取得实效的话，也需要充分利用现代社会条件与现代教育方式，吸纳现代教育理念与教育技术，在家庭教育、社区教育、学校教育与社会教育方面，开展全方位、多层次、立体性的非物质文化遗产传承人的培养工作，以家庭教育铸魂，以社区职业教育扎根，以学校教育固本，以社会教育筑基。

关于非遗传承人群研培计划的认知。2015年，文化部启动《中国非物质文化遗产传承人群研修培训计划》，根据"强基础、拓眼界"的原则开设课程。要求培训中充分考虑受训人群的实际情况，因人因事施教，坚持问题导向、作品导向，基础培训、案例教学，保证通俗易懂。要通过培训补非遗传承人群文化修养之缺、美术基础之缺、设计意识之缺、市场意识之缺；通过培训帮助非遗传承人群发现生活之美、传统工艺之美，并学会将美带入作品、带进生活。

当然，对于技艺传承人是否要集中研培，目前有不同意见。我认为传统技艺以师徒授受为优，技艺传承过程是德艺同进的过程，不经一师，不长一艺。在师徒技艺传承过程中，人的心性、德行与艺能的综合提升，才能保证技艺传承的充分实现。

现代社会变化，好多师傅找不到徒弟，家传模式失效，企业培训也遇到困难。身怀绝技，却后继乏人。如何在现代社会环境下传承优秀非遗，政府想出了依托高校推行传承人研培计划，帮助传承人传承与创新技艺。动机值得充分肯定，其在打开市场、扩大社会影响的效果上也应该得到客观评价，特别是文化活动类项目传承集体研讨很有效果。我们节日仪式实践研讨班在浙江松阳很有成效。当然，对于传统技艺研培可以区分传承人研习与传承人群培训两类。不同地区同一类型的技艺，可以交流互鉴，在增强传统技艺核心传承的同时，提升其服务生活功能；对于传承人来说，这样的研培切忌以现代技术改变传统技艺。

非遗传承人群旨在扩大非遗影响范围，让更多的普通人依托非遗开启现代生活，研培是需要的。如果他们在非遗基础上，创新技艺与产品是可以理解的。当然他们的产品应该为非遗衍生品。这样的非遗衍生品可丰富我们的生活。

非遗是文化事业，非遗传承是面向未来的文化传承。我们坚守非遗传承的核心理念，同时重视非遗与时代协调的原则，让我们背靠传统、面向未来，坚定地走好当下的发展之路。

非遗代表性传承人保护的中国实践

林继富

中央民族大学民族学与社会学学院教授

我国自开展非物质文化遗产（以下简称"非遗"）保护以来，十分注重对传承人的保护。从 2006 年开始，我国实施了代表性项目和代表性传承人保护制度。截至目前，我国完成了五批国家级非遗项目代表性传承人的评审和认定，共计 3068 名；地方认定的省级项目代表性传承人数量更多，形成了以代表性项目和代表性传承人为核心的非遗保护实践体系，充分体现了以人民为中心的保护主旨，"见人见物见生活"的科学保护理念得到了充分的表达，走出了非遗传承人保护的中国道路。

建立在制度层面的传承人保护工作，是我国政府在考量非遗传承人的历史贡献和当代意义基础上，以非遗保护为基本出发点，从非遗保护的生活实践、社区参与、文化创造力与文化多样性等方面做出的科学、全面的制度安排。非遗绝大部分是集体、共享的生活传统，每项非遗传承人多，传承历史长、流传范围广，在长期的非遗活动中，涌现出许多传承的杰出代表。这些代表在该项非遗流传的社区、村落具有良好的人际关系，积累了与此项非遗相关的丰富、深厚的传统知识。他们在传承非遗方面积极性高,并在继承和创新等方面表现出特殊能力,因此,选择保护代表性传承人,针对性强、效果明显,具有可操作性和可持续发展性,有利于带动非遗项目保护,并促进与此项目有关社区或村落传统的保护和发展。

每一个非遗项目都是在传统中传承,在当代生活中运行的。这个"生活",不仅是历史生活,也是非遗传承人、传承人群及民众的现代生活。比如,《阿诗玛》诞生于云南石林彝族撒尼人的歌唱生活,是撒尼人歌唱传统的代表。以《阿诗玛》为中心的歌唱传统,是无数撒尼传承人在歌唱实践中形成的生活传统。我们在保护作为非遗的《阿诗玛》时,不仅要着力于《阿诗玛》文本、演唱过程的保护,更要保护彝族撒尼人的歌唱传统,尤其是保护善于演唱彝族撒尼人民间叙事诗的传承人。因此,代表性传承人保护,实现了从代表性项目保护到以代表性传承人为中心的保护,传承人以及传承人生活社区的广大民众的生活成了保护的对象,凸显了非遗保护的主体性。

代表性传承人的保护,从根本上来说是要保护非遗传承人的传统生活,再现、记录非遗传统发展过程中的现代样态。从传承人角度讲,传承人的保护是现在性保护,是传承人传承活动的保护。从非遗角度来讲,保护该项非遗传统发展中的当代存在形式,就是保护以传承人为中心的社区生活方式、社区民众生活关系和文化关系。传承人生活在社区之中,非遗以社区传承为基本单位。尽管在非遗项目中,有许多项目在多个地区和多个民族中流传,但是生活层面的非遗则是特定范围内民众共享的生活传统和文化传统,记录着该范围内的社会发展历史,寄托了该范围内的民众生活情感，因此，非遗传承人的保护就是保护非遗流传范围的生活传统。然而现代化生活逐渐瓦解了民众的传统生活方式，非遗传承的范围发生了改变，非遗在传统村落和街区的存续出现了问题。为了更好地适应民众生活上的改变，与民众精神生活上、文化活动上步伐相一致，需要以非遗类优秀传统文化参与到社区、街道的文化建设之中。非遗传承人移居社区，或者进入社区传承非遗，就能很好地实现传统非遗与现代生活的有机结合，并引导和丰富城镇社区、街道的文化生活。

代表性传承人保护的实践，以社区、群体的当代生活为核心，这种建立在当代生产、生活需要基础上的保护，决定了非遗并非只有传统的面相，还有活灵活现的现代生活面相。生活需要是非遗传承、传播的动力。非遗的传统精神、文化功能满足了人们今天的生活需要，于是，非遗以活态的形式在民众生活中得到了传承和再创造，许多地区的非遗甚至成为改善民众生活的文化资源。传承人生产出来的非遗产品，不仅供当地民众享用，而且作为民族、地域产品，帮助民众实现创收、增收。许多传承人将非遗作为谋生的手艺，政府为传承人提供传承传习，以此带动传承人及其家庭脱贫致富。

比如，四川省绵阳市大力促进羌绣的传承发展，目前绵阳有绣娘、绣郎2000多人，他们已成为带动当地群众脱贫致富的生力军。青海省黄南藏族自治州热贡艺人尕藏组建农民工工会，组织100多名贫困艺人发挥非遗技艺优势，每年到省外进行彩绘、泥塑、壁画等创作、创收。这些事例显示，传承人在非遗传承中积极融入当代生产生活，并在国家倡导的"工匠精神"鼓舞下，可以走上带动社区民众共同致富的道路。

为鼓励传承人进行非遗传承活动，我国在非遗保护的制度设计上，将传承人保护置于非遗保护的重要位置，中央财政每年为每位国家级项目代表性传承人提供两万元的经费补助。这些经费在一定程度上保障了传承人的传承活动，激发了传承人传承非遗的主动性和积极性。

随着工业化和城市化进程快速推进，非遗存续和发展的文化生态环境发生了重大变化。为了提供传承人适应环境的能力，增强传承后劲，文化和旅游部、教育部、人力资源和社会保障部共同实施了"中国非遗传承人群研修研习培训计划"。传承人进入培训班后，拓展了眼界，丰富了非遗传承的创作内容，提高了技艺，发现了自身的价值和潜力；许多学员成为当地非遗传承的领头人，出现了"培训一人，带动一片"的现象。传承人在秉承非遗传统、不失其本的基础上，实现了"为民族传承、为生活创新"。

截至目前，全国已有80多所高校参与该计划，培训学员1.8万人次；各省、市、区均有相应研培班，全国累计参与人数达5.6万人次。非遗传承人群培训班定位为"研培研习"，让传承人与高校、业界相关学人共同探讨"非遗如何更好地实现创造性转化、创新性发展，更好地融入现代生活之中，实现可持续发展"等问题。这些措施和实践充分表明，传承人在非遗保护中的主体地位不可动摇，非遗留下的是祖先的记忆，更是民众创新生活、创造文化的动力源泉。

鼓励非遗传承人进入校园与学生交流，传承非遗，也成为当前文化领域的一大亮点。"非遗进校园"不是终点而是起点，非遗进了校园，还得走出校园，这里的"进"和"出"是传承人以及传承人携带的非遗，在传承人、学生、民众中流动起来，并且构成流畅、生动的传承链环，建立有效、有益的非遗生产、生活机制。比如，湖北省长阳土家族自治县庄溪小学实施"都镇湾故事"进校园活动，探索"小手牵大手"传承方式，使都镇湾故事"活"了起来。都镇湾故事传承人刘为芬、刘泽刚等进入庄溪小学为学生讲故事；学校布置学生回家采集故事，学生在家长的陪同下深入乡亲之中探寻故事根脉。民间故事在传承人、学生之间将社会传承、家庭传承与学校传承进行了卓有成效的结合，民间故事在今天都镇湾人的生活中"活"了起来。

中国非遗项目代表性传承人保护实践，是以民众生产生活为中心的优秀传统文化实践，是传承中创新、创新中发展的实践。在此过程中，在民众生活需求的驱动下，在科学方法的指导下，中国政府、学界和民间社会探索出非遗项目代表性传承人的保护路径，形成了从传承人立场保护非遗的宝贵经验；在与传承人的接触中，在调查、研究传承人之于传承发展中的彼此理解中，寻找到了当代中国非遗保护可持续发展路径；传承人、家庭和村落、社区构成的共同体，历史传统与现代生活结合的关联体，成为中国非遗保护实践操作体系的根本出发点，以及理论话语体系建立的基本目标。

非物质文化遗产传承人的多样性与非均质性

安德明

中国社会科学院文学研究所研究员

非物质文化遗产的传承人，应该是把相关非遗项目视为其文化遗产组成部分的所有人，其中既包括"文化专家"，又包括并不一定熟悉项目具体知识却能理解其意义的大量普通人。他们所构成的非遗传承群体，具有非均质的、多样性的特点，这不仅体现在他们在传承和实践非遗项目过程中表现出的"作为非遗知识保存者的实践者"同"单纯实践者"之间的不同，也体现在他们围绕非遗项目而形成的目的、意愿等方面的差异。而这些不同或差异，在实际操作中，又往往会通过妥协和协商的方式得到缓解，并最终指向维护相关文化事象传承的总体目标。认清非遗传承人的这种非均质性特质，将既有助于对所有传承人群体予以一视同仁的对待和理解，又有助于避免采取过于简单化、理想化的措施，为在差异之间搭建沟通和理解的桥梁，奠定扎实的基础。

非物质文化遗产（以下简称"非遗"）保护工作在世界范围的全面展开，对各种类型的传统生活文化在当代社会获得重新认识、重新定位及有效传承，发挥了重要的推动作用。从中国的情况来看，由于这项工作同中国社会亟须解决的文化传统在全面现代化过程中遭遇巨大冲击和危机的现实困境密切相关,①因此,它得到了尤其迅速且普遍的推广,并产生了十分突出的良好效果。②不过,这种看似空前的"文化干预"③,从长时段来看,却并不是唯一的。在中国历史上,被我们今天称作"非遗"的各种文化传统遭受危机,以及人们采取种种措施来应对这种危机的情形,可以说屡见不鲜。诸如帝王的册封、地方政府官员的褒扬,以及社会政治形势的巨大变化,都会使一种文化事象的有机传承受到干扰,或导致它发生一定的改变。与此同时,传承相关文化事象的群体或社区内部,也会采取种种措施,以维护或保证该事象的存在与延续。而这种来自文化承载者——即非遗传承人——自身的主体性和能动性,是确保该文化事象存续力的基础,也是导致文化发生可能变化的主要力量。

那么谁是传承人?传承人在发挥其能动性以积极保护其非物质文化遗产项目的过程中,其内部又构成了怎样的相互联系?

2013年6月,在成都举办的国际非物质文化遗产节,提出了"人人都是文化传承人"的主题语。这一表述的出现,对多年来非遗实践与研究领域及相关学科中过于强调"文化专家"而忽视大多数普通民众在文化传承中作用的取向,具有积极的矫正作用,体现了学术界和文化遗产保护实践者观念上的进步。长期以来,在非遗研究与保护领域,以及民俗学等与非遗问题密切相关并为后者提供学术支持的学科当中,对于文化主体的关注,大多集中在那些因熟练掌握某一特定传统知识而不同于社区一般成员的"文化专

---

① 安德明:《非物质文化遗产保护的中国实践与经验》,《民间文化论坛》2017年第4期,第17—24页。
② 张举文、周星:《中国非物质文化遗产实践的核心问题》,王宇琛译,《民间文化论坛》2017年第4期,第5—13页。
③ "文化干预"是美国公众民俗学者大卫·维斯农提出的概念,主要指的是某个个人或机构怀着改变文化的意图,有意识、有计划地在相应社会环境当中采取的行动。参见Gregory Hansen. 1999. Theorizing Public Folklore: Folklore Works as Systemic Cultural Intervention. Folklore Forum 30(1/2): 35-44。

家"身上。这些"文化专家",由于熟悉相关传统知识而成为调查研究者主要的资料来源和关注对象,①也成了非物质文化遗产保护的主要对象,这在为学术研究或非遗保护实践提供资料搜集的便利并从客观上有利于相关工作取得积极成效的同时,却弱化或掩盖了更大范围的一般人的作用,从而为正确认识和对待非遗社区或传承人造成了极大的阻碍。"人人都是文化传承人"观点的提出,正是在反思上述问题的基础上不断调整和改进工作思路的结果。

然而在承认某一社区中的所有成员都是文化传承人的前提下,反过来又必须对传承群体(即社区)内部的结构特征及层次关系有更清楚的认识,只有这样,我们才能够真正领会并处理好"人人都是传承人"的命题,避免简单地把社区视为整齐划一的团体的做法。值得赞扬的是,在 UNESCO 框架内近年来围绕社区特质所展开的讨论中,已经在这方面形成了颇有见地的新看法:"社区并非是均质的,在一个社区或者群体之内,对于非遗的认同和保护事宜可能会有不同的意见。"②这对当下非遗保护实践的顺利开展,显然具有十分重要的、可供操作的指导意义。

社区的这种"非均质性"究竟是如何表现的,其组成元素之间又具有什么样的关系呢?在这方面,我们可以借助民俗学、人类学界已有的相关成果,来认识和思考其具体状态。

日本人类学者渡边新雄在对日本冲绳社会的研究中发现,民间知识具有"层积性"或"动态性"的特征,这表现为相关知识的掌握者对于该知识存在着"全知""半知"和"无知"的区别。"全知"指掌握者对于这种知识无所不知,"半知"指对该知识一知

①[美]理查德·鲍曼:《民俗界定与研究中的"传统"观》,载理查德·鲍曼《作为表演的口头艺术》,杨利慧、安德明译,广西师范大学出版社 2008 年版,第 208—221 页。
②UNESCO. 2003 Convention for the Safeguarding of the Intangible Cultural Heritage: Strengthening National Capacities for Safeguarding Intangible Cultural Heritage, Training of Trainers Workshop, 10-14 January, 2011, Beijing[Z]. NOM 5.3, "Key Concepts of the Convention".p.82.

半解,"无知"则是对该知识全然不知。① 与此相似,一些民间叙事研究者在有关口头艺术的表演与传承的调查研究中,也注意到一种神话传统往往会有"积极承载者"和"消极承载者"两类传承群体。前者主要指"社区中对地方掌故、区域历史以及民间传统怀有兴趣的老人、民间精英以及虔诚地信仰相关神灵的香会会首或者一般信众",他们"所具有的神话知识通常更加丰富,能讲述的神话往往更多,也更愿意主动讲述"。后者则是"也知晓一定的神话故事,但是相对而言,其神话知识较少,往往只能叙述故事的核心母题,而无法完整、生动地讲述完整的神话,而且在生活中一般并不主动讲述这些神话知识"的人。②

以上两种概括,都注意到了民间知识或口头传统(均可理解为非物质文化遗产)传承群体的多样性,后一个例子中的研究者更明确指出"消极承载者"在神话传承中具有与"积极承载者"同等重要的作用,这对于纠正以往过于强调"文化专家"而忽视大多数普通民众在文化传承中的作用的做法具有十分积极的推进意义。然而它们更多的还是一种有关人们对具体内部知识掌握状况的静态分析,而较少从知识实践和传承的角度来思考。因此,所谓"全知""半知"和"无知"的划分,主要是从静态角度对某种民间知识掌握者所做的分析,侧重的是离开该知识具体应用语境时人们对于此知识了解程度的差别;有关"积极承载者"和"消极承载者"的研究,尽管比以往只关注那些讲述能手的研究视角有了很大拓展,却仍然没有把那些不会讲述任何故事却能够理解这些故事的社区成员包括进来。实际上,民间知识在大多时候是一种实践的知识,而不仅仅是提炼出来的、抽象化了的知

---

① [日]渡边欣雄:《民俗知识的动态研究》,梁景之译,《民族译丛》1994年第6期,第46—51页。
② 杨利慧、张霞、徐芳、李红武、仝云丽:《现代口承神话的民族志研究——以四个汉族社区为个案》,陕西师范大学出版社2011年版,第23—24页。

识，只有结合某项知识的具体实践来分析一个社区中共享该知识的成员结构，才能够对社区成员的传承人属性有更清晰的认识。

我在进行甘肃天水地区农事禳灾研究的过程中，曾有这样一个发现：就静态而言，人们对某一民俗知识具体内容的掌握，的确存在着量的差异。比如，对求雨仪式的具体细节，只有阴阳先生等极少部分的专门人士有全面的了解和掌握。这些专门人士的指导和主持，是仪式活动得以完整、正确进行的重要保证。这些人士，可以称作相关知识的"保存者"或"传播者"。而大部分参与者则对这一知识的具体内容或者一无了解，或者只有片段的了解。于是，就此方面而言，便出现了"保存者"或"传播者"同"一般参加者"的分别，这类似于"全知"和"半知"，"积极承载者"与"消极承载者"的区别。但是，当这一知识付诸实践的时候，就不仅需要"保存者"的参与、主持，而且也需要一般人的共同参加。两者的协力合作，是使一种民间知识得以实施的基础，也是民间知识之所以能够成为"民间"的全体社区成员共享知识的保障。因此，无论是"保存者"还是"普通参加者"，他们实际上都是这种知识的"实践者"或"行动者"。他们之间的差别，只在于对这种传统知识的被抽象化了的具体内容之掌握的多少，而对这一知识的应用领域、性质和功能等，所有的普通参加者同专门人士一样，都有着深刻的理解和自然的认同。而这也是作为"单纯实践者"的普通参加者，一旦受到"作为知识保存者的实践者"的指引便可以十分确当地把这一知识付诸实践的一个重要前提。[①]

这种发现更能准确清楚地描述社区内部成员之间

[①] 安德明：《天人之际的非常对话——甘肃天水地区的农事禳灾研究》，中国社会科学出版社 2003 年版，第 182—183 页。

的层次性与多样性：就某一民俗知识（或非物质文化遗产）的传承与实践而言，一方面，相关社区的全体成员都是它的传承人；另一方面，社区或传承人在具体传承和实践该民俗（遗产）项目过程中，尽管能够通过分工协作来达成目标，却又不可避免地表现出明显的"作为非遗知识保存者的实践者"及"单纯实践者"之间的差异。

以上仅仅是从文化传统传承过程中传承群体在具体实践方式的差异方面所做的分析。而如果结合不同传承人在传承过程中的具体目的、情感、意愿来看，就更会发现，任何一种非遗事象的传承群体，其内部并不是怀着完全一致目的的一个均质的、同一的整体，而是充满了多种力量复杂动态的互动。不同的立场、不同的动机和不同的诉求，都会在非遗传承过程中得到展现和表达，相互之间不可避免地会出现碰撞、冲突、交流与协商。那么在这样的过程中，谁才能够代表社区，哪种意见才是有代表性的意见？这种现象与相关问题已经引起一些民俗学者的关注和讨论，但研究者还是无法做出一个明确的判断。① 不过，可以肯定的是，冲突或协商的结果，必然是达成妥协，形成一个所有各方都不完全满意却又可以接受的成果。这种在相互妥协的基础上形成的新发明，也就是我们在不同语境下以"传统文化"或"非物质文化遗产"等不同概念加以标识的对象。

总之，按照联合国教科文组织《保护非物质文化遗产公约》的精神，非遗保护的最终目标，实际上就是保护那些实践和传承相关非遗项目的人，保护他们对自己文化的自豪感和自主权。也就是说，就整个保护工程而言，对人的关心要远甚于对文化的重视。通

①Lisa Gilman. "Demonic or Cultural Treasure? Local Perspectives on Vimbuza, Intangible Cultural Heritage, and UNESCO in Malawi." In: Michael Foster and Lisa Gilman, eds. *UNESCO on the Ground*. Bloomington and Indianapolis: Indiana University Press, 2015, pp.67-71.

过保护各种各样的非遗项目，突出相关项目传承人对该项目的传承权、主导权，非遗保护最终是要导向提升相对处于弱势地位的大量非遗实践者的地位的目标。就此而言，认清非遗传承人的这种非均质性特质，将既有助于对所有传承人群体予以一视同仁的对待和理解，又有助于避免采取过于简单化、理想化的措施，尤其重要的是，它必然会促使政策制定者、保持工作实践者、研究者等各相关力量采取更加有的放矢的措施，来实施和推动更加充分的交流协商，进而更为有效地保障广大传承人的权利和意愿。

文化展示中的传承人

毛巧晖

中国社会科学院民族文学研究所研究员

中国的非物质文化遗产保护从 2006 年全面开启,至今经历了 10 余年的发展历程。在这一时期,非物质文化遗产逐渐在学界搭起了一个新的平台,民俗学、文学、戏曲学、艺术学、人类学、建筑学等多学科在这一学术话语统领下交融共筑,形成了学术新视域。其中,民俗学研究者积极参与,非遗成为带动民俗学发展的一个重要话题与推手。随着非遗研究理论渐趋深入与成熟,初起之时"非遗运动"的喧闹渐趋转入理性的学理分析与思考。学人对非遗亦达到了一定共识,即"非物质文化遗产的一个最大属性是,它是与人及人的活动相联系和共生的"[①]。

一

人是非物质文化遗产存在的必要条件和重要前提,这也恰是非物质文化遗产与物质文化遗产的根本区别。而此处的"人",主要指向非物质文化遗产的传承人及其相应文化区中的民众,他们是文化记忆缔造的参与者与践行者。因此对于传承人的关注一直

[①] 朝戈金:《非物质文化遗产:从学理到实践》,《西北民族大学学报》(哲学社会科学版)2015 年第 2 期。

是非遗研究的重要主题，根据中国知识基础设施工程（中国知网，www.cnki.net）数据，从1992年1月至2018年8月，主题为"传承人"的论文共计15448篇，从发表年度、研究机构、研究层次、基金支持、作者、学科分布统计见图1—图6。

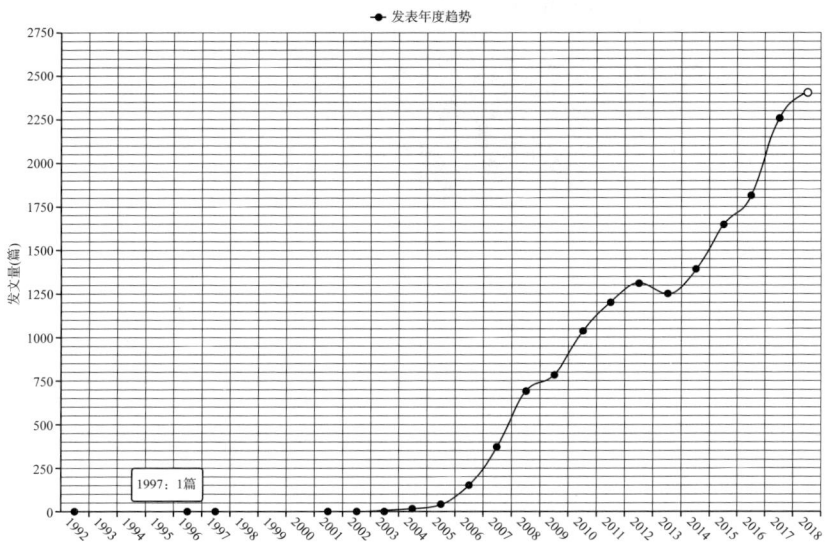

图1　文章发表年度数量比例

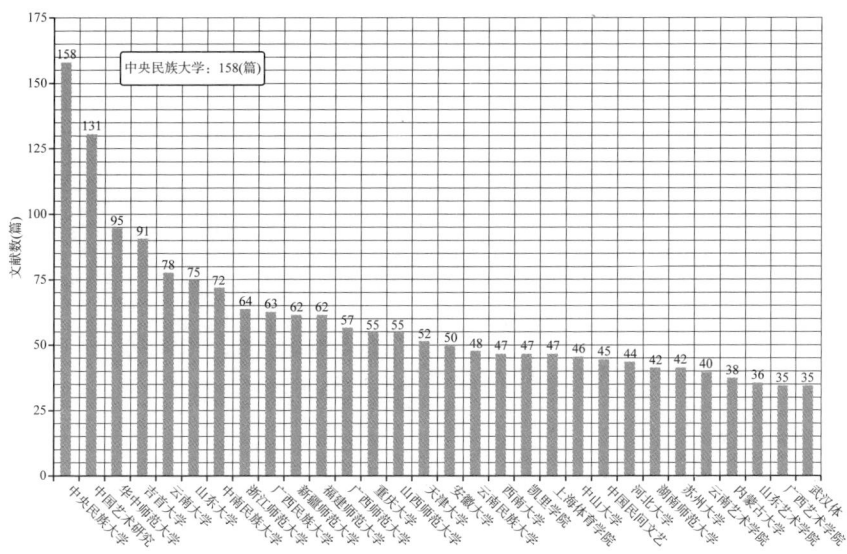

图2　研究机构所发论文数量统计

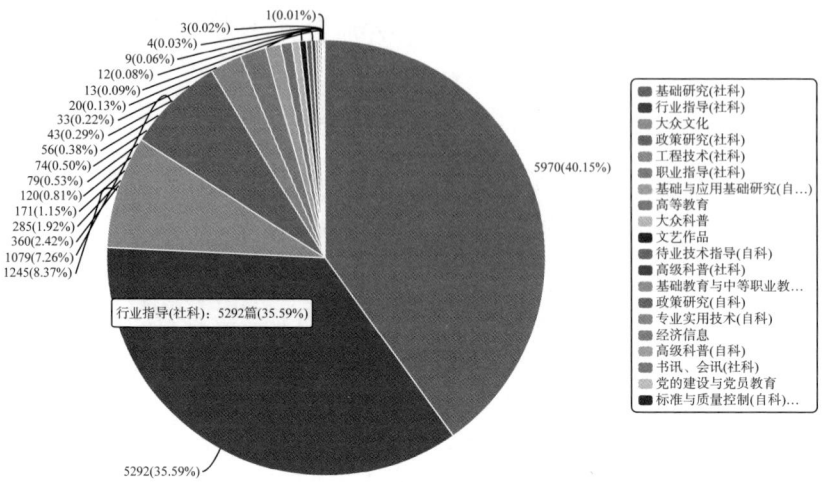

图 3 研究层次比例

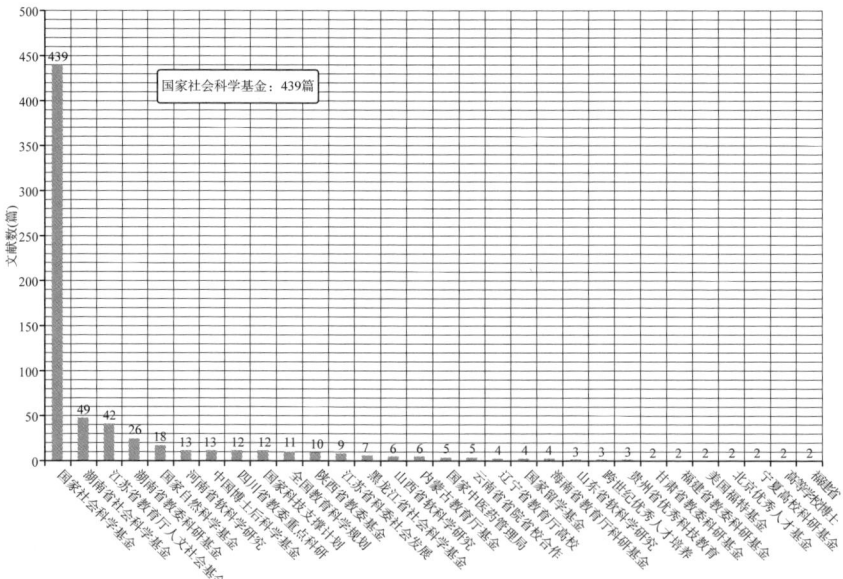

图 4 基金支持比例

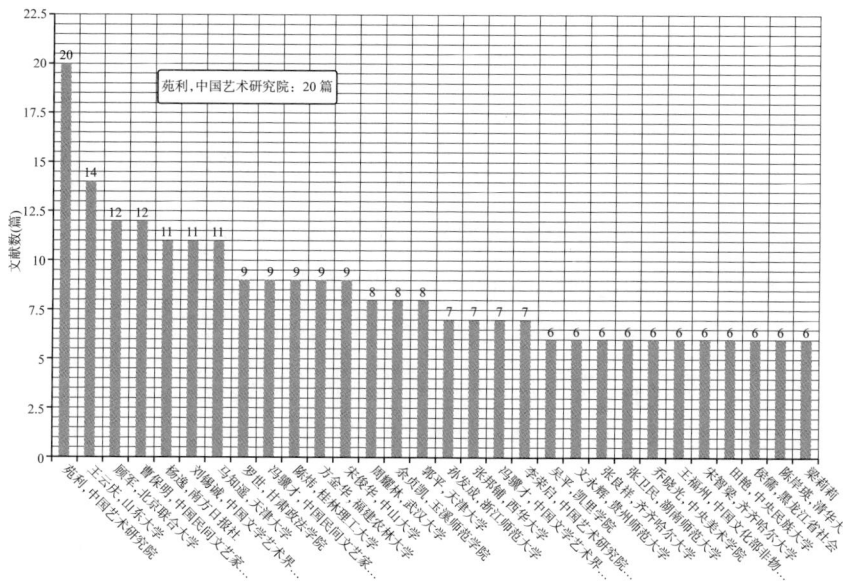

图 5 作者分布比例

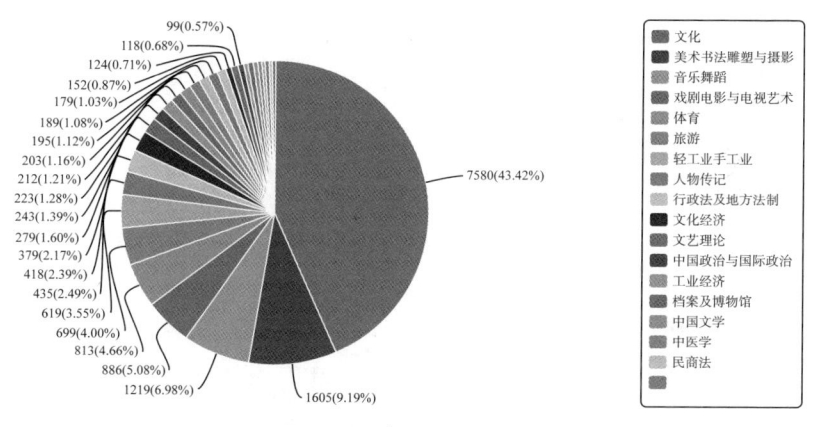

图 6 学科分布数据

从中国知网的数据来看，较早的一篇是 1992 年所刊发，其着眼点在于分析民间文学的基本特征，指出民间文学传承人的特点为传承人的普遍性、发生和传承的创作无意识性。① 从 20 世纪 10 年代现代意义民俗学的兴起，最初研究者关注民间文艺的搜集、民俗事象的调查，但对于民间艺人、传承人则较少关

---

① 曲金良：《民间文学本质及其特征的再认识》，《烟台师范学院学报》(哲社版) 1992 年第 3 期。

注，三四十年代左翼文学以及中国共产党对于民间文艺的重视，逐渐关注在民间文艺传承中的"链子嘴"、说书盲艺人等，只是他们更多将其置于作家等文艺工作者合作者的位置，尤其是到了1949年以后，国家重视对民族文化遗产的保护与搜集，民间艺人成为民族文化遗产搜集的重要个体。只是当时没有专门提出"传承人"。1982年，乌丙安撰写的《论民间故事传承人》一文提到，"常见的故事转述人固然也能起到传播故事的作用，但是，真正传播民间故事、发挥民间故事作用的，主要还是民间故事传承人"①。从图1可知，传承人研究从2006年开始数量激增。

2006年恰是我国"非物质文化遗产"保护工作在国家层面全面启动的一年。从以上六张图可知，从2006年开始对于传承人的研究文章数量激增，学科分布、基金支持、学者数量都发生了极大改变。从其变化年份、基金、学科等分布都看到与非遗的兴起有着直接关系。2006年5月20日，国务院在中央政府门户网上发出《国务院关于公布第一批国家级非物质文化遗产名录的通知》（国发〔2006〕18号，以下简称《通知》），批准文化部确定并公布第一批国家级非物质文化遗产名录（518项）。2007年6月5日，文化部印发了《文化部办公厅关于推荐国家级非物质文化遗产项目代表性传承人的通知》（办社图函〔2007〕111号）。其遴选路径为：经各地推荐、申报，专家评审委员会评审、社会公示和复审，最后确定第一批民间文学、杂技与竞技、民间美术、传统手工技艺、传统医药五大类的226名国家级非物质文化遗产项目代表性传承人。②其后，2008年公布第二批国家级非物质文化遗产项目代表性传承人551名，

① 乌丙安：《论民间故事传承人》，载中国民间文艺家协会辽宁分会编《民间文学论集》第1集，内部资料，第159页。
② 《文化部关于公布第一批国家级非物质文化遗产项目代表性传承人的通知》，http://www.ihchina.cn/3/10338.html，2010-04-21/2018-08-21。

2009 年第三批国家级非物质文化遗产项目代表性传承人 711 名，2016 年第四批国家级非物质文化遗产项目代表性传承人 498 人，2017 年 12 月第五批国家级非物质文化遗产代表性项目代表性传承人 1082 人。到目前为止，国家级非物质文化遗产项目代表性传承人共计 3068 人。这一选取方式与非遗项目的认定渠道相似。

在口头传统、表演艺术、仪式、节庆活动、传统手工艺以及有关自然界和宇宙的知识和实践等[①]遗产化的过程中，改变了以往对民间文化资源的传统认知，亦改变了其传统样态。"遗产保护意识的产生有一个先决条件，即'地方性的生产'（production de la localité，Appadurai，1996）及其模式与机制的转变；同时还造成了一个代价，即在周围一切或几乎一切遗产都消失的时候，感到惊恐的人们才去寻找坐标（repères）和里程碑（bornes），以维系他们陷入剧变中的命运。正是在这种情况下才出现了遗产的生产，不论是遗址、文物、实践或理念；这种遗产的生产能够恰如其分地被视为一种'传统的发明'。"[②] 同时，他们开始作为"文化"展示给"他者"，也成为"有利可图的资源"[③]。

在遗产化过程中，非遗项目在《公约》及其相关文件中原初被倡导的社区主导、参与的特性逐渐变化[④]。在此过程中，传统的民间文化资源的底层、边缘性亦被改变，它开始进入国家话语的文化资源。传承人不再仅仅是地域文化的自然传承者，他们往往只有符合文化部规定的传承人评审标准以及按照其规定程序才能进入国家非遗传承人系统，并享受传承人相关的待遇及其资源。由于非遗转化为"可被展示"的地

[①] 根据《保护非物质文化遗产公约》（以下简称《公约》）的表述："非物质文化遗产"，指被各社区、群体，有时是个人，视为其文化遗产组成部分的各种社会实践、观念表述、表现形式、知识、技能以及与之相关的工具、实物、手工艺品和文化场所；这种非物质文化遗产世代相传，在各社区和群体适应周围环境以及与自然和历史的互动中，被不断地再创造，为这些社区和群体提供认同感和持续感，从而增强对文化多样性和人类创造力的尊重。参见巴莫曲布嫫《从语词层面理解非物质文化遗产——基于〈公约〉"两个中文本"的分析》，《民族艺术》2015 年第 6 期。
[②] [摩洛哥] 艾哈迈德·斯昆惕：《非物质文化遗产及其遗产化反思》，马千里译，巴莫曲布嫫校，《民族文学研究》2017 年第 4 期。
[③] [美] 贝拉·迪克斯：《被展示的文化：当代"可参观性"的生产》，冯悦译，北京大学出版社 2012 年版，第 126 页。
[④] "'社区'（community）无疑是联合国教科文组织（以下简称 UNESCO）发动的非物质文化遗产保护工程系统中的一个关键词——在该系统中，从'非物质文化遗产'（以下简称'非遗'）的认定、清单编制、保护措施的规划和实施，到申请进入各类名录的整个过程，都强调'社区最大限度的参与'（widest possible participation of the communities），倡导'将社区、群体或个人，置于所有保护措施和计划的中心'（at the centre of all safeguarding measures and plans），主张'相关社区、群体和个人在保护其所持有的非物质文化遗产过程中应发挥主要 作用'（should have the primary role）'。"参见杨利慧《以社区为中心——联合国教科文组织非遗保护政策中社区的地位及其界定》，《西北民族研究》2016 年第 4 期。

域文化资源，这就在一定意义上要改变传承人的"地域"特性，也就是说传承人要有进入国家传承人话语体系的公共认可度。以下通过民俗类非遗项目北京怀柔"敛巧饭"与壮族布洛陀仪式等少数民族民间信仰传承项目进行阐述。

二

"敛巧饭"，即怀柔琉璃庙镇在元宵节的一些特殊风俗活动，每到农历正月十六前夕，村中十二三岁的少女到各家敛取大米、各类杂粮、菜蔬。正月十六由成年妇女将所敛实物做熟，供全村人一起食用，在食用前由年长老人先扬饭喂雀儿，并念诵吉祥之词。当地人将"雀"称为"巧"，这一民俗活动又兼具"乞巧"之俗。"敛雀饭"在锅内放入针线、铜钱等物。凡能食到者，便证明求到巧艺及财运。饭后，人们还要在村边小河的冰上行走，曰走百冰（病），即去掉百病。而且在这一时段还会有戏班及花会等活动。这一习俗迄今已有180余年的历史，2009年纳入第二批国家级非遗项目"民俗类"，其项目编号为978X-71，隶属于元宵节习俗。《中国非物质文化遗产百科全书·代表性项目卷》中"敛巧饭"条，"敛巧饭"写在"元宵节"名称后的括号内，即"元宵节（敛巧饭）"，对其内容的描述突出了"感恩""春耕"及"乞巧"。[①]对于民俗活动，在非遗名录中，与民间工艺能技艺类项目不同，个人传承占少数，而且大多在仪式环节，即我们日常所说仪式专家。"敛巧饭"活动最具有仪式性的就是"扬饭喂雀"。这一仪式并不具有严格的时间性、程序性，只是当地流传的为了感

① "敛巧饭"习俗是北京怀柔琉璃庙镇杨树底下村元宵节的传统活动。每年农历正月十六，村中少女到各家敛收粮食和蔬菜，之后妇女们将它们做熟供全村人共食。此习俗已有近200年历史。关于敛巧饭习俗，传说是村民为感恩雀儿为大家带来种庄稼的种子。每年农历正月十六要各家各户收集粮食（意为"敛"），联合起来做一顿饭先喂雀儿（本地语称"雀"为"巧"），然后共食以示感恩雀儿，庆贺春耕开始。后来，这项活动由对雀儿的感恩意识演变成了村中少女们乞求巧艺和财运的节日。做"敛巧饭"时，各家各户的米要由十二三岁的少女去取；煮饭时，母亲要往锅里放些针线顶针一类的物件，哪个少女吃到就会变得心灵手巧。如今是全村参加敛巧饭活动，先做饭再乞巧，最后吃团圆饭。冯骥才主编：《中国非物质文化遗产百科全书·代表性项目卷》，中国文联出版社2015年版，第1037页。

恩山雀叼出种子，每年农历正月十六中午，村民搭锅垒灶，在村中有威望的老者指挥下，大家动手，将敛收而来的食粮、菜蔬做熟，全村人共餐。做巧饭前，老者高喊"生火点柴喽！生财气，点旺运，预祝财源兴旺，日子红红火火。水开下米喽！水开财源滚滚，下米五谷丰登"，同时，所有做饭点开始做饭。其间，在锅内放入针线、铜钱等物，吃饭时若吃到顶针表示心灵、吃到针线表示手巧，吃到铜钱者，被认为是乞到一年的财运。并无确定人员，亦没有专门的仪式专家，只是村落中德高望重之人即可。

后来这一民俗活动申报了国家级非遗名录，其传承人为琉璃庙镇文化馆工作的杨姓老人，当年他也是积极参与了非遗申报活动之人。后怀柔将"敛巧饭"活动作为每年怀柔杨树底下村招徕旅游的一项活动，"敛巧饭"就不再局限于当地民众，而成为由政府主办、村落参与的"展演性"民俗。杨姓老师由于户籍不属于杨树底下村，传承人就由村落的JHA担任，他本人也承担村支书的职务。2017—2018年两年的民俗活动中，在活动广场有专门的"神雀台"，"扬饭喂雀"仪式由他作为主祭人，站在神雀台上诵读由人民话剧院领导撰写的祭词，祭词如下：

祭神雀祈福

中华文明，渊源流长，天人合一，道兴德长，物与人是，古有传唱，人称龙凤，玄鸟生商，虽为传说，图腾继往，以之喻人，教化纲常，记天地万物之恩惠，承华夏文明之翰光。琉璃庙城杨树底下居京畿宝地，得乾坤滋养，自清道光之际，二百年以降，靳霍双族以勤朴而生养，肇始之初，垦荒种粮,借金谷之种,启田陌之桑,奈天道无常,谷种遗撒于石隙而生机无望,时天遣神雀衔种而生秧,成百业之兴旺,滴水之恩,万世不忘,铭记神雀之功德,感上苍之厚望。每年以上元宵节之际,集百家之蔬果,融一村之食粮,唤神雀之回乡,置百口大锅,巧一村之炊,时维丁酉上元,同聚杨树底下村,共祭祥鸟之恩,同谢天地上苍,吾辈当勤奋前进,初心不忘,团结协力,富民国强。

尊礼成服,伏惟尚飨!

2017年岁次丁酉上元①

祈福台(拍摄时间:2017年2月11日,拍摄人:宋凯丽)

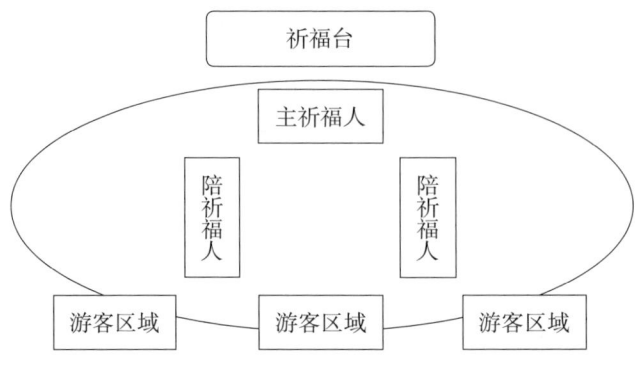

杨树底下村"2017'敛巧饭'民俗风情节"仪式场域示意

① 此祭文由怀柔区琉璃庙镇宣传部王颖女士提供,特此致谢!

从祭文可以看到突出的文人叙事特色，不过这一祭文的诵读更多是一种舞台展演，现场民众只是"文化展示"的观众。他们不再是仪式的践行者，而成为文化的"观赏者"。在这一"文化展示"中，政府试图借这一契机，将其转化为"有利可图的资源"[①]。他们期冀按照美学规律展示，呈现给文化他者。在这一过程中将"文化记忆"变为文化资本。当然这并不是贬低政府在这一"文化展示"中的工作，他们"运用'阐释'的技巧小心翼翼地创造意义"[②]，如果是种生意，只要能让传统文化借此红火，未必不是件好事。只是在这种文人化的祭词中，民众对于"扬饭喂雀"仪式的认知及仪式的参与度越来越低，他们与舞台下的其他游客已经没有区别，在这种文化身份的转换中，他们渐渐失去了文化传承主体的位置，这一仪式表演也会逐渐出现前文所说的"脱域"现象，他们会逐渐丧失文化的"土壤"。

参与"扬饭喂雀"仪式的主祈福人与陪祈福人的活动，更多是仪式的表演，这一表演是舞台的延伸，他们在观众面前展示被"提炼"的文化元素，而这些元素却远离他们的生活。他们的展演更多是将陈列在博物馆或文本中的文化事象通过具体活动展示出来，在展演的过程中，策划者与表演者都在追寻吸引观众或者社会关注的文化要素，这与民俗事象本身的发展有着一定的空间与距离。但这些文化要素成为"2017'敛巧饭'民俗风情节"活动文化建构中的重要要素或者文化构件。这恐怕是"'敛巧饭'民俗风情节"最应警惕以及改进之处，如何能进一步让祭祀仪式与民众勾连在一起，主祭人的祭祀词到底是选取文雅的古文体还是继续沿用本地几十年的口语化的念

[①]〔美〕贝拉·迪克斯：《被展示的文化：当代"可参观性"的生产》，冯悦译，北京大学出版社2011年版，第126页。
[②]〔美〕贝拉·迪克斯：《被展示的文化：当代"可参观性"的生产》，冯悦译，北京大学出版社2011年版，第12页。

词,需要政府以及相关主办方进一步思考。主祭人是"敛巧饭"习俗的传承人,陪祭人则也应该由本村人担任,祭祀神雀仪式不是追求人员、外形的整齐化,而应重视文化传承主体本身。

"敛巧饭"仪式传承人的推选是目前这一民俗仪式存在问题之一。在"敛巧饭"习俗兴起传说中,特意提到了"德高望重"的长辈,但是2008年确定的传承人由村支书JHA担任。这也是当下传承人的共有问题,很多传承人并不掌握技能,对于传承人的确定考量是否应制定更深、更具体的细则。非遗保护与传承,最核心的就是"人",即文化承载者与传承人,而且他们对自己的文化项目有知情权与处理权。"应确保社区、群体和个人有权使用为表现非物质文化遗产所需而存在的器具、实物、手工艺品、文化和自然空间以及纪念地,包括在武装冲突的情况下。接触非物质文化遗产的习惯做法应受到充分尊重,即使这些习惯做法可能会限制更广泛的公众接触。"① 保护是一方面,而且保护的方式与路径当下研究者也众多,但对于非遗而言,更重后者,即传承。如果没有传承,非遗可能更多就要进入博物馆,成为静态呈现。传承则要关注人,在非遗公约与非遗保护伦理原则,"尊重社区、群体和个人的价值认定和文化规范的敏感性,对性别平等、年轻人参与给予特别关注,尊重民族认同,皆应涵括在保护措施的制定和实施中"②。但当下在"敛巧饭"习俗传承中,由村支书担任传承人。当下非遗项目中,相似情况较多,即传承人身份与社会行政身份重合,有的则还是当地文化馆工作人员等。对于传承人选择,尤其是民俗类项目传承人选择,当下存在诸多问题,民俗类项目的团体性、族群

① 《联合国教科文组织:〈保护非物质文化遗产伦理原则〉》,巴莫曲布嫫、张玲译,《民族文学研究》2016年第3期。
② 《联合国教科文组织:〈保护非物质文化遗产伦理原则〉》,巴莫曲布嫫、张玲译,《民族文学研究》2016年第3期。

性较强,是否应该突出个人,应与民间工艺等技能性传承予以区分。传承人选择不当,则会影响文化项目本身的保护,民俗精英是区域文化发展的重要灵魂与核心。"敛巧饭"习俗传承人,他对"扬饭喂雀"仪式并不熟悉,只能按照外来文化——他者的设置与规划来"表演",这对于"敛巧饭"的传承没有积极意义。

三

笔者在调查中发现了少数民族区域传承人的"知识化"倾向。布洛陀史诗是高度韵文化的壮族口头传统精华,是壮族社会的"百科全书",主要吟诵于壮族原生性民间宗教——麽教的各种仪式上。因史诗多诵于麽教仪式之中,故"布洛陀史诗"又被称为"布洛陀经诗""麽经布洛陀"等。布洛陀史诗内容丰富,叙事异彩纷呈,可以因"布洛陀"这一特殊的神祇信仰而构成一个叙事丛,内容涵盖了开创天地、创造万物、安排秩序、排忧解难四大方面。布洛陀史诗中常以"去问布洛陀,去问麽渌甲"之句强调布洛陀及其配偶神麽渌甲的非凡智慧与力量,表达了壮族人民对他们的无限崇敬。

"布洛陀"是壮语发音的汉字记录,也写作"保洛陀""保罗陀""布洛朵""布罗陀"等。各地"布洛陀"的读音稍有不同,如广西河池市东兰县坡峨乡(壮语北部方言红水河土语区)的读音为 pau5 lo4 to2,广西百色市田东县义圩乡(壮语北部方言右江土语区)、田阳县玉凤镇(壮语北部方言右江土语区)、坤平乡等地的读音为 pau5 luk8 to2,云南壮族侬支系西畴县(壮语南部方言砚广土语区)的读音为

pu11 lɔk44 to44等。虽然发音和所使用的汉字、古壮字稍有差异，但对布洛陀的信仰仍然自成体系，叙事具有内部的一致性。"布洛陀"的壮语释义主要有"鸟部落的首领""无所不知、无所不晓的祖公（首领）""通晓法术、善于施法的祖公（首领）""山谷中的首领（老人）"等。布洛陀是瓯骆文化的结晶，产生于早期的鸟图腾崇拜，后来，其雏形跨越了单一鸟图腾信仰的阶段，进化成壮族先民的祖先神。布洛陀带有壮族先民氏族部落首领的生动印记。无论是造火、寻水、寻谷种、造牛、驯养鸡鸭鹅以及造果林、干栏等，都是壮族早期先民对带领族人开创生活天地的氏族部落首领的缅怀与歌颂。布洛陀不仅是一位创世神，同时也是一位文化英雄。史诗中，布洛陀帮助人们创制麼教和文字历书，安排皇帝、土司管理天下、安排万物的秩序并替人们排忧解难。无论出现任何困难和灾难，只要祈请布洛陀给予指点，立即能逢凶化吉、趋利避害。布洛陀是一个首领、长者和智者。"布洛陀"名称的诸多含义，蕴含了布洛陀神格、形象的变迁和发展，它最初体现壮族先民鸟图腾观念，后又融入了氏族部落首领和巫师的形象特征，成为壮族先民祖先崇拜中的重要角色以及创世神与文化英雄，麼教形成规模后又发展成壮族麼教祖神。

演述人农吉勤生于1952年，田阳县坡洪镇陇升村个强屯人，自称为壮族曼（man2）支系人。他20岁结婚，与妻子生养了两个男孩和三个女儿。他毕业于田阳师范，中师文化，目前是小学退休教师。

农吉勤既是布麼，也是道公，道名为农善升。据说从祖上做麼做道传到他这里，已经是第十三代。[①]他的二儿子农英松（1980年生）也是一位资深的布

---

① 传承代数为田阳布洛陀文化研究会会长与农家根据族谱等推算得出。

麽，是家传第十四代布麽。农家做布麽的第一代祖师为农金禄。记录在农家手抄本中的"举师牌"共记录人名18个，即农金禄、农元广、陆景、农元通、农元达、农善福、农善道、农国贵、黄廷才、农具新、农朝廷、黄道隆、农道祥、农道和、黄道榜、颜法章、黄法斌、农法新。从名字的字辈上看，传承已达十代以上。根据农家传承的经文上写有"天命丙辰年"的记载来看，麽经在1616年就已存在，农家祖上接触麽经抄本至少已有400年历史了。

20世纪八九十年代的时候，农吉勤会偶尔跟父亲一起出去做仪式。在2000年作为正式在编教师后，他就不多去参加做麽的活动了，直到退休才重新继续。2005年，农吉勤举行了受戒仪式，正式成为布麽（道），可以正式主持仪式。据其回忆，他第一次参加仪式是在坡洪陇安的陇敦，做的也是斋戒、消灾解难的内容，俗话叫作"解关卡"。他第一次单独主持仪式则在1994年[①]，也是去为别人解灾解难的。

但在布麽和师公的传承人中，农氏在对外交流以及布洛陀的影像资料中出现最多，尤其是当地文化精英黄明标在布洛陀文化推广中，极为重视对农吉勤的介绍。[②]

2016年至2018年，笔者参与中国社会科学院民族文学研究所登峰战略"中国神话学"课题组，多次前往湖南、广西、浙江等地调查盘瓠神话，在浙江丽水畲族自治县郑坑乡柳山半岭村的钟小波，2014年从宁波职业技术学院退学，回家照顾双亲。在家人和师傅的支持下，他又加入了学师传师的行列。学徒生活单调枯燥，师傅博大精深的技艺令小波的不少师兄望而却步，浅尝辄止。他用三年时间从取材、制器到

① 农勤吉第一次主持仪式在正式受戒之前，这是父亲让他去实践做麽的一种行为，而不是常态。
② 此部分撰写得到中国社会科学院民族文学研究所副研究员李斯颖博士的帮助与支持，资料也大多来源于她的史诗百部工程"布洛陀"的调查，特此致谢！

雕刻、上漆，从书法、绘画到典礼、法器，后学成出师，成为全县乃至全国最年轻的传师学师的传承人，在对外交流中，他积极与外界联系，在搜狐、优酷等上传视频，我们前往调查中，他的师傅等长辈都推荐他，因为他普通话好。他自己也阅读了大量学术著作，对于畲族"盘瓠信仰"中龙麒的说法，他还借鉴了刘宗迪《拨云见日寻"龙"踪——"龙"崇拜与中华文明》等，他不认为龙麒这一说法合理。

盘王节是"瑶族人民纪念始祖盘王的传统节日"，过去民众一般称其为"做盘王""跳盘王""祭盘王""还盘王愿"等，相关记载从晋代已有，"用糁杂鱼肉，扣槽而号，以祭槃瓠"①。各地举办时间不一，其"历来在每年的秋收后到春节前的农闲季节进行"②。举办形式亦不同，广东连阳"排中定例为三年或五年一次"。广东连山"一人一生必定要还愿一次，……一般是三天三夜，也有长至五天五夜，七天七夜的。'还愿'以家为单位，但亲戚邻居都参加"。湖南新宁县"祭盘王要跳长鼓舞"。湖南宁远县瑶族"十月十六还盘王愿。杀猪供盘王。……请道公唱神，要还三天三夜的愿"。广西灌阳"每年还一次盘古愿，……不准汉人入愿堂观看"③。这一仪式活动被统一冠以"盘王节"是从1984年开始的。

1984年8月17—20日，全国瑶族干部代表座谈会在南宁举行。参加座谈会的有来自中央民族学院、中国社会科学院民族研究所、中南民族学院以及广西、湖南、广东、云南、贵州等单位和省区的瑶族代表28人，座谈会就民族节日的意义以及选定"盘王节"缘由达成共识。他们商定每年的农历十月十六为瑶族统一的节日——"盘王节"，与会人员一致认

① （晋）干宝撰、李剑国辑：《新辑搜神记》卷二四，中华书局2007年版，第294页。
② 参见奉恒高、何建强《瑶族盘王节祭祀大典——瑶族盘王节祭祀礼仪研究》"前言"，民族出版社2010年版，第2页。
③ 张辑：《解放前各地过"盘王节"简况》，载广西民族学院民族研究所、民族语言文学研究所编《瑶族"盘王节"资料汇编》，内部资料，1984年版，第21—22页。

为"民族节日是民族文化的组成部分,……对民族的发展进步有着积极作用,通过节日活动,可以发展民族文化,……加强与其他民族间的相互了解,振奋民族自豪感",而"盘王节"民族特点突出,"比较集中地反映了瑶族的历史传统",而且"'盘王节'所反映的瑶族历史传统和心理感情,具有广泛的代表性"。①1985年农历十月十六,全国各地的瑶族代表、民间艺人聚集广西南宁,首次一起共度民族节日。其后这一节日活动从"湘粤桂南岭地区三省区十县市瑶族盘王节""南岭瑶族盘王节"发展为"中国瑶族盘王节",举办时间改为两年一次。②"盘王节"成为瑶族的节日符号,2006年,"瑶族盘王节"列入第一批国家级非物质文化遗产名录。③湖南资兴市碑记乡茶坪瑶族④,"迄至宋代景定元年时遣派于湖南郴州各县几百里之山地刀耕火种为生"⑤。茶坪瑶族村与郴州市苏仙区月峰乡赵家湾的《赵氏族谱》记载,其先辈从南京七宝洞会稽山迁至江西吉安府鹅颈丘,自先祖赵家根起,到元末明初,辗转汝城九龙江、桂东、酃县(今湖南炎陵县)、资兴、郴县(今郴州)等地。他们每年农历十月十六盘王生日举行"还盘王愿"仪式,感恩先祖盘王护佑。还盘王愿是"勉瑶向盘王先祖许下的千古子孙愿",汉人称为"调王",瑶人自称"奏档"或"缴律"。有关这一仪式的起源,当地民众讲述道:

我们瑶族最开始啊,不是生活在茶坪,都在会稽山。在会稽山久了,不懂得生产、技术不行,干旱、失火活不下去了,就砍树造了船离开。在海上风浪大啊,好久好久都看不到岸,心里急啊!我们

---

① 《全国瑶族干部代表商定瑶族节日及瑶族研究会座谈会纪要》,载广西民族学院民族研究所、民族语言文学研究所编《瑶族"盘王节"资料汇编》,内部资料,1984年版,第35—38页。
② 详见谭红春《关于少数民族非物质文化遗产保护实践的反思——以中国瑶族盘王节为例》,《广西民族研究》2009年第2期。
③ 《国务院关于公布第一批国家级非物质文化遗产名录的通知》(国发〔2006〕18号),非物质文化遗产网(http://www.ihchina.cn/),2018年1月28日。
④ 笔者于2017年12月1日至12月5日到湖南资兴唐洞街道茶坪瑶族村调查,当地于12月3—5日举办了"丁酉年资兴瑶族'盘王节·还盘王愿'"祭祀活动。因此笔者在论文题目中用了湖南资兴瑶族,而没有限定于茶坪即源于此。茶坪村2010年以前身处于碑记乡茶坪岭,因资源开采,此地生存条件逐渐恶化,2010年整体搬迁到唐洞街道田心社区,碑记乡并入唐洞街道。另其他有关资兴盘王节的活动资料主要参考相关文献与其他学者的调查。
⑤ 乾隆六十年修《盘式族谱·序》,见赵砚球《湖南勉瑶来源考》,载刘满衡编著《塔山瑶寨》,海天出版社2005年版,第189页。
⑥ 赵前卫讲述,焦学振采录;采录时间:2017年1月11日;采录地点:湖南省资兴市茶坪瑶族村赵前卫家。转引自焦学振《公众信仰与民众生活——茶坪瑶族村"还盘王愿"仪式研究》,载吴晓东主编《盘瓠神话文论集》,学苑出版社2017年版,第186页。赵前卫,男,赵循阳(湖南资兴瑶族著名教育家)之孙,1941年生,退休教师。

就求盘王。因为走的时候没走正门，没告诉盘王，没得到保佑。就说知道错了，请盘王保佑我们顺利上岸，以后我们十二姓子孙，就是盘、沈、包、黄、李、邓、周、赵、胡、唐、雷、冯十二姓，每生一个儿子就献一头圆猪给您老人家还愿。说完之后，海浪果然变小了，没过多久就上了岸。①还盘王愿的仪式传承人赵光舜，他现在是郴州市还盘王愿祭祀仪式市级传承人。他1949年生，退休前为英语教师。后跟随湖南江华师公学习，并且自己撰写了三本还盘王愿仪轨、歌谣。他培养歌娘，并在对外传播中作为主要的仪式传承人。

　　布洛陀的布麽和师公是家族世代传承，当地家族传承者也较多，只是他们更能成为文化展示中的传承人，湖南资兴瑶族还盘王愿祭祀仪式虽然只是市级非遗项目，传承人也是市级传承人，但当地积极申请进入国家级名录，并推选赵光舜，当地负责人认为他的学习能力强，而且他也是当地民俗精英之一。据瑶族教育家赵循阳（资兴市碑记乡茶坪瑶族村人、湖南省第一届政协委员）1951年《致党中央毛主席的信》写道：我始祖名盘瓠，乃评王左殿龙犬，为救国有功，而评王将宫女招赘我始祖为婿（驸马）。结婚时，因我祖之头足避其讳，评王赐绣花巾一块，三角板一块，其形前圆后方，盖其头，名曰：冠笄也。赐（王女）鸡嘴绣花鞋一双，绣花带一条，长袍衣服一套，银牌、银链、银扣等全套，梳妆插带，如花似玉。赐封我祖为"盘王"，头戴平天帽，脚踩漂海船，身穿绣花衣、绣花裙，腰缠绣花带。当时评王问盘瓠夫妇愿到何处安居乐业："万顷江山一线田，十万江山养朝廷。尔愿管江山，还是愿耕良田？"盘答："愿管江山免粮无税，日后生男育女，男则婚配，女则招赘。"于是还阴粮，即朝贺，名曰"调王"，后演变成"盘王节"。后他的孙子赵前卫（数学老师，退休前为小学校长）进一步传扬瑶族文化。赵光舜也是郴州市瑶族文化研究协会理事，他们积极推进瑶族文化以及还盘王愿仪式的规范与文本化。

泸溪被称为盘瓠传说（盘瓠与辛女传说）发祥地，1991年召开了全国盘瓠文化研讨会。泸溪有辛女村（原名侯家村）、辛女岩、盘瓠岩（原名狗头岩）、刘家滩（流狗滩）等盘瓠传说中提到的文化景观与名称。盘瓠传说纳入国家级非遗项目后，当地从2012年开始打造了辛女广场、盘瓠广场等。这一文化的兴起与当地文化人侯自佳有直接联系。1983年8—9月，侯自佳到中央民族学院参加少数民族文学培训班（45天），钟敬文先生讲到盘瓠神话，对他启发很大。他就开始关注盘瓠传说，后来又参与民间文学三套集成，他发动泸溪各地作者搜集盘瓠与辛女的故事。1988年开始筹备全国盘瓠文化研讨会。之后他一直积极推进湖南泸溪一带盘瓠神话文化的发展，1991年湖南泸溪召开了全国盘瓠文化学术研讨会，之后泸溪盘瓠神话的影响开始大范围传播，再加上侯自佳自己以创作为主，他撰写了大量关于盘瓠、辛女的诗歌。在地方性知识系统，他的影响极大。"盘瓠与辛女神话传说"后列入国家级非遗项目，侯自鹏成为传承人。侯自鹏，1959年生，苗族，泸溪辛女村（侯家村）人，高中毕业，后又到长春作家班进修了大专学历。他的讲述完全追随侯自佳，侯自佳不让提盘瓠是被自己儿子打死的，因此就不将"打狗冲"列入盘瓠传说体系。在他的讲述中，盘瓠列入了三皇五帝的谱系，黄帝与蚩尤战争等。他大量阅读中国古史以及盘瓠相关论文集，自己撰写了日常专家学者访谈的文本与民俗文化进校园的讲述简本。他的讲述与当地普通民众的讲述有着一定的差异，在访谈中他强调盘瓠传说不易找到传承人，因为文化不能太低，要了解中国古史，能阅读古文文献等。

  对于目前调查中，少数民族非遗传承人知识化的发展趋势、发展倾向，这或许与汉族地区的乡贤类似，但是否如此地方性知识与公共知识体系会逐步交融，文化的多样性反而因为传承人对于公共知识体系的接近与趋向会逐渐式微。另外，因为被冠以"非遗"，地方文化精英（有些与被认定的传承人合一），尤其是地方政府希冀其标准化，而具有现代教育体系知识的传承人往往接纳标准会较快，他们又作为地域文化"代言人"，由此容易让文化交流的"互流"式变为"单一"吸纳。在他们的文化讲述中，文化承载者"我者"渐渐被"陌生化""他者化"，或许这也是当下地域流动的一个表现，但这些都引发我们对于传承人认定以及当下非遗的进一步思考。

试论非物质文化遗产传承人（主体）的结构性与变化性
——以"皇会"为例

尚 洁

天津市南开区文化和旅游局研究员

传承人是直接参与非物质文化遗产传承、使非物质文化遗产能够沿袭的个人或群体（主体），是非物质文化遗产最重要的活态载体。作为"民间文化的主体，在时代转型、民间文化处于濒危的状况下，传承人对非遗的承上启下承担了重要责任，民间文化的保护主要就是传承人的保护"[①]。特别值得关注的是在社会发展和变革的历史进程中，传承人所承载的责任，表现的形式、内容和结构都在发生着变化。这种变化甚至变异，直接或间接影响到非物质文化遗产本身的传承和可持续发展。本文谨以对皇会的调查为例，进行相关探讨。

一、皇会的历史沿革简述

皇会是国家级非物质文化遗产代表性项目，是天津民间以天津天后宫（原称"娘娘宫""天妃灵慈宫"）为中心在海神天后（妈祖）诞辰期间举办的祭祀庆典活动，是天津这个中国北方妈祖文化传播中心的标志性民俗事象，更是中华妈祖文化的重要遗存。

---

① 冯骥才 2018 年 10 月 11 日在天津大学冯骥才文学艺术研究院举办的"传承人'释义'学术研讨会"上的致辞。

从民间相传的清代康熙年间发祥,被视为当时"北方各省唯一的神话盛事"①,至今已有350多年的历史,有"中国人的狂欢节"②之美誉。

"皇会"之名的形成及起始年代,有史可查的历史源于清康熙四年(1665)。然而民间与学界有诸多说法,主要有"康熙、乾隆两帝赏赐说""迎驾康熙皇帝说""皇家钱办会说"等。其中,"康熙、乾隆两帝赏赐说""迎驾康熙皇帝说"得到民间口口相传。"康熙、乾隆两帝赏赐说"说的是当年康熙皇帝和乾隆皇帝巡幸莅临天津之时,正赶上民间出"娘娘会"为天后娘娘庆生,看到各路民间老会的精美道具、精彩表演和民众倾情投入、欢喜若狂的宏大场面,深受震撼,龙颜大悦,先是康熙皇帝赐予其中参与行会的挎鼓会四位击鼓者每人一件黄马褂。后值乾隆皇帝时又分别赏给挎鼓会、捷兽会演员每人一件黄马褂,鹤龄会鹤童每人一个金项圈,扫殿会龙旗两面。从此名声大噪,原称为"娘娘会"的祭祀庆典也因此被更名为"皇会",沿袭至今。据1938年王守恂纂《政俗沿革记》载:"相传前代圣祖高宗南巡驻跸天津。乡人演作戏剧,用备临览,或作神仙故事,或作乡俗形象。有以童子数十人,各持小铜钵,舞跳之始,伏地排'天下太平'四字,颇近古人舞法。恐回銮后再逢驻跸,各戏技艺生疏,因于每年天后诞辰赛会之期,一演试之。此皇会之名所由来也。"此为"迎驾清康熙皇帝说"。

此外,其他有关皇会之名的诸多说法无外乎也都是围绕着清代几位皇帝及皇家银两资助相关,都没有脱离开"皇"字,因而可以说皇会是经过历代当朝皇帝不断敕封、褒赏的民俗活动。也正因为有了如此殊

① 望云居士、津沽闲人:《天津皇会考纪》,张格点校,天津古籍出版社1986年版,第22页。
② 这是已故著名民俗学家顾道馨先生在2000年天津天后宫举办的天后诞辰1040周年暨中国天津·妈祖文化旅游节论证座谈会上以"不妨再造一个节"为题提出的观点。

荣，才可能名声广播，并得到当时的官方认可，支持操办出会。

　　皇会的前身"娘娘会"源于何时？至今纷说不一，但可以肯定自从元代至元年间建起天津天后宫之后，民间就已经出现了祭祀活动。元代国子监祭酒、翰林学士、著名诗人张翥所作的"晓日三岔口，连樯集万艘，普天均雨露，大海静波涛，入庙灵风肃，焚香瑞气高，使臣三典毕，喜色满宫袍"就十分生动地描绘了当年其作为使臣代表朝廷来天津天后宫祭祀妈祖的盛景。特别是明代永乐二年（1404）天津建城设卫之后，随着城市化的进程，妈祖信仰已经不限于航海之人，已逐渐与民众的生活紧密结合，神职功能不断拓展，成为民众居家生活和天津城市的保护神。民间祭祀的活动已经形成规模，天津天后宫也已成为天津民间信仰的中心，"先有娘娘宫，后有天津卫"这句流传了600多年的民谚，不仅道出"天津城市与妈祖文化间的精神血缘关系"[①]，也凸显出妈祖文化对这座城市的影响力和作用力。对此，著名红学家周汝昌先生在1995年参加天津天后宫纪念天后诞辰1035周年祭典活动时曾动情地讲道："我问你是不是天津人，如果你是天津人，你就应该知道，这个城市有两位伟大的母亲，一位是我们的母亲河——海河，一位就是我们的天后老娘娘。""天后不是迷信，是航海人的精神支柱。"周汝昌还说，因为自己的家人是跑船的，专行天津至大连、辽宁一带，对天后娘娘有无比的信仰。

　　特别应该指出的是清康熙五十九年（1720）妈祖被列为"春秋谕祭"之神，编入国家祀典后，天津天后宫的地位亦随之越发重要，旧时地方官都会亲自来

---

① 冯骥才先生在2001年首届中国天津·妈祖文化旅游节妈祖文化论坛上所作讲演中提出的观点，此讲演内容还被作为《首届中国天津·妈祖文化旅游节妈祖文化论坛序》发表。

此参加并主持祭祀大典。因而，娘娘会在演变到皇会称谓的清代康熙前后已具备较大规模和繁盛之势。

皇会在乾隆、嘉庆时期达到空前鼎盛。从现存史籍中的字里行间可以感受到当年皇会的恢宏壮观。特别是现藏于中国国家博物馆的国宝级文物——《天津天后宫行会图》更是给了我们非常震撼的现场感。它以清代天津天后宫为庆祝天后诞辰举行的皇会为主题，描绘了当年106道民间老会（圣会）、4350位各阶层民众倾情参与皇会行会的恢宏场面以及4万余字的题记①，既是一幅记录中华妈祖文化在天津民间传承的写实性全景图历史画卷，又是一部具有历史学、民俗学和人类学价值的田野调查实录的巨著。

皇会的内容丰富多彩，至今仍然被人们津津乐道，它的无穷魅力在哪里？很难用一两句话说清楚。可以概括地说，皇会包蕴生活中的历史演变、风土人情、愿望信仰、道德伦理、文学艺术等诸种文化因素为一体，体现了人们丰富的生活情趣、乐观的精神面貌、卓越的艺术才能和对美的执着追求，以及创造生活、改造自然中的集体意识和高尚品德。为人们的生活平添了意义和乐趣，振奋和抚慰了人们的心灵，是将民间信仰与是非观念、道德评价通过酬神活动表现得淋漓尽致的民间盛会，可谓中华妈祖文化的活化石，更是天津城市文化中弥足珍贵的重要内容。

民国二十五年（1936）举办最后一次皇会之后，因为战乱、政治、经济等各方面因素，皇会一度停办。直到1988年南开区以天津市民俗博物馆（天津天后宫）为载体创办"首届天津民俗文化博览周"②，才重新将"皇会"这个民俗文化课题提起，笔者亦是因参与策划、组织这个活动的机缘接触到皇会，从

①1988年，"首届天津民俗文化博览周"期间曾从当时的中国历史博物馆借来《天津天后宫行会图》在天津天后宫藏经阁举办展览。笔者曾与当时天津市民俗博物馆特聘顾问顾道馨先生一起研究图中的题记，笔者手抄记录了全部题记内容。

②1988年5月1—8日，经天津市人民政府批准，南开区人民政府以天津市民俗博物馆（天津天后宫）、古文化街为主办地，策划举办了系列化、多角度展现天津文化特色的综合性大型活动"天津民俗文化博览周"。请周汝昌、史树青、刘锡诚、冯骥才、乌丙安、马三立、溥佐等文化名人剪彩。活动期间，民间老会（圣会）、民间曲艺、民间文艺等演出，民俗陈列展览，民间体育表演，民俗集体婚礼，民俗学讲演、交流、征文活动，民间名优特小吃展销等七大类48项活动递次展开。活动覆盖面涉及天津市的文化、体育、园林、旅游场所30余处。

这个时候开始深入研究。蓦然回首，30年后的今天，皇会在这30年间的传承发展和研究过程已经有了当今如此巨大的影响力，这是和各方的鼎力支持分不开的。除了我们自身专业人员的研究外，钟敬文、周汝昌、张紫晨、乌丙安、李世瑜、顾道馨、张仲、冯骥才、刘魁立、陶立璠、樱井龙彦等海内外众多著名专家学者及中国社科院、南开大学、天津大学冯骥才文学艺术研究院、天津社科院、日本名古屋大学等研究机构都从不同的角度关注、指导并研究"皇会"这个课题，发表并出版了诸多学术研究成果，"皇会热"的发展态势持续升温。

正是因为皇会厚重的历史积淀和浓郁的地方特色以及海内外专家学者的普遍关注，2008年，皇会入选国家级非物质文化遗产代表作名录，成为中华民族优秀传统文化的重要代表。2009年，包含着皇会内容的"妈祖信俗"又被联合国教科文组织列入世界人类非物质文化遗产代表作名录，成为中国首个信俗类世界遗产，对世界文化多样性做出了贡献。从申报国家到世界非物质文化遗产代表作名录的整个过程，凝结着参与此项工作的专业人员的心血和汗水，也饱含着对中华传统文化的炽热情怀和责任担当。

二、皇会"传承主体"的结构性

（一）皇会传承主体的核心层

1. 天后宫扫殿会

旧时，天津天后宫扫殿会是皇会传承主体核心层。因早期天津天后宫由佛教住持，后改为道教住持，故天后宫扫殿会的成员亦是由最初的僧侣后又改为道士组成。其在皇会中,具备着至高无上的权力,负责整个皇会的组织、筹备、调度、差派、请会、提会、安置等一切事务性工作,被誉为"会中领袖"。清朝乾隆时期,皇会达到鼎盛,仅靠道士的能力已远远不足以维持皇会的操办,故由当时的盐商、粮商和钱商等共同参与组成天后宫扫殿会。民国以后,国民政府为繁荣地方经济,也加入了天后宫扫殿会的行列,参与筹划皇会之事,使天后宫扫殿会成为一个综合各方能力、集结各方人士的核心组织。

参加天后宫扫殿会者要求必须取得一定功名并在当时地面上具有一定影响,享有一定声望,因而不少富豪及纨绔子弟们不惜以重金捐取功名,以求参加天后宫扫殿会。此外,还有许多具体要求,民间将其归结为30条,即"讲自豪、讲相貌、讲衣冠、讲知事、讲礼貌、讲说话、讲调道、讲运筹、讲为公、讲做人、讲孝道、讲恭敬、讲待人、讲仗义、讲疏财、讲息事、讲深厚、讲忠正、讲廉洁、讲除恶、讲安良、讲遵规、讲根本、讲儒雅、讲行好、讲修善、讲劝诚、讲吃亏、讲寸心、讲规矩","绝对可以称得起是大人物"。①

2. 天津市民俗博物馆(天津天后宫)

天津地域妈祖文化复兴的标志是1985年天津天后宫的复建和以此为载体的天津市民俗博物馆的建立。因而皇会作为独具天津地域妈祖文化特色的大型民俗文化活动,自然是以它的发源地——天津市民俗博物馆(天津天后宫)为主导的群体传承方式传承的国家级非物质文化遗产。也就是说,天津市民俗博物馆(天津天后宫)从1985年建馆开始,就已经开始承担起皇会传承主体的核心层职责。

①(清)《天津天后宫行会图》,第89页。

天津市民俗博物馆，是中国最早建立的，以研究和展示天津地域民俗文化、收藏和保护具有天津地方特色的民俗文物为宗旨的专业博物馆，是由当地人民政府主管的事业单位。近30年来，无论是南开区域内民间举办的天后诞辰祭典活动，还是官方承办的中国天津·妈祖文化旅游节，都使皇会有了相应的保护、传承和展示的文化空间和平台。以2011年至2015年5年的工作为例：一是制定了切实可行的传承保护规划，把每年要做的具体工作、目标及每个节点都明确量化，落实到人，纳入绩效考核，确保各项工作的实施；二是与上级主管部门及相关协作部门进行了良好的沟通，积极争取各方面的支持，投资千万元修缮皇会传承保护的硬件设施；三是抢救性征集民间老会的出会物件，将原天津老城内著名的八腊庙高跷老会、同乐高跷老会的全部物品进行博物馆收藏，组织专人记录口述史资料，确保真实性和完整性；四是整合资源，帮助恢复传统失传或濒临失传的经典表演项目，恢复了舞花会、哨角（大乐）会；五是尊重历史，完善祭典仪礼程序，组建了吟唱会，形成独具地域特色的祭祀仪规；六是营造和拓展妈祖文化体验共享空间，争取公安、交通、消防、城市管理等政府各职能部门的支持和配合，恢复了自1936年以来完全徒步绕天津老城的皇会行会展演，扩大了皇会的感召力；七是充分利用新媒体建立官方网站、官方微博、官方微信等，提供民众参与互动的平台，提升皇会的知名度和感召力；八是加强海内外文化交流，与湄洲妈祖祖庙、台湾北港朝天宫共同策划组织了世界三大妈祖庙牵头的世界妈祖香会台湾北港活动，皇会第一次亮相宝岛。经过不懈努力，皇会的美誉度和影响力不断攀升。

（二）皇会传承主体的外延层

1. 民间老会（圣会）

"皇会"的概念实际有广义和狭义之分，广义的皇会包含了天后娘娘祭典、天后娘娘到行宫驻跸、天后娘娘出巡散福、老会（圣会）随驾行会表演等酬神活动以及各地商贸往来、地方特色小吃、民众看戏游观等具有庙会性质的整体民俗活动，共举办9天；而狭义的皇会则是特指天后娘娘祭典礼成之后天后娘娘轿辇起驾赴行宫驻跸两天（接驾、送驾）以及沿天津老城街道出巡散福及民间老会（圣会）随驾的行会表演两天。这4天的活动内容常被民间称为"出皇会"，以至后来成为民间各道老会（圣会）进行行会表演的代名词。由此，又以每一道参加行会表演的民间老会（圣会）为单位，形成了皇会传承主体的外延层，即第二梯次的传承人（主体）架构，是皇会的重要组成部分。

民间老会（圣会），是由某个地段的居民自发组织起来的参与皇会随驾行会表演的民间组织。其完整的名称是以"某某地区某某老会"和"某某地区某某圣会"的名称出现。即由"地名＋会名＋会种名"组成，如西码头百忍京秧歌高跷老会、乡祠前远音挎鼓老会、河东于家厂同议雅音法鼓圣会、城西同照灯亭圣会等。就老会、圣会的名称而言，早期有所区别。前者体现资格老，技艺成熟；后者入行晚，属于新生代，但可以随着时代和技艺的演进升格至老会。后期则不甚讲究这些。

"皇会按表现形式和内容划分，可分为六种类型，即指挥协调类、公益服务类、仪仗銮驾类、座会设摆类、愿心劝善类、玩艺表演类。"[①] 在这六大类型中，天后宫扫殿会是唯一的总指挥。其余除去公益服务、仪仗銮驾、座会设摆、愿心劝善这四种类型会种相对固定外，只有玩艺表演类的会种包括法鼓、中幡、挎鼓、杠箱、捷兽（狮子）、高跷、秧歌、大乐、重阁（节节高）、莲花落、拾不闲、杂耍等老会（圣会）是不固定的。因为这中间的每一类会种都会有一个至数个表演团体不等。他们能否参与皇会是无法固定的，其资格是天后宫扫殿会赋予的。从古至今，拥有这个待遇被视为无上光荣。所以每次的出会展演都是争奇斗艳，各道被邀请的老会（圣会）皆以绝活绝技取胜。并要为下次能够再被邀请奠定良好的基础。因此说这类会的行会表演也是皇会最精彩的部分。

2. 截会者

前述内容曾经谈到"皇会"的广义概念，即是一个规模宏大的庙会，内容丰富，吃喝玩乐应有尽有。其中截会者是皇会外延层不可缺少的重要组成部分。截会者，主要是指那些大的商号、店铺和经营者或豪门富户。截会是皇会行会中的一种习俗，即沿途看会之人将路过此处的各表演老会、圣会截住，请其为他们演出。一般富户和商家多在自己的住宅、商号或店铺门前提前搭好看台。看台用苇席、木板和竹竿搭制，一般都花钱雇请棚铺人为之。然后将家中的亲朋好友有的甚至远隔千里都被请来观会，为他们预备好看会时吃的茶点、果品等零食，还要差雇大师傅（厨师）操持宴席。最重要的还要预备出百十来包茶食点心，每包 10 多斤，作为被截住的老会或圣会演出之后的犒劳品。因此市面上的点心铺和茶庄的生

[①] 尚洁:《皇会》，百花文艺出版社 2006 年版，第 72 页。

意此时最兴旺,有的点心铺当接到主家的订单后,自己做不过来时,就要联络委托其他的点心铺代为加工"过作"。

截会有严格的礼仪要求和规矩,要讲礼儿讲面儿。通常由主家事先写好名帖,当老会(圣会)到门前时由仆人将名帖送至会头跟前,与会头交换名帖后,先道辛苦,然后才可提出请会表演的要求。会头一般都爽快地答应,并摇动手中会旗,敲响小锣,指挥自己的会停在主家看台前。凡被截之会,都各有所长,特别是在演技上必有一绝活。演员们玩儿会的乐趣就是有观赏者,有喝彩者,有与之互动者。何况演出后主家还要慰问犒劳,谁不卖力气?谁不想露脸?

截会者的截会,使皇会表演高潮迭起,进一步刺激了各老会(圣会)的发展,使其相互间的竞争意识加强,促使其在表演、服饰、道具上尽量追求一种完美,以一些新鲜的玩意儿、花样袭人耳目,出奇制胜。

三、皇会传承主体的变化性

(一)皇会传承主体核心层角色不断转换,角色多重性更为凸显

民国二十五年(1936)最后一次皇会举办后,由于当时政治、经济等条件所限不再出会,作为皇会传承主体核心层的天后宫扫殿会便失去了往日的辉煌,其职能有了很大的变化,改名为"香烛社",主要从事一些慈善公益事业。成员结构亦发生了变化,增加了一些洋行买办和民族工商业资本家,成为天津天后宫新的经济支柱。

1985年，复建后的天津天后宫成为天津市民俗博物馆所在地。作为皇会传承主体核心层的天津市民俗博物馆不仅要承担起传承、保护皇会的职责，同时还要担负起对整个天津地域民俗文化的传承、保护。其中，既有物质文化遗产，又有非物质文化遗产；既是传承者，又是保护者、管理者、指挥者、组织者、表演者、研究者、推广者，职责不断被丰富、拓展。此外，其主要领导的选派和人员的录用均取决于政府行政管理部门，因而这个主要领导人在某种程度上直接影响并决定着他作为皇会"传承人"（主体）的传承行为。也就是说这个领导者个人对皇会的认知程度，甚至他的个人好恶、学识、综合能力等都会直接影响、左右并制约皇会的传承。当然，其他班子成员在某种程度上也会具有这些影响力，但不是决定因素。同时，频繁的主要领导变更，人员调整等都是影响因素之一。

特别是2016年，天津天后宫（天津市民俗博物馆）由区政府下辖的文化局主管变更为区委宣传部主管。一年以后，又重新归属文化局主管。2018年又一次将上级主管部门划归政府下辖的古文化街管委会，并随着体制变更，原有机构人员亦进行了大规模的整体调整，体制内人员由文化主管部门重新调整到本局内其他事业单位，体制外人员由现管理企业接收留用。三年来的这些连续性变更使皇会传承保护表现出不同的形态：2016年，天后诞辰期间没有举办皇会；2017年至2018年，天后诞辰期间虽举办皇会，但均只限于古文化街地区展演，规模缩减，未及天津老城地区。

（二）皇会传承主体外延层弱化或临濒危，态势堪忧

1949年以前，天津尚存70余种民间老会（圣会）表演类型，近千余道会。20世纪八九十年代，是民间各老会、圣会的复兴和繁盛时期，并出现"花会"这一称谓，有各类表演老会40余种，计500余道会。

由于世事变迁，特别是现今城市居民居住环境、生活习惯、职业、需求等都随时代的发展而发生了翻天覆地的变化，尤其是居住环境的迁徙、置换，居住格局的私密性和独立性增加，一改昔日出入相招、守望相助的传统居住民俗模式，同一区域的人们的聚合凝聚力薄弱，同时，各会普遍存在年龄老化、青黄不接的问题，加之经济等多种方面的原因，在某种程度上直接导致了许多昔日皇会中的表演技艺或失传或濒临失传，或由城市向城市附廓及农村转移。到2002年，天津老城内的各道会已所剩无几。

根据现有调查，昔日玩艺会（文玩艺）中的戏曲说唱类，目前已大部分失传，而鼓乐类的法鼓，作为最具天津本土特色的表演项目，是当年皇会中数量最多的一个会种，由于其要求技艺、道具等标准较高，故目前传承下来的也并不多。昔日玩艺会（武玩艺）中的杂耍技艺，除部分被专业的杂技团体继承外，民间表演团体在市区内保留的很少，多只在城市附廓及农村能够看到。

（三）外部条件限制亦是皇会传承主体变化性的重要因素

除了皇会传承主体核心层和外延层具有变化性

外，社会政治、经济及交通等条件的限制也是造成皇会传承主体诸多变化的因素之一。主要体现在皇会举办时间、覆盖面、行会路线、参与会种等方面。

1. 会期时间缩短

原广义上的皇会是从农历三月十五日起至二十三日天后娘娘诞辰日为止，共举行9天；狭义上的皇会是仅指十六日、十八日、二十日、二十二日，4天的行会表演等活动。十六日为"送驾日"，天后娘娘及为其伴驾的送生娘娘、子孙娘娘、瘢疹娘娘、眼光娘娘要被送到天后娘娘行宫（最初在闽粤会馆，后又改在如意庵和千福寺），接受香火并驻跸至十八日，视为"老娘娘回娘家"。十八日为"接驾日"，要把十六日送去的天后娘娘及其随驾的送生娘娘、子孙娘娘、瘢疹娘娘、眼光娘娘神驾接回天后宫。二十日、二十二日两天为"天后娘娘出巡散福日"。届时，天后娘娘要乘华辇出天后宫，沿天津城出巡，接受沿途香客的叩拜，散福于民间。这时，送生娘娘、子孙娘娘、瘢疹娘娘、眼光娘娘也要乘坐宝辇随驾。各表演老会、圣会伴驾于左右，皆使出浑身解数尽显其能。这两天的行会表演较十六送驾和十八接驾更多，更精彩。

如今整个活动缩减至两天，即农历三月二十二日至二十三日。二十二日上午要准备催生饺子，除供奉给殿内天后娘娘及宫内其他副祀（或称"从祀"）神明外，还要分享给来此朝拜的广大信众。二十三日要举办祭祀大典，礼成后天后娘娘起驾出巡散福，送生娘娘、子孙娘娘、瘢疹娘娘、眼光娘娘伴驾其后，民间老会（圣会）随驾行会表演。此外，还要准备长寿面，亦是供奉给殿内天后娘娘及宫内其他副祀神明，并分享给来此朝拜的广大信众。最多时准备的寿面达到六千斤。

2. 行会路线缩短

历史上皇会的行会路线基本上是绕天津老城内外而行，但就出天津天后宫和回天津天后宫这一出一进而言，行进的路线是不能一样的，也就是说出去时要走一条路线，回来时要另走一条路线。同时，不仅送驾、接驾，以及出巡散福这四天的行会路线各不相同，而且每次举办皇会的出会行走路线亦有所不同。

以民国二十五年（1936）皇会行会路线为例：

农历三月十六日送驾：出天津天后宫—宫南大街—磨盘街—东门—鼓楼—西门—横街子—韦驮庙—进千福寺（因如意庵失火庙毁，天后娘娘行宫改至此）。

十八日接驾：出千福寺—双庙街—驴市口—西头湾子—六合轩—铃铛阁—双街口—太平街—针市街—估衣街—毛贾伙巷—宫北大街—进天津天后宫。

二十日出巡散福：出天津天后宫—宫北大街—毛贾伙巷—大胡同—金刚桥—大经路—天纬路—河北三马路—市政府西辕门—市政府东辕门—金刚桥—大胡同—估衣街—北门—鼓楼—东门—袜子胡同—宫南大街—进天津天后宫。

二十二日出巡散福：出天津天后宫—宫南大街—磨盘街—东门—鼓楼—西门—西马路—南阁—针市街—北马路—东马路—袜子胡同—宫南大街—回天津天后宫。

皇会的行会路线一旦确定后，任何人不得更改。

1985年至1995年天津天后宫复建后，10年间从没有举办过皇会。尽管1988年在"首届天津民俗文化博览周"中，皇会被重新提及，但仅是以在天津天后宫宫前广场演出的形式"亮相"。

1995年，天后诞辰1035周年庆典活动举办，这是天津天后宫复建后第一次以纪念天后娘娘的名义举办活动，其间安排了狮子、法鼓、高跷、中幡等四道民间老会（圣会）在宫内区域展演。

2005年，纪念天后诞辰1045周年庆典举办的皇会第一次采用"步行+乘车"的方式，也是天津天后宫复建后第一次将天后娘娘的轿辇抬出宫。其间，天后娘娘乘坐华辇沿古文化街（原宫南宫北大街）出巡散福，狮子、法鼓、高跷、秧歌等四道老会（圣会）随驾行会表演。但只行进400米，至玉皇阁广场再换乘提前准备的卡车，到达位于东丽区的福建莆田会馆省亲散福。莆田商会和乡亲们铺10里红地毯到外环线边迎驾，场面宏大。

2008年，纪念天后诞辰1048周年庆典举办的皇会虽然仍然采用"步行+乘车"的方式，但天后娘娘出巡散福的范围、地点则改在位于天津老城中心的鼓楼商业街。狮子、法鼓、高跷、秧歌、舞龙、小车会等六道老会（圣会）随驾行会表演。挎鼓、中幡等两道老会在鼓楼商业街地区迎候接驾。

2014年，为纪念天后诞辰1054周年而举办的皇会，是自1936年后斗转星移78年第一次天后娘娘乘坐华辇全程步行出巡散福，送生娘娘、子孙娘娘、癍疹娘娘、眼光娘娘乘坐宝辇随驾，恢复了1936年前传统路线覆盖的地区。为了彰显天津地域妈祖文化特色及作为皇家庙宇的风范，同时便于步行出巡，天津天后宫特别制作了千里眼、顺风耳大将军花车、仪仗执事花车、天后圣母华辇及其随驾的眼光娘娘、子孙娘娘、瘢疹娘娘、送生娘娘宝辇等共9架花车。花车设计采用大红、海蓝、金等色彩组合，装饰木雕的海水江崖、牡丹、祥云、如意、卷草龙等纹饰，气势恢宏，华丽壮观，成为一道亮丽的风景线。狮子、鲜花会、哨角会、法鼓、鹤龄、高跷、秧歌、挎鼓、舞龙等九道老会（圣会）随驾行会表演，另有中幡、飞镲、小车会三道老会（圣会）在鼓楼地区迎驾。

3. 参与行会的会种数量减少

皇会的举办是一个地方综合实力的体现。因此旧时每次参与皇会行会表演的老会（圣会）的种类和数量都有所不同。多则近80余种类型100余道会；少则20余种类型三四十道会。

如今因各种因素所限，出会的种类和数量锐减。只有10余种类型的10余道会参与行会表演。

4. 称谓有所混淆

"行（háng）会"被改称"踩街"。"行会"是皇会中的重要组成部分，是各道老会（圣会）跟随着天后娘娘出巡散福而在行进中进行表演的统称。1988年之后，逐渐改称"踩街"，同时出现"花会"之称。"花会踩街"被当作民间老会（圣会）在街面上进行表演的代名词。现今在皇会中亦有使用这一提法，笔者认为不宜提倡，应将皇会中的行会表演与其他场合下举办的表演活动区分开来，以确保皇会庄重的仪式感和独特性。

四、皇会传承主体可持续发展探索

（一）建立健全督察、考核机制

皇会传承主体角色的不断转换和不断丰满既是历

史进程中的需要，同时也是历史赋予的责任，任重道而远。因此应对皇会传承主体变化，特别是核心层的变化，需要有一整套相对完善的体制机制，确立相对硬性的规划指标和督察、考核制度来确保传承主体实施规范有效、可持续发展的传承，杜绝出现不应有的变异。从而实现妈祖文化的普惠性，形成宽泛完善的妈祖文化空间生态圈。

对于外延层的群体而言，虽然他们是相对独立的，除去参加皇会行会表演外，大部分时间是参与其社区或其他地区的各类展演活动。因而皇会传承主体的核心层对这些外延群体本身技艺的传承虽然没有直接的约束管理权，但可以通过建立健全督察、考核机制来整合、规范，建立起专用的皇会表演队伍，确保皇会中的经典内容不走样。

（二）加强品牌保护与创新融合

首先，作为一个享誉海内外的著名文化品牌，皇会所具有的唯一性和目的性需要更加明确和彰显，特别在当下尤为重要。必须明确它是特指天津天后宫在为庆祝天后诞辰而举办的大型庆典活动，其最主要的核心内容就是天后祭典礼成之后的天后出巡散福和各道民间老会的随驾行会表演。就此而言，作为参与其中的任何一项内容包括各道老会（圣会）的表演脱离了这个母体就不能单独称作"皇会"。有效保护好皇会品牌不被滥用、盗用、变异甚至误导，这是当下非常重要的任务。

皇会还需要创新融合。皇会之所以能够流传三百多年而不衰，最重要的原因应是得益于其在历史传承中的不断被丰富、被完善、被提升、被整合和与时代的融合。如今，随着城市建设的快速发展，特别是拆迁改造，使那些散落于民间，曾经依附于地缘存在的各道随驾老会（圣会）在传统居住格局、原住民和自身成员的结构发生巨大变化后，处境不容乐观。皇会传承主体的核心层有责任和义务去扶植、帮助这些外延层，并且应尝试组成相对稳定的随驾表演团队，将那些津味儿十足、深受民众喜爱、已经失传或濒临失传的会种和一些表演技艺进行抢救性的传承与保护。

2013年，笔者曾主持策划并组织"舞花会"的恢复。这是由孩童参与表演的会种，过去属于"愿心劝善类"。这种道会的表演包含两层意义，一是以劝人修善立德，讲人生在世要和谐相处，吃亏是福，吃亏才能得好，才能长寿，只有长寿才能看到四季不同的花开花谢；二是彰显妈祖大爱，并以花象征天花，祈求和感谢天后娘娘保佑儿童出天花顺利，身体康健。站在一个客观的角度去诠释这道会，会发现它不仅具有妈祖文化的普世价值内容，也符合当下的社会主义核心价值观。我们联合天津市妇联家长学校和天津市河北区中心小学，得到了各校方包括学生家长的鼎力支持。在深入调研、反复论证的基础上，由民间音乐舞蹈专家挑选了30位小学生，民间工艺大师专门为小学生们量身定做服饰、道具等，经过半年多的培训，舞花会的表演技艺得到恢复和传承。不仅在天津天后宫祭典活动中作为仪仗队伍分列在月台上左右两侧，而且还参与皇会行会表演，为妈祖文化的活态传承带来活力，亦以天真可爱的造型成为一道亮丽的风景线。我们将中华优秀传统文化通过非遗进校园活动，对青少年进行乡土教育，宣传妈祖立德、行善、大爱精神，也是一种社会责任。此外，目前还有民间团体在整合皇会资源，借助一些专业院团来进行恢复经典，"精准传承"，并采用互联网技术进行数据采集，完善皇会传承人大数据。推广皇会传承人（主体）"文化超市"和"百姓点单"模式，扩大皇会的影响力和感召力。吸纳整合各类文化资源，包括企业、社会组织等更多领域的资源来帮助、刺激皇会的有效、有序传承，这些都是有益的探索。"非物质文化遗产的传承离不开具体的社会环境，实践中的文化总是处于一种动态的过程中，而不是单纯的、没有矛盾的时间的延长和一成不变的简单复制。"[1] 对此，我们必须培育起应对社会变革、需求和挑战的思维、能力和对策。我们也应该允许并客观地去看待、理解和认识皇会在历史进程中与社会的融合与创新。

任何文化品牌的建构都不是隔绝于世，囿于自己的小圈子，小众把玩或孤芳自赏。作为传承人（主体）坚守传统文化的目的是让它融入当代社会发展的格局，被广大民众所认知、所认同、所理解、所喜爱、所欣赏、所自信，皇会亦当如此。

---

[1] 桂慕梅：《文化再生产与文化空间：天津古文化街及其民俗文化研究》，北京师范大学博士学位论文，2012年。

传承人：制度如何思考

吴兴帜

云南民族大学云南省民族研究所教授

  传承人制度作为我国非物质文化遗产保护体系、重要举措，在文化传承方面起到了一定的推动作用，但由于制度设计的先天性缺陷，致使在非物质文化遗产保护实践中出现遗产持有者的缺席与失语，造成传承人制度未能达到预期效果。本文从传承人的学理分析入手，认为传承人应该包括传授者与承袭者双重行为体，在非物质文化遗产的保护过程中应以地方人群共同体为主体，以家园遗产的属性为指导，构建"人—遗产—生境"三维一体的传承人机制。

  非物质文化遗产以人为载体，以人的身体实践为基础，在特定的时空场域内，按照地方人群共同体的文化规定性进行整体性的自我呈现，其保护传承的根本在于"活"，即使其存在于地方人群共同体的"生活"之中并以"活态"的方式延续，而"活"的关键点在于"人"。我国根据非物质文化遗产类型和特点，逐渐构建完整的非物质文化遗产传承人的制度体系：《国家级非物质文化遗产项目代表性传承人认定与管理暂行办法》(2008年6月14日起实施)、《中华人民共和国非物质文化遗产法》(2011年6月1日起实施）等。各地方政府也结合地方管理规定设置了类似的制度安排，如云南省颁布了《云南省非物质文化遗产项目代表性传承人认定与管理办法（试行）》（2010年10月20日起实施）、《云南省非物质文化遗产保护条例》（2013年6月1日起实施）等。这些关于"传承人"的制度安排，关注的对象皆偏重"传授者"，而忽视"承袭者"，造成了部分非物质文化遗产出现"有人教、无人学，有人学、无人用"的局面。解决这一问题需要对制度设计本身重新审视。

一、传承：文字的源起与解释

非物质文化遗产相对于文化遗产是一种"小传统"和"地方性知识"，根植于地方社会人群共同体的生产生活之中，其产生与存续的关键在于地方社会人群共同体对其认可与认知、接受与遵守、实践与操演，因而非物质文化遗产传承的核心在于"有人教、有人学、有人用"，这里的教、学、用的主体皆为地方人群共同体，是地方人群共同体的"自发"行为。随着遗产运动的兴起，在权力行为体"客位"推动、地方人群共同体"主位"执行的遗产传承活动中，地方"文化精英"被权力主体赋予"传承人"的符号标签，进入制度体系安排，从事文化传承活动。

"传承人"属于"偏正"结构的词汇，"传承"作为修饰语，"人"为主体，而"传"与"承"又是两个并列结构的动词。"传"，甲骨文 ＝ （人）+ （专，转动），表示转递。造字本义：古人利用驿车一站站转递信件及物品。《说文》："传，遽也。从人，专声。"遽（ju），驿车，驿马。① 引申为动词词性的

---

① 赵钢立主编：《新编说文解字字典》，河南大学出版社 2007 年版，第 79 页。

"传授、流传、传递、传达"和名词词性的"书传、信符、传人"等。① 如韩愈《师说》："师者，所以传道授业解惑也"，《淮南子·精神训》："故举天下而传之于舜"，《礼记·祭统》："有善而弗知，不明也；知而弗传，不仁也，"此处的"传"皆为传授、流传之意；而《孟子·梁惠王下》："于传有之"的"传"记载一人事迹的文字和文学作品，《汉书·甯成传》："诈刻传出关归家"的"传"指出关之信符。由此可见，"传"字从最初的驿车、驿马、信件等逐渐引申为"传授、流传、传达、传递"和"文学作品、信符"等，所有的引申义都与"人"相关，即"传"的实施者和承受者皆以"人"为主体。"传人"指道德学问等能传于后世的人，如《荀子·非相篇》："五帝之外无传人，非无贤人也，故久也"，赵翼《瓯北诗话》卷六："然则先生具寿者相，得天独厚，为一代传人，岂偶然哉！"

可见，"传"的意义源起于"物"，延伸为"人的行为"和"人本身"，是集"主客一体化"的综合体，而"传人"的意义最接近于现代意义的"非物质文化遗产传承人"的内涵。

"承"，甲骨文 ⚳ ＝ ⚶（子，婴儿）＋ ⚰（一个人双手揽抱 ⚸ ⚹），表示接生。造字本义：接生，双手捧着新生儿。《说文》：承，奉也，受也。从手，从卩，从𠬝，意为敬奉礼物授予，也表示恭敬地领受。② 后词性引申为传宗接代、宗族延伸，即继承之意；扩大引申为接受，即承担之意。《辞海》关于"承"的解释，主要包括：（1）奉，顺承。《诗·大雅·抑》："万民靡不承。"（2）蒙受，接受。（3）承担。谢灵运《谢封康乐侯表》："岂臣尪弱，所当忝承？"（4）继

① 《辞海》，上海辞书出版社1979年版，第489—490页。
② 赵钢立等主编：《新编说文解字字典》，河南大学出版社2007年版，第66页。

承，继续。《后汉书·儒林传赞》："斯文未陵，亦各有承。"（5）制止，抵御。《诗·鲁颂·閟宫》："则莫我敢承！"（6）通丞，辅佐。《左传·哀公十八年》："使帅师而行，请承。"《列子·皇帝》："使弟子并流而承之。"①从"承"的源起与延伸可以看出"承"的主要内涵是"奉、接受、继承、承担"之意。如《后汉书·张衡传》："外有八龙，首衔铜丸，下有蟾蜍，张口承之。"《庄子·大宗师》："若不足而不承。"司马光的《训俭示康》"吾本寒家，世以清白相承"等。

可见，"承"的意义由起初的"接生、捧着"逐渐演化为"继承、承担"等。在此内涵中隐喻着动作的主体"人"，即"继承者、承担者"，此类行为体在现代意义上的"非物质文化遗产传承人"的制度体系处于"角色缺场"。

"传"与"承"合体为"传承"，在1979年版的《辞源》、1979年版的《辞海》、1990年版的《语言大全》中均未收录。商务印书馆1996年版《现代汉语词典》对"传承"的解释为"传授和继承"，应该是吸纳了"传"与"承"两字的内涵而作的解释。祁庆富教授通过考察中国、日本、韩国以及欧美国家关于"传承"的理解，得出"传承是最先用于民俗学研究中的一个基本概念，指民间知识，特别是口承民俗文化的传授和继承"。而作者后续关于传承人的分析，虽然探讨了"传承人"概念的源起与内涵，却游离了作者对"传承"约定，其认为"非物质文化遗产传承人应是在有重要价值的非物质文化遗产传承过程中，代表某项遗产深厚的民族民间文化传统，掌握杰出的技术、技艺、技能，为社区、群体、族群所公认的有影响力的人物"②。此概念把"传"与"承"的两个层

① 《辞海》，上海辞书出版社1979年版，第247页。
② 祁庆富：《论非物质文化遗产保护中的传承及传承人》，《西北民族研究》2006年第3期。

面的内涵导向一个层面,即非物质文化遗产的"传授者",在具体遗产传承的操作中,则是凸显为某项非物质文化遗产的"文化精英"——传授者,而作为普罗大众的"承袭者"则被隐藏。

通过上述分析可以看出,目前作为制度化表述的"传承人",从学理上讲,应该包括"传授者"和"承袭者"两类行为体。但就国家相关制度的安排来讲,制度化的"传承人"则主要指"传授者",从而造成"传承人"制度在实践中出现困境。

二、传承人:制度安排与实践反思

非物质文化遗产作为一种草根、民间的文化形态,是地方人群共同体的日常生活方式,其存续的必要条件是地方人群共同体对其文化规定性的认可、实践和遵从。随着现代化和全球化的发展,地方性文化在主流文化的冲击下,出现了生存危机,为了保护人类文化的多样性,联合国教科文组织自1989年以来先后颁布了《保护传统文化与民俗的建议案》《保护非物质文化遗产公约》(以下简称《公约》)等,以期通过全人类的共同努力来实现文化多样性的存在。我国作为《公约》的缔约国,也从制度层面对非物质文化遗产保护传承进行安排。其中"四级非物质文化遗产代表名录传承人"制度就是具有代表性的制度。

2008年颁布的《国家级非物质文化遗产项目代表性传承人认定与管理暂行办法》,首先界定了国家级非物质文化遗产"传承人":(1)掌握并承续某项国家级非物质文化遗产;(2)在一定区域或领域内被公认为具有代表性和影响力;(3)积极开展传承活动，培养后继人才。2011年颁布的《中华人民共和国非物质文化遗产法》则规定非物质文化遗产代表性项目的代表性传承人应当符合下列条件：（1）熟练掌握其传承的非物质文化遗产；（2）在特定领域内具有代表性，并在一定区域内具有较大影响；（3）积极开展传承活动。国家法律法规界定的"传承人"主要是指对某项非物质文化遗产掌握其拥有的文化知识在某一领域的代表性和权威性并在生产生活中自觉地传授的人。由此可以看出，"传承人"的界定，主要是指向掌握某项非物质文化遗产的地方"文化精英"或"民间艺人"，即"传授者"，而非"传授者"和"承袭者"的综合体。非物质文化遗产是一项关乎"家园"的遗产，是存留于"民间"的文化，地方性是其根本特点。作为某项非物质文化遗产，其原生主体是一个层次化的阶序：个人、家庭、村落、地方人群共同体的综合。"传承人"只是地方"文化精英"，其掌握的地方性知识还需要家庭、村落、地方人群共同体的认知、接纳与使用。

国家关于传承人制度的实施对于非物质文化遗产的保护起到了一定的作用，但其引发的社会问题也促使学者开始反思。但学界主要集中在对于"传承人"制度执行过程进行反思，而非基于遗产的属性对制度设计本身的反思。传承人的选择涉及价值判断和价值优先的原则。现代遗产运动中，非物质文化遗产因为从"私"到"公"的身份转变，而产生出系列的"次生主体"，即地方各级权力行为体、国家权力行为体以及人类社会。在各级传承人申报过程中，均是以权力行为体为主导，主要依据"命名者"的价值判断而完成的，那些与政治的、经济的利益关系较少的非遗传承人则被虚化、符号化。①"传承人"的设立是一个以权力行为体为主体的话语体系,虽然依据的标准根植于传承人的价值和命名者自身的价值,但后者的价值多数情况下高于前者的价值。由于"传承人"是由"次生主体"认定,从而使在非物质文化遗产保护过程中,"次生主体"出现越俎代庖的行为,因此苑利教授认为非物质文化遗产保护的不同行为体应该遵守"民间事由民间办"的原则,由传承人主导非物质文化遗产的保护问题。②因为"原生主体"即"地方人群共同体"才是非物质文化遗产的实践主体。

刘春晓认为在目前的非物质文化遗产传承人机制的主要问题是"名"与"实"的问题。官方介入导致了传承人与文化空间的错位、传承人师徒制走向政府任命、有名分的"传承人"与无名分的"传承人"之争等问题。③陈兴贵通过传承人名录制度分析,认为传承人名录制度存在:(1)传承人认定制度不完善,至少一部分民间艺人无缘传承人名号;(2)传承人分级化致使民间艺人与传承人、传承人之间存在矛盾等。④两位学者主要针对传承人本身来反思传承人制度,缺乏继承人层面的解释。中国学者关于传承人的翻译多用 inheritor,但其在英文中的意思是"继承人,后继者",而"传承人"包含"传授者"和"承袭者",国内关于"传承人"的规定,则主要指向"传授者",从而导致了非物质文化遗产部分地失去文化赖以生存的地方场域,因为"承袭者"不在所有关于传承人的规则范畴之中。刘秀峰和刘朝晖通过具体的案例调查,并借鉴了日本与韩国的"人间国宝"和"保有者"制度,认为"传承人"制度本身存在的诸多问题在实践中日渐显现,如代表性传承人

① 孙正国:《非物质文化遗产传承人的命名研究》,《文化遗产》2009年第4期。
② 苑利:《非物质文化遗产传承人保护之忧》,《探索与争鸣》2007年第7期。
③ 刘春晓:《非物质文化遗产传承人的若干理论与实践问题》,《思想战线》2012年第6期。
④ 陈兴贵:《非物质文化遗产代表性传承人名录制度反思》,《重庆文理学院学报》(社会科学版)2016年第3期。

遴选过程中出现的"身份之争"、社区分裂、代表性不足、传承人不传承、传承人体系只限于"个人"而忽视"群体""团体"等。更为主要的是，作者提出了参照《文化财保护法实施规则》，给"承袭者"予以关照。① 两位作者开始从非物质文化遗产的主体性、社区性、传与承二元性等层面来分析"传承人"问题，初步考虑到非物质文化遗产的主体性、整体性、多样性属性，以及存在形式的活态性、原真性、社区性等。但没有给予"承袭者"应有的分析。

"传承人"制度设立的终极目标诉求是对非物质文化遗产的保护，目前的"传承人"制度仍是一个政治权力话语的问题，是一场自上而下的遗产运动，此"客位保护"的举措，虽然部分地促进了非物质文化遗产保护，但没有解决根本问题，即"主位承袭"问题。

三、制度：地方群体的失语与缺场

我国关于"传承人"的制度与法律规定主要侧重对于地方"文化精英""民间艺人"保护，以及通过制度约束此类行为体进行遗产的传授，从而使非物质文化遗产得以延续。玛丽·道格拉斯认为"每一种社群都是一种思想世界（thought world），以它自己的思想风格（thought style）表达，渗透它成员的心智，定义他们的经验，确定他们的道德见解的两极"②。在非物质文化遗产"传承人"制度设计中，"思想世界"涉及两类人群：地方人群共同体和权力行为体，但两者在思想风格、实践经验以及道德见解等方面，因为认知的差异而不尽相同。

---

① 刘秀峰、刘朝晖：《非物质文化遗产与代表性传承人制度：来自田野的调查与思考》，《浙江师范大学学报》（社会科学版）2012 年第 5 期。
②［英］玛丽·道格拉斯：《制度如何思考》，张晨曲译，经济管理出版社 2013 年版，第 164 页。

"非物质文化遗产"指被各群体（communities）、团体（groups），有时为个人（individuals）视为其文化遗产的各种实践、表演、表现形式、知识和技能及其有关的工具、实物、工艺品和文化场所（《保护非物质文化遗产公约》，2003）。《中华人民共和国非物质文化遗产法》规定："非物质文化遗产是指各族人民世代相传并视为其文化遗产组成部分的各种传统文化表现形式，以及与传统文化表现形式相关的实物和场所。"从 UNESCO 公约和我国的法律文书来看，非物质文化遗产首先与人群共同体相关，即使是那些为个人所掌握的遗产，如果得不到其所属群体的认知和实践，也只能算是一项个人技艺。被指定为某项遗产"传承人"的个体，其原本：（1）隶属于某一人群共同体；（2）掌握某项人群共同体共同拥有的文化事项实践经验；（3）其掌握的知识被人群共同体认可；（4）传承人的地方性文化知识通过师承、家承的方式沿袭。所以"传承人"的本质是地方人群共同体的"文化精英"，集中呈现出人群共同体的思想风格，其存在的基础是地方人群共同体的思想世界和基于思想世界的行为实践。

我国从 2008 年开始实施《国家级非物质文化遗产项目代表性传承人认定与管理暂行办法》，随后各省市制定了"省级非物质文化遗产项目代表性传承人认定与管理办法"（云南省是 2010 年），确定各级"传承人"的选拔标准和程序、权利与义务等，形成我国特色的"国家—省—市—县层级式非物质文化遗产传承人体系"。在这个"传承人"体系中：（1）主导行为主体是代表权力主体的各级文化部门，其不属于遗产所属的人群共同体；（2）"传承人"享受权力机构赋予的权利；(3)"传承人"要执行权力机构规定的义务并对其负责；(4)"传承人"通过传习所、培训班的方式传授地方性文化。因此，地方"文化精英传承人化"遵循的是"制度化"的模式，而非"民间化"的模式，即与"传承人"共享"思想世界"的地方人群共同体既没有参与权力行为体的决策过程，又没有评价"传承人"的权利。"传承人"被抽离出地方人群共同体的思想世界，由一个自发的"文化精英"或"民间艺人"转变为一个被赋予特殊使命的自觉的"文化持有者"和"文化传播者"。

在"地方文化精英传承人化"过程中，居主导地位的行为体是各级权力机构，而作为非物质文化遗产的原生持有者的地方人群共同体则处于失语与缺场的境地，由此产生的问题：(1)非物质文化遗产传给谁？即对地方人群共同体来说，"我"为什么要跟"传承人"来学习，出现有人教、无人学的现象。(2)制度化"传承人"与非制度化地方"文化精英"之间关系如何处理？制度化"传承人"由于背后的权力关系，成为地方性文化传授过程中的"文化权威"；其他地方"文化精英"则可能在文化传授与承袭过程中缺席。(3)"传承人"的身份分裂：作为"传承人"，要对赋予其身份标签的权力行为体负责，机械、被动、模式地化开展文化的传授任务；作为地方"文化精英"，要对地方人群共同体负责，在文化实践中充当引导者、操演者，前者身份多数情况下处于主导地位。

非物质文化遗产作为一个地方人群共同体共同拥有的文化事项，集中体现了地方人群共同体在日常行为中对天、地、人三维一体的认知，规训人群共同体的行为模式,是地方人群共同体共享、共有的文化财产。其根植于社区,属于地方人群共同体的共同文化,指向一个民族的整体生存方式,同时包括那些特殊的、有才能的人为之所做出的杰出贡献。① 彭兆荣先生用"家园遗产"来统领文化遗产与非物质文化遗产,强调遗产的"家、家族、家园"的主体性、原初性和完整性。② 也就是说任何一项非物质文化遗产首先是归属一个特定的人群共同体,由地方"文化精英"和"人群共同体"在特定的时空中,按照文化整体性要求和地方人群共同体的认知模式共同呈现。但现行的"传承人"制度体系主要关注"遗产是什么",部分忽略了"遗产是谁的""谁来实践"的事实。"传承人"进行的遗产传授活动部分地出现了"去情境化""模式化""权威化"。最为关键的是"地方人群共同体"缺场,最终可能造成"有人教、有人学、无人用"的困境,从而使非物质文化遗产失去存在的根基。

四、承袭者:家园的主人与文化的主体

非物质文化遗产代表性项目"传承人"制度是权力行为体针对地方人群共同体文化体系中的"文化精英"而设置。从上述分析可以看出,此项制度本身存在:(1) 文字表述与文字内涵的不一致。从字面的意思来讲,"传承人"包括"传授人"和"承袭人",但在制度与法律文本中,"传承人"仅指涉"传授人"。(2) 制度赋予了"传承人"权利与义务,忽略了对"承袭人"的关照。(3) 制度只针对人的行为约定,而忽略了遗产本身及遗产生境的统领。现行的"传承

① Williams, R.. *Common Culture. In Resources of Hope*, London: New Left Books, 1989, p.35.
② 彭兆荣:《"遗产旅游"与"家园遗产":一种后现代的讨论》,《中南民族大学学报》2007年第5期。

人"制度在本质上是以权力行为体主导的"传授人"制度,其以"传习所(馆)"为主要阵地、以"流水式"为传授方式,培养出"模式化"的承袭人。制度执行的后果在于:(1)这些模式化的承袭人(部分将成为未来的"传承人")存在走向"职业化"的趋向,把拥有某项文化技能看成求生手段;(2)传承制度削弱了遗产自然流传的可能性,承袭人如果想要学到所谓"正宗"的文化就必须到传习班/所去当学员,形成了一种"高手不在民间"的异化现象。

遗产是祖先遗留下来的财产,包括:(1)财产,指由上辈所留下的财产。(2)继承原则,指由地方人群共同体认可的继承方式。(3)遗产的继承者在获得继承权的同时被赋予相应的责任和义务。[①] 所以对于非物质文化遗产来说,遗产的原生主体是地方人群共同体,由地方人群共同体基于对遗产知识的掌握情况,在内部分工的基础上集体实践。制度安排的"传承人"的身份首先是"承袭人",其在家园遗产实践过程中,通过家承/师承逐渐习得文化知识,并被地方人群共同体所认可,因而在遗产实践活动中成为主要操演者。制度的原则在于公平与正义,即"善"的原则,通过对个体或团体的约束,以实现人类行为的合理性。"非物质文化遗产"作为遗产运动中产生的话语,其基础仍是"地方性文化",隶属"家园遗产"的范畴,因此,地方人群共同体仍是其主人和主体,理应作为制度安排的核心。现在传承人制度表述的不全面性和实践的偏差性,使地方人群共同体在遗产的存续过程中出现冷漠、隐退和不作为。保证地方人群共同体对于自身财产的"三权",即所有权(rights of ownership)、接近权(rights of access)和继承权

[①] 彭兆荣:《遗产政治学:现代语境中的表述与被表述关系》,《云南民族大学学报》(哲学社会科学版)2008年第2期。

（rights of inheritance），[①] 并在社会生产生活中自觉践行遗产，应该是制度安排的核心。

因此，基于非物质文化遗产的"家园"属性，现行传承人制度需要重新思考：（1）对于"传承人"的界定应该扩展为"传授人和承袭人"。"传授人"包括个体的文化精英和集体的文化精英，"承袭人"包括个体的学徒和集体的地方人群共同体，突出地方人群共同体在家园遗产中的主人地位和遗产实践中的主体性。（2）转变家园遗产"传授人"的传授方式，即按照非物质文化遗产自身规律，在地方人群共同体的生活实践中，以传授遗产为主，传习所（馆）集中培训为辅，突出非物质文化遗产的整体性、活态性。（3）调整"传授人"的负责对象。"传承人"肩负的是地方人群共同体的"共同文化"，是先辈文化的"承袭者"和"传授者"，既要对同时代的同辈负责，也要对历时性的后辈负责，即对当代与后代的地方人群共同体负责。（4）构建"人—遗产—生境"三维一体的制度机制。实现遗产传承主体的自觉性、遗产保护内容的整体性、遗产存在形式的活态性，从而优化与完善我国非物质文化遗产传承制度的构建。

[①] Warren, K. J.. *A philosophical Perspective on the Ethics and Resolution of Cultural Properties Issues*. In Messenger, P. M. (ed.): *The Ethics of Collecting Cultural Property: Whose Culture? Whose Property?* Albuquerque: University of New Mexico Press, 1993. p.2.

民族文化传承人的层级性与项目制语境下非遗传承人的等级化*

黄龙光 杨 晖

云南师范大学编审；云南民族大学博士研究生

黄龙光

非物质文化遗产代表作制度与非物质文化遗产传承人命名制度，属于一种基于类型学的项目制非物质文化遗产保护模式，具有便于操作、精准保护、抢救濒危等优势，但也容易脱离作为母体的文化生态，在一定程度上造成非物质文化遗产的切片式孤立保护，导致非物质文化遗产传承人群体内部整体性的一种割裂。前非物质文化遗产时代的民族文化传承人与非物质文化遗产传承人之间，有着长时段历史发展的逻辑脉络，应将两部分结合起来进行整体研究。民族文化传承人群体在民间社会自然存在的层级性结构，源于民间对文化传承人知识、技艺与德行的社会评价。项目制语境下非物质文化遗产传承人内部出现两极化与四级化的等级化倾向，虽鼓励了传承人逐级流动的积极性，但同时与文化相对主义下民族文化的价值认知相悖，在某种程度上分化了文化传承人群体的整体性。非物质文化遗产传承人研究有其特殊性，我们可能需要一种基于良好田野关系的交流民俗志的研究方法，以滋养非物质文化遗产研究应有的学术生长力。

* 本文为2017年国家社科基金西部项目"中国西南少数民族灾害神话研究"，项目编号为17XMZ063。

一、文化传承人研究综述与问题的提出

不论叫"民族文化"还是"非物质文化遗产",都是将文化视作一种物质与精神的代际传递与历时承续,只不过非物质文化遗产传承的活态性更明显,而文化是人类数千年来人化自然的结果,是人类为了适应自然而不断创造和积累的有关精神、技术与制度的财富。因此,文化的传承与保护,关键在于作为文化主体的传承人。由于历史上文化观的缓慢转变,"文化传承人"这个特殊的学术命题也姗姗来迟。

目前有关文化传承人的研究成果主要有:乌丙安的《论民间故事传承人》①一文,论及民间故事传承人的发掘、讲述特性与传承线路等传承人问题。刘锡诚的《传承与传承人论》②一文,详细论述了非物质文化遗产的传承方式与传承人认定与调查,尤其强调对传承人认定与调查必须基于专家深入科学的调查。祁庆富的《论非物质文化遗产保护中的传承与传承人》③一文,追溯了传承的概念,强调非物质文化遗产保护中传承的重要性,指出传承主体中"传习人"与"传承人"可互相转化,同样重要。苑利的《非物质文化遗产传承人保护之忧》④一文,厘清了非物质文化遗产的主人及其民间传承人,论述了政界、商界、学界与传媒界等保护主体过度介入非遗保护带来的危害。安学斌的《民族文化传承人的历史价值与当代生境》⑤一文,跨越非物质文化遗产的框架,论述了民族文化在一系列现代性遭遇下繁盛与濒危的境遇,特别指出替民族文化传承人解困中对民族文化生态的保护,是一种整体保护的思考。萧放的《关于非物质文化遗产传承人的认定与保护方式思考》⑥一文,针对单一性、

---

① 乌丙安:《论民间故事传承人》,载辽宁省民间文艺家协会《民间文学论集》(第1册),1983年。
② 刘锡诚:《传承与传承人论》,《河南教育学院学报》(哲学社会科学版)2006年第5期。
③ 祁庆富:《论非物质文化遗产保护中的传承与传承人》,《西北民族研究》2006年第3期。
④ 苑利:《非物质文化遗产传承人保护之忧》,《探索与争鸣》2007年第7期。
⑤ 安学斌:《民族文化传承人的历史价值与当代生境》,《云南民族大学学报》(哲学社会科学版)2017年第6期。
⑥ 萧放:《关于非物质文化遗产传承人的认定与保护方式思考》,《文化遗产》2008年第1期。

综合性等不同类型非物质文化遗产传承人，开出了历史承传、社会声望与文化切分等具体的认定原则与方法。林继富的《20世纪中国民间故事传承人研究的批评与反思》①一文，主要是对20世纪中国民间故事传承人研究的全面述评，批评了民间故事传承人研究中一般化、概念化的倾向，强调了深入调查、传承人群落与社区以及传承人讲述过程等，如果我们跳出民间故事传承人相对狭隘的界限来看，正好补充了21世纪非物质文化遗产传承人研究的相关本土实践。孙正国的《非物质文化遗产传承人的命名研究》②一文，基于非物质文化遗产传承人内部的复杂构成，强调非物质文化遗产传承人命名中专家的作用与田野原则的重要性。周超的《中日非物质文化遗产传承人认定制度比较研究》③一文，在国际比较视角下，论述了中国非物质文化遗产传承人认定"民间"与"官方"二元体系并存，在认定的规范性、标准化方面带来模糊性与重复性。事实上，相当于民间工艺人才专业技术职称的民间工艺大师评选系列，也不是民间评选认定的，它与非物质文化遗产传承人认定制度有重叠，因此二者既有历史的关联，也有内部的分工。吴平的《传承人当代生境与传承——基于黔东南非物质文化遗产传承人的调查》④一文，基于黔东南非物质文化遗产传承人调查，指出了地方非物质文化遗产传承人认定与管理的具体建议措施。刘晓春的《非物质文化遗产传承人的若干理论与实践问题》⑤一文，深刻地指出官方不同批次不同等级非物质文化遗产传承人认定，一方面造成传承人之间等级的差异，另一方面影响非官方对非物质文化遗产的价值判断，同时破坏了非物质文化遗产传承的文化生态。黄永林的《非物质文化

---

① 林继富：《20世纪中国民间故事传承人研究的批评与反思》，《文化遗产》2008年第3期。
② 孙正国：《非物质文化遗产传承人的命名研究》，《文化遗产》2009年第4期。
③ 周超：《中日非物质文化遗产传承人认定制度比较研究》，《民族艺术》2009年第2期。
④ 吴平：《传承人当代生境与传承——基于黔东南非物质文化遗产传承人的调查》，《原生态民族文化学刊》2010年第4期。
⑤ 刘晓春：《非物质文化遗产传承人的若干理论与实践问题》，《思想战线》2012年第6期。

遗产传承人保护模式研究——以湖北宜昌民间故事讲述家孙家香、刘德培和刘德方为例》①一文，提出根据非物质文化遗产传承人自身生活状况进行类型化保护的观点。王建民的《非物质文化遗产传承人的生活史研究》②一文是对非物质文化遗产传承人研究方法论的思考，强调传承人个人生活史研究的方法，与人类学"个人中心的民族志"③方法相似。陈静梅的《非物质文化遗产传承人制度反思与理论建构》④一文，对非物质文化遗产传承人的理论研究给予了思考，认为要关注传承人与学者互动关系、性别视角介入，以及传承人群体的比较研究。杨征的《论非物质文化遗产"代表性传承人"保护政策中"群体性"的缺失》⑤一文，主要基于"传承人个体"与"传承人群体"的对立现实，为消除"代表性传承人"与"群体性传承"之间的矛盾提供相关思考。高荷红《国家话语与代表性传承人的认定——以满族说部为例》⑥一文，以个案为例讨论非物质文化遗产国家话语对传承人的影响，特别强调非物质文化遗产传承人四级体制分出等级，在某种程度上对传承人向上流动具有一定的积极性。吴兴帜的《对非物质文化遗产传承人制度设计的思考》⑦一文，认为目前非物质文化遗产传承人应包含传授者与承袭者，提出构建"人—遗产—生境"三维一体传承人机制的思路，强调基于文化生态的非物质文化遗产整体保护。

综观目前文化传承人的研究，首先呈现出非物质文化遗产传承人研究的有限性。绝大多数研究主要集中在非物质文化遗产传承人上，而其中大部分又都集中在经认定的各级非物质文化传承人上。与之相应，非物质文化遗产研究也主要聚焦于经认定的各级非物

---

① 黄永林：《非物质文化遗产传承人保护模式研究——以湖北宜昌民间故事讲述家孙家香、刘德培和刘德方为例》，《中国地质大学学报》（社会科学版）2013年第2期。
② 王建民：《非物质文化遗产传承人的生活史研究》，《民俗研究》2014年第4期。
③ 阎云翔：《私人生活的变革：一个中国村庄里的爱情、家庭与亲密关系》，龚小夏译，上海书店出版社2006年版，第14页。
④ 陈静梅：《非物质文化遗产传承人制度反思与理论建构》，《广西社会科学》2014年第5期。
⑤ 杨征：《论非物质文化遗产"代表性传承人"保护政策中"群体性"的缺失》，《云南社会科学》2014年第3期。
⑥ 高荷红：《国家话语与代表性传承人的认定——以满族说部为例》，《民族文学研究》2015年第4期。
⑦ 吴兴帜：《对非物质文化遗产传承人制度设计的思考》，《中南民族大学学报》（人文社会科学版）2017年第2期。

质文化遗产,而那些未经认定的非代表性非物质文化遗产门庭冷落,这种一分为二的遗产化幻象,不仅源于对鲜活非物质文化遗产整体的一种强行割裂,亦来自以认定与未认定为标准对非物质文化遗产进行行政化的结果,从这个意义上说,目前的非物质文化遗产传承人研究是一种有限研究,其研究成果具有一定的有限性。其次非物质文化遗产传承人研究呈现出一种单维的共时性。非物质文化遗产的概念不是凭空产生的,非物质文化遗产的传承历经数十代、数百代薪火相传,其共时呈现的形态、面相与功能源于潜在的纵向历时淘洗与积淀,它本身是一种经过长期历史考验的时空文化连续体。非物质文化遗产的概念及其话语体系,从 2003 年联合国教科文组织通过《非物质文化遗产保护公约》起至今才短短 15 年,但是作为一个整体的非物质文化遗产的传承与保护应延续历代民族传统文化保护本土实践的历史传统。非物质文化遗产传承人研究,也应自觉地将民族文化传承人研究接续起来,尤其关注前非遗时代民族文化传承人那些本土化文化传承实践的模式与经验。最后非物质文化遗产传承人研究带有一种行政话语色彩。由于非物质文化遗产概念来自联合国教科文组织非物质文化遗产标准话语体系,中国非物质文化遗产保护工作由国家层面自上而下全面推进实施,与之相关的民俗学、民族学、人类学、社会学等学科未有充分的学术准备与应对,加上介入非物质文化遗产保护的学界力量,在某种程度上被各级行政权威客体化,导致目前非物质文化遗产传承人的研究,多数侧重于非物质文化遗产传承人制度思考、传承人认定、传承人责权等,基本上属于一种对非物质文化遗产传承人制度的管理学分析框架，其研究成果是一种基于非物质文化遗产传承人制度实践层面的讨论，总体上显得行政色彩有余，学术理论不足。另外，专家自恃专业知识也有意无意地将非物质文化遗产传承人客体化，导致非物质文化遗产传承人研究停留在一种静止的客位想象，研究过程与研究结果容易呈现专家的"一言堂"，而传承人群体则成了"沉默的大多数"。

二、"谁是传承人"：民族文化传承人的层级性

关于民族文化传承人的概念，与文化相关学科的经典教科书至今并没有给出一个权威的界定。民俗学是一门主要研究民间生活文化习俗及其运行规律而颇接地气的学科，也是与非物质文化遗产这个新兴领域关系十分紧密的学科。民俗学家乌丙安先生关于"民俗传承人"的界定是："'民俗传承人'，又可俗称为'民俗传人'。他（她）们是民俗文化的主要承载者，是民俗实践经验最丰富的民俗活动操作者和民俗知识的集散者。在俗民群体中，他（她）们是智者、权威，受到俗民的崇敬和信赖。这些人在民俗行事中都有突出的技艺或才能表现。他们往往是世代相继的民俗文化传人和习俗社会规范的主要支配力量。"[①] 可见，民俗传承人具有承载与集散民俗知识、技能，操作民俗（传承）活动，以及受俗民群体的认可与信赖三个基本要素。"人类巨大的学习能力和可塑性，经常被明确地指出，但是更具关键意义的是人对某种学习的极端依赖性：掌握概念、理解和运用特殊的符号意义系统。"[②] 民族文化的这种习得性，天然要求民族文化必须有人教（传）、有人学（承），教学相长，传

[①] 乌丙安：《民俗学原理》，辽宁教育出版社2001年版，第322页。

[②] [美]克利福德·格尔茨：《文化的解释》，韩莉译，译林出版社1999年版，第62页。

而承之，承而传之，循环往复，从而实现文化积累与世代相传，人类社会始得不断发展。民俗作为鲜活灵动的文化符号，是民族文化中代代相沿成习的文化传统，民俗文化传承人正是民族文化代际传递中的核心链接，其主要功能就是通过组织一系列生活化文化实践从而实现民族文化的群体传承，这不仅取决于其在社区内部的文化权威与社会影响，而且通过其心手相传的体性实践，将历史记忆、精神、知识、技能与习俗规范等民族文化一代代传承下去。因此，传承人的角色就是一个实现民族文化承上启下的重要媒介，传承人最重要的社会职责就是民族文化的传承实践。

作为民族文化传承主体的传承人，因自然地域、成长背景、社会环境以及个人（团体）禀赋等原因，其内部结构自然呈现一种层级性，即民族文化传承人由个体传承人与团体传承人并列构成，在个体传承人与团体传承人下面，梯次分为杰出传承人（团体）与一般传承人（团体），如图 1 所示：

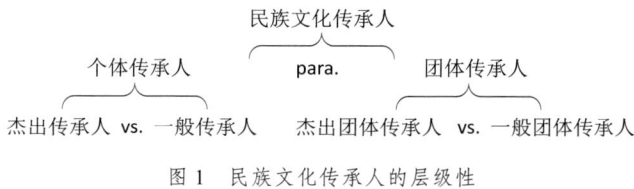

图 1　民族文化传承人的层级性

民族文化是历代民族成员集体长时间应对、适应自然而创造和传承的物质、精神与制度文化的总和，民族文化凝结了作为一个文化共同体的民族的精神，作为民族认同独一无二的象征符号，民族文化是一种根性的身份表征系统，民族文化不论是纵向的内部传承还是横向的族际传播，都是依靠群体传承的方式实现文化的历时流动与共时播布。但大写的民族共同体是由一个个具体的民族个体组成，其中有的个体成员天赋异禀，技高一筹，在民族内部享有很高的声誉与影响力，成为个体传承人。个体传承人内部由于地域、语境与禀赋差异，自然分为杰出传承人与一般传承人。另外，民族文化林林总总，民族文化事项的传承不可能仅凭一己之力，诸如民间香会、姊妹会、花鼓会、民间剧团等文化传承自组织，往往成为强有力的民族文化团体传承人。同样地，团体传承人内部也有杰出团体传承人与一般团体传承人之别。个体传承人与团体传承人之间，只是所传承的文化事项不同，从传承力来看是一种并列关系，不形成梯次与等级。但是杰出传承人（团体）与一般传承人（团体）之间，就因传承力与效能差别而形成一定的梯次与等级，杰出传承人与一般传承人之间是一种竞争关系。厘清民族文化传承人内部的这种层级性，对于认清谁是文化传承人及其内部结构，以及如何研究民族文化传承人是十分必要的，尤其是对民族文化团体传承人重要性的强调。

民族文化传承人内部出现个体传承人与团体传承人，源于因文化事项类别及其运行方式不同而导致的文化传承实践分工，个体传承人与团体传承人完整构成民族文化传承人群体，当然，在更广意义上还包括作为承习者与受众的广大社会成员。民族文化以个体传承人、团体传承人为核心，吸纳并凝聚全体社会成员，共同推动民族文化的整体保护与群体传承。民族文化传承人内部出现杰出传承人与一般传承人的层级性，有的是由于地域差别与文化需求不均衡造成的，但更多是直接出于民族文化传承人之间在文化传承活动中自然竞争的结果。是民间社会内部对民族文化传承进行自然识别与评价的结果，不属于也不需要任何外来力量的介入式认定，一般传承人与杰出传承人之间具有一种开放式自然流动性，只要肯下功夫，任何一般传承人（团体）均有上升空间。笔者12年来持续跟踪调查彝族花鼓舞的传承，作为彝族花鼓舞的源传承场，当地民间丧礼仪式送灵展演过程中，所有前来奔丧的花鼓舞队之间自然形成一种"同台竞舞"的场面，尤其是出殡前夜在广场的"大联合"跳套路中，每支花鼓舞队都要拿出自己的绝活与花活轮番表演，都怕在同行面前落了下风，因此花鼓舞队之间，甚至同一花鼓舞队内舞者之间都存在暗暗的较劲，那些平时跳得不好的队员是绝无出场机会的，而当晚围观民众既是观众又是评委，他们的任何一个评价都会影响花鼓舞队与队员在本地的名望与声誉，如此尽力赢取花鼓舞展演技艺的名望与声誉，反过来这种价值认定将更加激发民间花鼓会与花鼓舞队员传承彝族花鼓舞的动力与积极性。① 由于大家都是非职业的民族文化传承人，不存在因对其传承人身份与价值认定可能带来社会分层的风险，因此，这种竞争关系呈现一种良性互动而非紧张对立，与关乎行政权威、社会地位与物质利益的非物质文化遗产传承人身份认定与命名有着本质区别。所以，这种民族文化杰出传承人与一般传承人并存，是一种民族文化民间运行自然存续的方式，是一个民族文化传承人内部良性互动的机制。

三、"你是哪个级别的"：非遗传承人的等级化

在日常生活中，人们对民族文化传承人关于知

---

① 参见黄龙光：《民间仪式·艺术展演·民俗传承——彝族花鼓舞田野民俗志研究》，中国社会科学出版社2015年版。

识、技艺、礼俗及其传承的层级性评价有一定的地域、民族边界框定，属于民族内部的一种以传承人为核心的民族文化传承实践，传承人的社会声望有所提高，但其职业身份基本保持不变。与之相比较，非物质文化遗产保护则属于一种国家话语，非物质文化遗产的公布、传承人的认定，往往能跨越封闭地域、单一民族的边界，成为国家层面上全民共享的遗产资源，传承人也从狭小的社区一跃而成公开、公认的民族遗产精英。《国家级非物质文化遗产项目代表性传承人认定与管理暂行办法》（文化部令第45号）规定申请或推荐传承人条件为：掌握并承续某项国家级非物质文化遗产，在一定区域或领域内被公认为具有代表性和影响力，积极开展传承活动，培养后继人才。[1] 其他省、市、县各级别非物质文化遗产传承人的认定，基本参照执行国家级非物质文化遗产传承人认定与管理办法。从中可见对传承人的认定也是三个要素：承载某项非物质文化遗产，进行传承实践并有传人，在社区、行业具有影响力。显然，这与民俗传承人的评价标准有着内在的一致性。我国非物质文化遗产传承人认定制度，事实上有着一定的历史渊源。同时，也参考了联合国教科文组织《关于建立"人类活珍宝"制度的指导性意见》中的四个标准。1979年，国务院委托原轻工业部对民间工艺美术从业者开展"中国工艺美术家"荣誉称号的评定与命名，1988年由原轻工业部、国家科委联合发布《关于颁发〈工艺美术行业荣誉称号试行办法〉的通知》，开始评定、授予"中国工艺美术大师"荣誉称号，自此"中国工艺美术大师"评定办法覆盖之前的"中国工艺美术家"评定办法。这一民间工艺类传承人的评

[1]《国家级非物质文化遗产项目代表性传承人认定与管理暂行办法》，中国非物质文化遗产网，http://www.ihchina.cn/3/10378.html，2018-09-19。

定并授予荣誉称号的做法，出于改革开放大力发展社会经济的历史语境，其主要目的在于出口创汇与两个文明建设。当然，传承人获得荣誉称号是对其技艺文化的认定和褒奖，并不给予传承人生活补助，因只在民间工艺类文化传承人中评定，范围和影响力比较固定。最后，对民间工艺类文化的传承与创新起到了积极作用。2005年，中国民间文艺家协会启动"中国民间文化杰出传承人调查、认定和命名"工程，对民间文学、艺术、手工技艺与民俗技能四项传承人进行认定。笔者当时有幸参与了对杰出传承人的调查与传记书写。如今，携带着联合国、国家话语强大的影响力，非物质文化遗产传承人制度全面覆盖了以往的传承人制度，因此，当我们讨论非物质文化遗产传承人时，要注意到民族文化传承人制度近40年的发展历程，以及非物质文化遗产传承千百年的本土实践之路②，才能从整体上把握非物质文化遗产及传承人研究的历史与现状。

　　非物质文化遗产是一个庞大的体系，目前根据国家力量的介入与否，总体上可分为经行政认定的非物质文化遗产与未经认定的非物质文化遗产两大类。根据一种非严格意义上的类型学划分，经认定的非物质文化遗产内部又分为口头传统、传统表演艺术、民俗活动、民间传统知识与实践、传统手工技能与文化空间六大类，为编制代码在各类下面又细分为民间文学等16个亚类。相应地，非物质文化遗产传承人也根据分类进行配置认定。这种以分类学为基础的非物质文化遗产代表作与代表性传承人制度是一种典型的项目制文化保护模式，其依据除了来自联合国教科文组织的非物质文化遗产政策，还有在实践层面解决多样

② 杨利慧：《官民协作：非遗保护的本土实践之路——以河北涉县女娲信仰的四百年保护历程为个案》，《云南师范大学学报》（哲学社会科学版）2017年第6期。

态表征的非物质文化遗产一般与具体的量化可操作性便利。项目制非物质文化遗产保护模式在实践中具有便于操作、精准保护、抢救濒危等明显的优势,事实上在日常生活中文化是作为一个整体而运行的,物质、精神与制度等各个方面的文化紧密结合在一起而发挥结构性功能,每一部分的文化价值存在于与其他方面的互嵌之中,它们不分彼此地自然融合、互生互动,一起构成一个历史—人文体系。因此,以类型划分,对号入座进行申报、评定的项目制保护模式,不仅在实际的文化类型划分上仍然存在相关体裁之间的交叉重叠现象,在学理上容易导致各个遗产项目与作为其母体的文化生态之间的分离,导致各个原本息息相关的非物质文化遗产项目也相互分开,使非物质文化遗产项目处于一种切片化孤立保护状态,从长远来看不利于非物质文化遗产的整体保护。同理,依托于项目制非物质文化遗产保护模式的非物质文化遗产代表性传承人制度,一是导致被命名的非物质文化遗产传承人与民间的文化主体生态相分离;二是导引各级传承人依托所评定的具体非物质文化遗产项目逐步向个体化、专业化与职业化的方向发展,有可能降低其传承其他传统知识与技能的积极性与能力,同时也将消弭非物质文化遗产的群体性传承力。因此,各级非物质文化遗产代表性传承人的代表性有多大,代表性如何体现,以及在非物质文化遗产保护项目制语境下,如何反思、弥补与完善当前非物质文化遗产及其传承人保护制度,都是非物质文化遗产传承人研究亟须解决的问题。

项目制非物质文化遗产保护模式下非物质文化遗产传承人出现等级化现象,主要表现为经命名与未经命名非遗传承人的两极化，已经命名各级非物质文化遗产传承人之间出现四级化倾向。首先，"非物质文化遗产"是一个外来的新概念，它是对民间文化、传统文化、民族文化、民俗文化等相关本土概念的一种不同表述，在概念所指实体上，非物质文化遗产与民间文化等有着内在的有机联系与纽带，在实践层面上，以国家话语的形式介入并实施评定非物质文化遗产项目进行保护，不可避免地将各级非物质文化遗产名录与民间鲜活的民族文化分割开来，不仅干扰民族文化的价值评估，而且导致经认定与未经认定文化（遗产）之间在（文化）政治权威、社会地位、物质收益与传承效应等方面出现一种两极化倾向，在一定程度上影响作为整体的民族文化在自我选择机制下的原有传承进程，因为这种非物质文化遗产传承人行政命名的办法，在提高被命名传承人非遗传承积极性的同时，也在某种程度上挫伤了广大未被命名传承人群体。因此，在项目制非物质文化遗产保护语境下，传承人群体最后被人为划分为官方与民间两个部分。经命名的传承人既享受国家给予的政治待遇、生活补助等，也履行非遗传承的义务，是国家"要他传"；未被命名的传承人由于未能享受相应待遇，导致其与生俱来的自发传承责任感日渐消弭。其次，现行国家、省、市、县四级非物质文化遗产的申报与评审，相应地配套国家、省、市、县四级非物质文化遗产传承人命名制度。这种国家政治赋权下传承人的身份评定与命名，使民族文化自然存在的层级性平行结构突变为一种等级性梯次结构。在民族文化各种日常传承实践中，在传承人群中常出现"你是哪个级别的"的疑问。国家级非物质文化遗产传承人的年生活补助是

20000元，而县级传承人年生活补助仅为500元，有的地方还因财政困难难以兑现。两级传承人之间物质获益相差19500元。最后，不同类型非物质文化遗产资源价值不同，手工艺类非物质文化遗产在机器工业标准化生产背景下价值回升，国家级非物质文化遗产传承人身份就是对技艺的最高评价，意味着一种产业开发的潜力。正如有学者一针见血地指出："官方认定代表性传承人的不同批次、不同级别，意味着传承人之间等级的差异。同时，官方认定的传承人由于其官方渠道而被赋予合法的权威性，也影响了外界对于传承人地位、技艺水平的判断。"① 因此，从民族文化传承人的层级性到非物质文化遗产传承人的等级化突变，虽然鼓励了传承人从低一级向高一级流动的积极性，但是却在无形中有悖于文化相对主义之上对民族文化的价值认知，分化了原本作为一个整体的文化传承人群体。

四、相关讨论

非物质文化遗产保护是一个国家话语、行政任务、社会话题与学术命题综合叠加的新领域，非物质文化遗产不仅是一个地方、一个民族的文化资源，更是一种可经济化的潜在文化资本，一个促进社会治理、树立民族精神的象征符号，因此，非物质文化遗产的申报、评定、传承与保护工作，不可避免地涉及民间、政界、学界与商界等各方相关主体。本文将项目制非物质文化遗产保护作为非遗传承人等级化的一个源头性语境，学理性反思非物质文化遗产传承人等级化问题，并非意在改变现行非物质文化遗产与传

---

① 刘晓春：《非物质文化遗产传承人的若干理论与实践问题》，《思想战线》2012年第6期。

承人制度，而是为了寻找补充、完善非物质文化遗产与传承人保护制度的空间与方法。设立民族文化生态保护区、生态博物馆对民族文化进行整体活态保护，是相关行之有效的补充。同时，诸如云南"土风计划""源生坊"等民族文化传承本土实践模式与经验，也许可以为非物质文化遗产的整体保护提供一些思路。例如，"土风计划"以村寨为轴心进行整体性传承，强调民间自组织的主体传承等，都是一些本土产出的民族文化传承理念与实践经验。"源生坊"则采取就地传承与异地传播二合一的传承模式，事实上是以村寨为母体，就地与异地流动、内源与外衍合一的整体传播。这些民族文化传承本土模式，均为不脱离文化生态的整体活态传承，传承人群体之间也不存在明显分化与等级化问题，民族文化能以民间自组织为核心实现其内部的群体性传承。

自中国启动非物质文化遗产保护工作伊始，诸如民俗学、管理学、民族学等学科就从价值呼吁、概念辨析、非遗评估、检查验收等各个环节全面参与其中。事实上，学界作为非物质文化遗产保护的学术主体，至今对非物质文化遗产研究的学术贡献不可谓不多，但是从学界参与社会实践与理论研究两方面总结，仍有很多需要反思、改进与深入的地方。一方面须进一步加强专家评审认定传承人的合法性、权威性与专业性，评审专家既要有文化遗产研究的高水平，也须有职业道德的高素质，保证评审专家的遴选标准、遴选过程的合法性，非物质文化遗产评审可以科研项目的形式招标，负责的专家必须深入一线全面参与传承人传承模式、价值与效果等传承资质的专业评估与身份评审，而不是像现在的指定专家与临时评审。有学者直言,"来自主流意识形态和学术界的专家掌握了话语权,而传统文化及其承载者,则成了有待主管部门和学术界评估、认可和命名的对象。在实际的工作中,根据规定的申报程序,从最基本的申报开始文化的承载者就没有发言权"①。所以,评选过程中还应适当考虑给予传承人话语权,增加评审过程中传承人候选人答辩等环节。另一方面非物质文化遗产研究还需要学者保持价值中立的原则,全面加强深入调查研究非物质文化遗产历史源流、结构特征、社会功能及其运行规律,将非物质文化遗产本土传承模式及其话语联系起来进行整体研究,增强非物质文化遗产传承与保护的学术性基础,而不是像现在很多研究显得技术性有余、学术性不足。

任何一个学术命题自身都有一个历史发展的过程,相关的研究也相应地有一个学术史的积累。如果非物质文化遗产传承人研究是一个学术命题,那么我们就不得不回溯整个传承人的历史及其内在发展演变的逻辑脉络。本文将民族文化传承人与非物质文化遗产传承人统一起来,以前者的层级性与后者的等级化为焦点进行相关讨论,旨在既能回归文化传承人历史发展的长期性事实,又能尊重非物质文化遗产保护语境下非遗传承人群体内部的整体性事实。不论是面上的理论研究还是点上的个案调查,将民族文化传承人与非物质文化遗产传承人连接起来,将官方命名的各级非物质文化遗产传承人与未经命名的民间广大非物质文化遗产传承人群结合起来,即将非物质文化遗产传承人的历时逻辑与共时结构结合起来,才能深入挖掘非物质文化遗产传承人的历史源流,全面描写非物质文化遗产传承人的整体面貌。在对非物质文化遗产

---

① 高荷红:《国家话语与代表性传承人的认定》,《民族文学研究》2015年第4期。

传承人的具体研究中，通过口述史方法关注个人生活史（心态史），注意非物质文化遗产传承人内部的比较研究，都是目前学者们提供的有关非物质文化遗产传承人研究的方法论新思考，都是可行并有学术价值的观点。非物质文化遗产传承人研究有其特殊性，我们是面对活生生的一群人的研究，他们身上同时既有集体性的一面也有个体性的一面，因此涉及所持文化遗产的历史、传承、功能、象征，以及行政化、商业化等问题时，他们给出的答案永远半隐半显，因此，我们需要一种基于建构良好的田野关系基础上的交流民俗志的研究方法，在田野访谈中交流、协商、互文，加上学者的学理性分析、思辨与判断，以一种主体间性的复调式笔法，深入阐释非物质文化遗产传承状况及其传承人境遇的真实性，用以专业地指导非物质文化遗产保护的实践，并不断深化非物质文化遗产研究的理论与方法，以滋养非物质文化遗产研究应有的学术生长力。

少数民族非遗传承人认定程序存在的问题及其完善
——以贵州为例

陈静梅

贵州财经大学文法学院教授

在非物质文化遗产的保护和传承过程中，传承人发挥着至关重要的作用。著名民俗学家刘锡诚认为："非物质文化遗产的大部分领域，如口头文学、表演艺术、手工技艺、民间知识等，一般是由传承人的口传心授而得以代代传递、延续和发展。在这些领域里，传承人是非物质文化遗产的重要承载者和传递者，他们以超人的才智、理想，贮存着、掌握着、承载着非物质文化遗产相关类别的文化传统和精湛技艺，他们既是非物质文化遗产的活的宝库，又是非物质文化遗产代代相传的'接力赛'中处在当代起跑点上的'执棒者'和代表人物。"① 著名作家、文化保护专家冯骥才先生也指出："当代杰出的民间文化传承人是我国各民族民间文化的活宝库，他们身上承载着祖先创造的文化精华，具有天才的个性创造力。……中国民间文化遗产就存活在这些杰出传承人的记忆和技艺里。代代相传是文化乃至文明传承的最重要的渠道，传承人是民间文化代代薪火相传的关键，天才的杰出的民间文化传承人往往还把一个民族和时代的文化推向历史的高峰。"② 如果传承人没有了，活态的文

① 刘锡诚：《传承与传承人论》，《河南教育学院学报》（哲学社会科学版）2006 年第 5 期。
② 中国民间文艺家协会编：《中国民间文化杰出传承人调查、认定、命名工作手册》，2005 年版，第 11 页。

化便立即中断,剩下的只能是没有生命的纯物质的"文物"。因此,非物质文化遗产保护和传承的关键在于传承人。传承人本来是在文化的薪火相传中自然产生的,但随着全球化、城镇化的发展,单一的文化特别是弱势文化难以自然延续,需要国家和社会力量的介入才能更好地传承。由此,传承人逐渐从一种自然身份变成了需要国家认可的身份,如何设定合理的传承人认定程序变得尤其重要。本文通过梳理我国现行的传承人认定程序,结合在贵州的田野调查,提出传承人认定程序中存在的问题及完善措施。

一、现行的传承人认定程序

"传承人"的概念随着非物质文化遗产概念的兴起而广为认知,官方于2005年在《关于加强我国非物质文化遗产保护工作的意见》中正式使用这一概念。但在此之前,对于有突出贡献的民间艺术家的认定和相关保护已经存在,如早在1979年8月,由国务院委托原轻工业部首次对有突出贡献的工艺美术艺人授予"中国工艺美术家"荣誉称号,这一做法虽然与现在的传承人制度有一定的相似之处,但当时主要还是对特定行业的先进模范予以表彰的意思。1988年1月,为了使工艺美术行业荣誉称号的评定工作"制度化",由原轻工业部、国家科委联合发布了《工艺美术行业荣誉称号试行办法》,授予那些技艺高超、贡献卓著的工艺美术艺人"中国工艺美术大师"的称号。1997年,国务院颁布了《传统工艺美术保护条例》,通过认定"中国工艺美术大师"的方式对工艺美术行业进行保护,并通过规章的形式明确了认定程序，与现行的传承人认定制度颇为接近。其后，截至2012年，有239人被认定为"中国工艺美术大师"。当然，工艺美术是一个特定的行业，属于现行非物质文化遗产中的"传统手工艺"，其传承人范围较窄。

此外，从1996年起，中国民间文艺家协会与联合国教科文组织下属的国际民间艺术组织合作，开始评审认定"民间工艺美术大师""一级民间工艺美术家""民间工艺美术家"等。截至目前，共认定"民间工艺美术大师"37名、"一级民间工艺美术家"96名、"民间工艺美术家"1213名，由于"工艺美术"与"民间工艺美术"在类型上大量重叠，使我国对于工艺美术这一领域有关传承人的认定出现了官方和民间两个交叉重叠的体系。

随着20世纪后半期人类对文化遗产保护意识的增强，特别是2003年各国缔结了《保护非物质文化遗产公约》后，非物质文化遗产及其保护范围、保护方法逐渐明晰，非物质文化遗产的保护进入了黄金时期。我国在2004年加入《保护非物质文化遗产公约》后，国务院办公厅于2005年3月发布了《关于加强我国非物质文化遗产保护工作的意见》，决定成立"非物质文化遗产保护工作部际联席会议制度"，设立"国家级非物质文化遗产代表作名录"，并建立国家、省、市、县各级非物质文化遗产代表作名录体系。2007年，文化部公布了第一批226名"国家级非物质文化遗产项目代表性传承人"名单，标志着我国的非物质文化遗产保护正式进入名录与传承人时代。2008年，文化部颁布了《国家级非物质文化遗产项目代表性传承人认定与管理暂行办法》（文化部令第45号），国家级非遗传承人的认定和管理有了具体的规范，根据该办法，国家级传承人的认定要经过以下程序：

1. 申请或推荐。国家级传承人认定的启动程序包含申请制和推荐制两种。申请制是指由公民个人申请被认定为国家级非遗传承人，向县级文化行政部门提交有关申请材料；推荐制是指由国家级非遗项目保护单位经传承人本人同意，向县级文化行政部门推荐该项目代表性传承人，或者由省级保护单位将推荐材料直接报送省级文化行政部门，中央直属单位将推荐材料直接报送国务院文化行政部门。

2. 逐级审核上报。文化行政部门接到申请材料或推荐材料后，应当组织专家进行审核并逐级上报。

3. 省级评审推荐报送文化部。省级文化行政部门收到申请材料或推荐材料后，应当组织省级非物质文化遗产专家委员会进行评审，结合该项目在本行政区域内的分布情况，提出推荐名单和审核意见，连同原始申报材料和专家评审意见一并报送国务院文化行政部门。

4. 文化部初评、审核评议、提出推荐名单。文化部收到省级文化行政部门报送的申报材料后，结合申请项目在全国的分布情况，进行整理分类，组织该项目领域的专家组进行初评，由专家提出初评意见。其后，文化部设立的国家级非物质文化遗产项目代表性传承人评审委员会对各专家组的初评意见进行审核评议，提出国家级非物质文化遗产项目代表性传承人的推荐名单。

5. 公示。文化部对评审委员会提出的代表性传承人的推荐名单向社会公示15天。

6. 审定公布。文化部根据公示结果，审定国家级非物质文化遗产项目代表性传承人名单，并予以公布。

2011年2月，第十一届全国人大常委会第十九次会议通过了《中华人民共和国非物质文化遗产法》（以下简称《非物质文化遗产法》），这是我国非物质文化遗产保护的一个里程碑，标志着我国非物质文化遗产保护走上依法保护的阶段。在该法中，没有独立规定非物质文化遗产传承人的认定程序，而是参照执行该法有关非物质文化遗产代表性项目评审的规定。由此，《非物质文化遗产法》中国家级非遗代表性传承人的认定程序如下：

1. 推荐或建议。省级政府可以从本省非遗传承人中向文化部推荐国家级传承人；公民、法人或组织也可以向省级人民政府或文化部提出认定国家级传承人的建议。

2. 初评和审议。文化部应当组织专家评审小组和专家评审委员会，对推荐或者建议人选进行初评和审议。初评意见应当经专家评审小组成员过半数通过，专家评审委员会对初评意见进行审议，提出审议意见。

3. 公示。文化部应当将拟列入国家级代表性传承人的结果公示，征求公众意见，公示时间不得少于20日。

4. 批准、公布。文化部应当根据专家评审委员会的审议意见和公示结果，拟定人选名单，报国务院批准、公布。

除以上国家层面的立法之外，很多地区都制定了相应的非遗传承人保护立法，如《湖南省非物质文化遗产项目代表性传承人认定与管理办法》（湘文社

〔2009〕203号)、《深圳市非物质文化遗产项目代表性传承人认定及保护暂行办法》等,上述文件均涉及非遗传承人的资格认定、扶持、义务及资格取消等问题。贵州省于2012年3月30日通过了《贵州省非物质文化遗产保护条例》,该条例对非遗代表性项目的认定规定了较为详细的程序,包含申请、推荐、专家评审、公示、异议程序及处理、备案等程序。但对传承人的认定程序规定得比较简单,也没有如《非物质文化遗产法》那样明确将传承项目的认定程序适用于传承人的认定。该条例第二十四条对非物质文化遗产代表性项目的代表性传承人认定采取了申请制与推荐制相结合的模式。根据该条规定,符合条件的个人可以申请非物质文化遗产代表性项目的代表性传承人。单位和个人可以推荐非物质文化遗产代表性项目的代表性传承人;单位和个人推荐非物质文化遗产代表性项目的代表性传承人,应当获得被推荐人的书面同意。非物质文化遗产代表性项目的代表性传承人名单经县级以上人民政府文化主管部门认定后公布。

我国已基本形成了国家和地方两个层面相结合的非遗传承人保护制度,认定程序也较为明确。不过,从文化部公布的五批国家级传承人来看,主要还是由政府自上而下发动集中认定传承人这样一种认定方式,个人申报随时认定传承人的情况还是比较少见。此外,除了文化部对国家级非遗的认定之外,还有其他一些组织在认定传承人,如2007年6月3日,在文化部公布首批国家级非物质文化遗产传承人(6月9日)之前,中国文联和中国民间文艺家协会抢先在人民大会堂公布了首批"中国民间文化杰出传承人",这些"中国民间文化杰出传承人"中,有35名与其后公布的首批"国家级非物质文化遗产代表性传承人"重复,约占国家认定传承人总数的15.49%。尽管由文化部牵头认定的国家级非物质文化遗产代表性传承人具有最大的社会影响力和权威性,但我国传承人认定中的二元甚至多元格局依然存在,长此以往,会在一定程度上对传承人的权威性和公信力产生冲击,有必要对传承人认定体制加以理顺。

二、传承人的认定程序不合理,可能影响社区和谐

笔者通过田野调查,发现现行的传承人认定制度在实际运行中其实存在一定的问题。

前已述及,文化部 2008 年颁行的《国家级非物质文化遗产项目代表性传承人认定与管理暂行办法》和 2011 年的《非物质文化遗产法》以及部分地方性法规对国家级传承人的认定条件、程序等做了简单规定,但公示方法、异议等程序不具体,救济措施不明确,一旦地方政府官员出现偏私,就可能导致选出的传承人不合格,漏掉真正的传承人,影响传承工作开展。

笔者在有"侗族大歌窝"之称、拥有多名国家级、省级传承人的从江县小黄村访谈时,村民潘平①(男,1940 年生,侗族大歌歌师)自认对侗族大歌具有很高演唱水平,又会编侗戏唱词,教过很多年轻人唱歌,但他未能评上传承人,而他认为部分传承人几乎不会唱歌。笔者访谈其他群众时,他们也大多认可潘平的演唱水平,对传承人的评定工作有不少意见,但却没有好的渠道来解决此事。② 在丹寨锦鸡舞、台

① 文中所有人名均为化名。
② 此案例在笔者所主持课题的参与者文永辉的调研文章中也有采用。详细情况参见文永辉《少数民族"非遗"传承人保护存在问题及制度完善——基于对贵州的田野调查》,《广西民族研究》2013 年第 1 期。

江反排木鼓舞所在社区调查时,问到部分村民对传承人认定的事情时,他们均表示不知传承人是如何推荐出来的。部分人还表示,在他们这样的地方,跳锦鸡舞、木鼓舞是大多数人都会的项目,而且由于是集体项目,也不存在谁跳舞水平更高的问题。部分村民猜想,之所以选某人做传承人,很可能不是看他跳舞跳得好不好,更主要是看他有没有文化、会不会说话,因为传承人需要代表当地文化进行对外交流,如果没有文化、不会说话,就会影响当地形象。因此,部分村民认为,既然选了某人当传承人,他们又每年拿了不少的补贴,要跳舞就由他个人去跳。这导致传承人的认定反而影响社区的和谐,原本大家聚在一起跳舞并不难,但现在社区民众反而对传承人召集跳舞有了一定的抵触情绪。笔者在丹寨排调镇也改村访谈一位杨姓锦鸡舞传承人时,他也承认存在这一问题,有时为了召集大家跳舞或者表演,他不得不个人出钱,通过请客吃饭喝酒的方式才能把大家召集在一起。

在福泉市调查省级传承项目——福泉阳戏时,也曾听闻此种情况。在福泉阳戏公认的重要发源地和传承地——龙昌镇黄土哨村,几位阳戏师傅对于县城里几位戏班人员被认定为传承人愤愤不平,他们表示,作为阳戏的发源地,黄土哨没有人被认定为传承人,但县城里的人因为和文化部门的人熟,却被认定为传承人,而有些人根本不怎么懂阳戏。他们表示,以前还与县城阳戏班子的人共同演出、研究探讨,但现在他们已经互不往来。

2006年,贵州省施秉县苗族"刻道"入选首批国家级非物质文化遗产名录,截至2018年,共有3位歌师入选了国家级非遗项目"刻道"的代表性传承人，即石光明、吴治光和吴通贤，前两位分别来自施秉县城关镇舞阳村和南门村，第三位来自屯上苗寨。一般认为，"刻道"主要流传于施秉县城关、甘溪、杨柳塘、双井等乡镇的苗族村寨，尤其是杨柳塘镇飞云大峡谷东南方向的夯邑寨最受当地人认同。夯邑寨至今依然逢节日、婚嫁时摆"长桌宴"，演唱与"刻道"有关的"上路歌"。夯邑寨歌师众多，以唱大歌、酒歌、吹芦笙而闻名于附近村寨，且传承谱系清晰。著名的歌师有恩贵等5人，但这些歌师无一人入选国家级代表性传承人。[①]值得一提的是，入选第一批代表性传承人的石光明曾告知过调研者，"自己一辈子唱过四五十次刻道，但那都是二十年前的事了"[②]。传承人并非来自非遗项目最主要的传承空间，这很容易引起当地人的强烈不满，事实上，随着社会的高速发展，文化娱乐的多元化，当地许多村寨的苗族婚姻风俗已随之略有变化，加之大量年轻人外出打工，而"刻道"的传授是歌师传授徒弟传递下来，如果不认真对待传承人的认定问题，势必会严重打击当地人传承非物质文化遗产的热情，从而加深"刻道"的传承危机。

由此可见，传承人制度本身可能存在一些问题，而传承人认定程序，则可能被有些人作为徇私的工具，在认定传承人过程中，在传承人法定条件之外加入了其他不合理因素，导致所认定的传承人不为社区民众所认同，影响了社区和谐。

三、改进当前传承人认定的程序与救济制度

传承人认定是传承人保护的前提和首要步骤，只有形成科学、合理、有效的认定制度，才能遴选出真

---

① 张艳：《贵州省施秉县夯邑苗族"刻道"传承研究》，中山大学硕士学位论文，2011年。
② 李岚：《关于"刻道"田野调查的思考》，《电影评介》2011年第18期。

正代表民族文化的传承人并加以保护。笔者认为可以从以下三个方面完善传承人认定制度。

（一）引进申报备案和群众推荐制度[①]

在传承人的国家认定制中没有形成固定工作机制，政府是传承人认定的发起主体，传承人评选周期长、耗费巨大。[②] 政府机构工作重心的转移、工作人员的变迁、行政的惰性都会使传承人认定工作被搁置或延迟，导致部分急需保护的传承人不能得到及时保护，因此有必要将传承人认定的发起主体扩展到传承人自身和群众，引进申报备案制和群众推荐制度。申报备案制是指自认为符合条件的非遗传承人可以将其传承历程、传承谱系、传承成果、群众证明等内容向国家有关文化行政管理部门申报，行政管理部门预先进行登记备案，并在一定期限内组织评估，对申报的传承人进行认定。群众推荐制度是指一定数量的社区民众或社会组织根据其掌握的非遗传承人资料，推荐传承人到相应的行政主管部门预先进行登记备案并加以审核认定。在群众推荐制中，"群众"的范围可以是一定数量（如30人以上）的普通民众，也可以是高校、非遗保护NGO、专家学者等。引进申报备案制和群众推荐制度，可以有效扩大非遗保护的参与面，让传承人认定工作常态化、程序化，减轻政府机关的工作负担，发现更多传承人，提高传承人保护效率。

[①] 此观点系笔者与课题参与者文永辉在调研过程中共同提出。可参见文永辉《少数民族"非遗"传承人保护存在问题及制度完善——基于对贵州的田野调查》，《广西民族研究》2013年第1期。
[②] 周安平、龙冠中：《我国非物质文化遗产传承人的认定探究》，《知识产权》2010年第5期。

（二）加强田野工作，听取群众意见，引进专家考核机制

目前，对传承人的评审主要依赖对各级政府上报材料的书面审核，因此，地方政府准备材料的态度、能力、对非遗知识的掌握程度、对材料的取舍等因素均可能对传承人认定造成较大影响，这种评审方式也不能有效防止申报材料造假，并且很多地方政府秉持"文化搭台、经济唱戏"的思路来保护非遗及其传承人，在选择申报传承人时，可能会倾向于那些文化程度高、对外交流能力较强、形象较好的传承人，而忽略那些自我表达能力较弱的传承人，导致评选出的传承人不具代表性甚至不合格。要解决上述缺陷，较好的办法是将书面评审与田野工作有效结合起来，评审专家要深入社区，仔细听取群众意见，深入了解传承人的传承历史和技能。有些项目，如民间故事、民间歌舞、具有一定标准的民间技艺等，可以组成专家组对传承人进行考核，政府以专家委员会的评定为依据，并予以公示后确认，从而选出最具代表性、技艺最高超的传承人。

（三）完善公示制度，确定有效的异议细则，提供明确便捷的救济渠道，甚至可以引入司法审查机制

如果传承人选择不当，有可能影响社区和谐，撕裂社区内原本融洽的社会关系；如果传承人认定过程不公开透明、程序不当，合理诉求找不到适当的方式舒张，会引发传统社区民众消极对待甚至破坏非遗。因此，高效、合理的救济程序是确保权利得以实现的最有效途径。

首先，应当有完善的公示制度来保障公众的知情权。虽然《国家级非物质文化遗产项目代表性传承人认定与管理暂行办法》第九条明确要求国家级传承人的推荐名单要向社会公示 15 天，但并未明确公示的方式、公示的范围、公示的内容等。对于身处大山中的少数民族群众来说，在政府网站上进行公示几乎没有任何意义。必须参照少数民族地区的习惯和实际，明确公示方法、内容、政府对公示内容进行释明的义务等。

其次，若对所公示的传承人人选有异议，也应当有明确便捷的救济渠道。要有明确的异议规则、异议的方式、异议机关、对异议评审方法和公示等，对于异议不服的，还应当可以提出复议。为了确保最终公正，甚至可以考虑在传承人认定中引入司法审查机制，对于复议结果不服的，可向人民法院起诉。

四、建立团体性传承人的认定机制

根据我国代表性传承人的申报和认定规程，只能以个人名义申报非物质文化遗产代表性传承人，即使有些传承项目需要许多人配合才能完成，也只能选择群体中的某一个人作为传承人加以申报。通过调查发现，禁止申报团体性传承人，存在两个弊端：一是导致非物质文化遗产的光环集中在某一个传承人身上，使其独占了津贴、外出访问交流等利益，从而引起其他民族文化传承者的不满。部分传承人甚至成为"成功人士"从乡间出走，而一旦当传承人的风光不再时，它给传承人带来的巨大的心理落差反而会影响其对传承项目的热情，这些情况都与传承人制度的初衷背道而驰。二是节日、习俗等集体性传承项目，一般较难认定传承人，这些项目实际上处于自生自灭的状态，不利于这类非物质文化遗产的保护。

因此有必要改变当前只认定个体性传承人的做法，建立团体性传承人的认定制度。团体性传承人一方面可以克服个体性传承人的弊端；另一方面可以利用"集体"的力量，相互鼓励和支持，共同传承好非物质文化遗产。

（一）团体性传承人适用的"非遗"范围

个体性传承人体现的是个人高超的技艺和能力，而团体性传承人突出的则是团体的配合与协作，笔者认为，需要认定团体性传承人的主要是以下类型的非遗项目：一是节日、习俗、庙会等项目，如彝族的火把节、布依族的六月六等节日，它们融入人们的日常生活之中，并不需要特别的技艺和能力，只要特定的人群认可该类生活方式，其承载的非遗项目就可传承下去，严格来说，所有生活在这一地区的人们都是项目的传承人。但随着城镇化和全球化的发展，现代生活方式完全可能使这类节日、习俗淡化和消亡，对于那些遵循传统生活方式较好的人群，就可被认定为团体性传承人，既可鼓励他们继续将这种非遗传承下去，又可对于这类非遗起到一定的宣称和保护作用。二是部分民间歌曲和舞蹈，虽然要求传承人具有一定的技艺，但技艺要求并不高，如苗族的锦鸡舞、木鼓舞等项目，动作并不十分复杂，学习难度也不是很大，单个人表演并不具有特别大的艺术价值与欣赏价值，但一定规模的人群配合上共同节奏和服装的集体表演，才是这类民间舞蹈得以传承的精髓。另如侗族大歌等民间歌曲，虽然要求传承人具有一定的个人技艺，但多人甚至千人以上同唱，分层次的和声，使侗族大歌具有令人震撼的效果。因此，集体的配合与协作才是此类非遗项目得以传承的关键，认定团体性传承人是传承此类非遗项目的较好方法。三是部分非遗项目，如民间戏剧，虽然要求传承人具有较高的个人技艺，但需要其他角色的协调配合才能完成表演，再高技艺的传承人也需要团队的支持。此类非遗项目，也宜于认定一些团体性的传承人来鼓励共同传承非物质文化遗产。

（二）团体性传承人之"团体"类型

哪些类型的"团体"可以认定为传承人，是团体性传承人认定要解决的关键问题之一。笔者认为，此处的"团体"不是一个法律上的明确概念，不需要注册和登记，以下"团体"可以认定为非遗传承人：一是对于节日、庙会等民俗类非物质文化遗产，可对其样态进行划分，如果找得出主干的文化环节，可以将其中具有组织推动力量的某些关键人物确定为群体性传承人；如果找不出主干的文化环节，可以以一定地域的全体民众作为文化传承人，当然，这种类型的"地域"其范围不宜过大，可以是某自然村寨、某村民小组等，原则上不能超过该村的范围，并且应当只适用于极其具有保护必要和价值的那一类非遗项目。二是对于民间歌曲、民间舞蹈、民间戏剧等项目，其传承世家、剧团、灯会组织、民间歌舞团体等都可认定为团体性传承人，当然，这种团体要求具有一定的稳定性和历史传承。三是某些民间歌舞组合，如贵州从江县小黄侗族大歌"小黄十姐妹""小黄八罗汉"

等组合，虽为临时组合，但其合唱具有相当高的艺术价值，对于传承和创新非物质文化遗产具有价值，如果其组合具有一定稳定性并且对传承非遗具有较大贡献，也可考虑授予其"团体性传承人"称号。

（三）团体性传承人认定中引入"预登记"制度

团体性传承人的认定程序上，可以在一定程度借鉴现行个体性传承人的认定程序并加以改进。鉴于团体性传承人的特性，笔者认为有必要引进"预登记"制度。所谓"预登记"制度，是指拟申报传承人的团体，可以向文化行政管理机构就其组织成员、组织体系、传承活动等预先登记，作为正式申报和认定团体性传承人的前置程序。之所以引入"预登记"制度，原因在于团体性传承人更多的不是考察传承人的技艺，而是考察传承团体的协作配合传承非遗的行为，引入"预登记"制度，一是可以对一定时期内的传承团体的稳定性和传承活动的延续性进行考察；二是可以通过预登记，促使传承团体完善其组织机构和传承模式，检讨其传承成效，为正式申报团体性传承人做好准备。

五、结语

传承人的认定是国家力量介入文化自然传承的一种行政行为，它既可能为难以自然传承的文化注入强心针，也可能改变甚至破坏原有的文化传承机制与传承土壤，破坏社区和谐，加速文化的变异与消亡。因此，可持续发展的非遗传承人认定机制至关重要。我国现有的非遗传承人认定机制中，国家和社会力量的介入过于突出，社区和原住民的声音被相对忽视，团体性传承人的缺失使部分非遗项目的保护陷入自生自灭的状态。传承人制度运行多年来，从田野调查的状况来看，我国现行传承人认定制度存在的弊端已经逐步暴露，非常有必要对现行传承人制度加以改进，使传承人制度不至于好心办坏事，反而影响了非物质文化遗产的正常传承。

故事是讲述还是笔述的
——以满族千则故事家为例

高荷红

中国社会科学院民族文学研究所副研究员

  刘锡诚指出，从 20 世纪 80 年代起，中国民间文学搜集者和研究者们开始认识到那些记忆故事数量多且有超拔讲述才能的故事家的重要性。从此，民间故事搜集和研究的重点，开始由分散搜集、普查思维和记录文学文本化整理，向寻找优秀故事讲述家转移。对民间文学的传统理念来说，这无疑是一个飞跃和革命。[①]

  正如刘先生所言，在 20 世纪 80 年代三套集成的搜集整理过程中，多位优秀故事家脱颖而出，引起学者的普遍关注，能讲述 50 则、100 则、200 则故事的故事家更是广受关注。1988 年，经过统计，刘守华将知名故事讲述家的数字增至 141 人。其中较为突出的女性故事家有两位，金德顺（朝鲜族）能讲述 170 多则故事，孙家香（土家族）更是能讲述 252 则故事。这些故事家中，傅英仁、马亚川、李马氏、李成明、佟凤乙等为东北少数民族，傅英仁和马亚川就是我们要分析的满族千则故事家。在黑龙江省宁安县、双城县的民间故事搜集整理过程中，他们表现突出，较早获得各种荣誉，可谓墙里开花墙外亦香。

  傅英仁（1919—2004）讲述的神话、故事、满

[①] 刘锡诚：《故事家及其研究的文化史地位》，载林继富《中国民间故事讲述研究》，中国社会科学出版社 2013 年版，第 26 页。

族说部均有较大影响,其中神话84则,故事190篇,总计不足300篇。1985年,傅英仁讲述整理的《满族神话故事》出版;1999年,宋和平与王松林共同整理的《东海窝集传》(15万字)出版;2005年,《傅英仁满族故事》(62.5万字)出版;2006年,《满族萨满神话》(33万字)出版;2007年,《萨布素将军传》(64万字)、《东海窝集传》(19万字)出版;2009年,《比剑联姻》(62万字)、《红罗女三打契丹》(28万字)、《金世宗走国》(22万字)出版;2016年,《两世罕王传·努尔哈赤罕王传》(36万字)、《满族神话》(30万字)出版,字数近400万字。

马亚川(1928—2002)自1960年开始从事业余文学创作,黑龙江著名的故事篓子,有多位学者撰文提到或采访过他。如马名超称赞其口才极好,很"善讲",孟慧英认为其"笔头子"硬,但因某种原因,目前所见故事、神话、满族说部多由其笔述。马亚川的故事库极为庞杂,在其自传中他自称笔述的故事有1200余则,有380多万字。20世纪80年代时,孟慧英称其故事有1500则,已经完成几百万字;马名超则称其已经撰写1000多篇历史传说故事,包括《女真原始神话》《女真族源的传说》《完颜部的兴起》《女真传奇》《民族英雄阿骨打的传说》及后金、满清等的传说故事,共计能整理出3000多篇,1000万字左右。从已经出版的各类文本看,2006年,《女真萨满神话》(30万字)出版;2009年,《女真谱评》(76万字)、《阿骨打传奇》(68万字)、《瑞白传》(18万字)出版;2016年,《女真神话故事》(30万字)、《清代帝王的传说》(28万字)出版。此外,马亚川还曾在《民间文学》[①]《黑龙江民间文学》《双城民间文学集成》

---

① 如《气管里的螺丝钉》《活见鬼》《花子大闹将军府》《有功之贼》等。

《满族民间故事选》上发表近百篇故事,这些故事约10万字。如此算来,马亚川出版的文本约230万字。从内容上来看,其蕴藏的故事应大多得以出版,那么其自述几百万字这个数字还是较为贴近的。

按照国际通用标准,能讲100则故事者即为大故事家,能讲述达百万字的傅英仁、马亚川应为超级故事家。被笔者称为"书写型"传承人的故事家可与他们相比提之,即满族说部国家级传承人富育光、赵东升,锡伯族长篇故事传承人何钧佑等,他们讲述整理的文本都逾百万字。但这些故事家或传承人都有一个共性,他们出版的文本较为复杂,并非纯粹口述的文本,有录音记录本、故事家写定本等形式。

刘锡诚较早发现傅英仁的情况与其他故事家不同,"黑龙江省民间文学工作者们于80年代初在宁安县发现了满族故事家傅英仁,并对他所讲述的故事进行了采录。他的特点是有较高的文化水平,不仅能讲述,而且也能自己书写,可以把自己烂熟于心的故事用笔写下来。他所讲述的故事,开始时在《黑龙江民间文学》和《民间文学》杂志上发表,后来有成书问世。笔者曾亲赴宁安他的家中造访,他的谈吐更像是满族的高级知识分子,他的故事文本,缺乏现场的口述特点而更接近于书面文学。因此,研究故事讲述家,他缺乏典型意义"①。

刘锡诚认为典型的故事家应该是以口承为主,只有那些叙事风格独特和艺术个性鲜明的民间故事讲述人,才"是一个民族、一个地区的民间故事的主要负载者和传承者"②。遗憾的是非典型的、以书写为主的故事家人数渐增,这种现象如何解读呢?

---

① 刘锡诚:《故事家及其研究的文化史地位》,载林继富《中国民间故事讲述研究》,中国社会科学出版社2013年版,第26页。
② 刘锡诚:《故事家及其研究的文化史地位》,载林继富《中国民间故事讲述研究》,中国社会科学出版社2013年版,第26页。

一、故事村·故事家

20世纪80年代,在"三套集成"工作中,民间故事家渐露头角,故事村在这一时期出现并逐步形成。在大规模的普查过程中,某些村庄中会讲故事的人比较多、故事的蕴藏量比较大,学者们把这样的村庄称作"故事村",其中最著名的如河北省藁城市常安镇耿村,湖北伍家沟村和浦城县石陂镇布墩村,浙江省金华孝顺镇低田村等。

马亚川、傅英仁所处的黑龙江省双城县、宁安县情况如何,他们是如何成长为超级故事家的呢?

黑龙江省宁安市是唐代渤海国都城上京龙泉府的所在地,古有"宁古塔"之称,为清代流人聚集之地,该地保留了大量满族及其先世的神话、传说故事及说部等民间文类,颇受学者瞩目。傅英仁从小生活在该县的西园子村,据他自述在"清末和民国时期,西园子出一批人才。有留日学生、吉林和北京大学生、吉林四中学生,虽然名曰农村,新思想新知识都比较普及。他们都愿意和我父亲接近。这给我儿童时代开阔不少思路。从新文化到新物质生活。宁安街有什么,西园子出现什么。我五岁学诗,学算数,七岁学写字,学绘画。七岁背诵一册语文仅用三个小时"①。

双城县原名双城堡,以其东南金代两古城(俗称"双城子",即"达河寨""布达寨",今五常县境内)遗址得名。此地远在唐时为息慎地;金时为上京肇州的属境;元时属开元路;明为拉林河卫地,后为乌拉部;清乾隆二十一年(1756)于拉林城设副都统。马亚川幼时生活在希勤村(旧名新营子正红旗五

---

① 傅英仁《自传》手稿,未出版。

屯），该地与阿骨打关系匪浅：距离当初阿骨打修建的皇帝寨子"廖晦城"（今称"对面城"）还不到20华里。从金朝第一代王都上京白城（今阿城），往西南方向计数，当年的"多欢站""大半拉城子""小半拉城子""花园沟""沫流水"等，都在当地老百姓口中如数家珍地代代相传。而马亚川的耳朵里，自小就灌得满登登的；每一举目，所能望见或指点的，几乎无不紧紧牵连着那往日的古迹。①

这两个村子虽未被官方认定为故事村，但结合马亚川和傅英仁的家庭、社会环境，发现他们从小生活在具有浓厚的民族氛围的家庭中，家族中有多位故事讲述家。这样的村落成为故事家诞生成长的摇篮，故事家长大后又对村落其他民众产生一定的影响。

1. 故事村是故事家诞生、成长的摇篮

傅英仁、马亚川幼时生活在宁安、双城县较强的民族文化氛围中，自幼就受到民间艺术环境的熏陶，很早就受到了较好的培养。他们从小居住的西园子或希勤村，前者既有古老文化的积淀，又受到新文化的影响；后者则是满耳都是女真时期各个英雄人物的故事。

傅英仁的家族中有许多故事能手，祖母是梅合乐家族的姑娘，从刚出嫁做新娘子，直到后来子孙满堂，一辈子都爱讲故事，她口才很好，讲起故事一串一串的；亲娘舅郭鹤龄，是满族秀才，也是宁古塔有名的三大萨满之一，专能讲那些有根有蔓、既有趣味又有典故的民俗故事；父亲在官府里做事，回到家里给他们讲些官府衙门的见闻，如《春二阔和瑞子凌》《县太爷请大神》《魁星楼闹鬼》等；三爷傅永利、三舅爷也都是故事篓子，从他们那里傅英仁继承了《萨

① 马名超：《满族故事家马亚川保存的女真叙事文化史料》，见马亚川讲述，王益章、黄任远整理《女真神话故事》，吉林人民出版社2016年版，第273页。

布素将军传》等满族说部,他们曾郑重地告诉他,萨布素将军就是富察氏人,是他们的嫡系祖先,无论如何都要把他的故事传下去。①

马亚川跟随外祖父、舅舅和舅母等亲人长大,仅念过四年乡村小学,因记忆力特别好,跟随外祖父赵焕帮人置席做菜时,听"人家灯下消闲做夜,谈古说今乱扯""每有所闻,必得记忆"。外祖父赵焕曾藏有清末秀才付延华②撰写的女真历史传闻轶话《女真谱评》,马亚川幼年时读过该抄本,并能"清晰铭记内中诸多情节,连同一些可被确认为早已经消失了的古女真语词的记录"③。这些都为他讲述海量故事奠定了基础。恰因从小生活在这样的地方,女真英雄人物故事成为他成长的教科书,马亚川才能据此胸有成竹地讲述如此巨量女真时期、清朝的英雄故事及帝王传说。

可以说,宁安县、双城县本身的民间文化底蕴,为故事家的诞生及成长提供了良好的土壤。

2. 故事家的文化生态

傅英仁从小就是故事家,"九一八"事变前夕,傅英仁家成了那些清朝遗老遗少常来常往的处所。他自述"我从小爱听、爱问。而他们每次闲谈,我总是静静地坐在一边,细细地听。什么历朝见闻、古今怪事、满洲兴亡史、故事传说……"

20世纪80年代开始,傅英仁周边有一拨热爱民间故事的积极分子,他们都参与搜集整理傅英仁讲述的故事:

王树本整理了《喜凤泉》《折子的故事》《阴乎石》《菱角花》《三格格》等故事,傅英仁与王树本

---

① 孟慧英:《回忆满族说部的发现》,见周维杰主编,荆文礼副主编《抢救满族说部纪实》,吉林人民出版社2009年版,第203页。
② 一说富延华。
③ 马名超:《满族故事家马亚川保存的女真叙事文化史料》,见马亚川讲述,王益章、黄任远整理《女真神话故事》,吉林人民出版社2016年版,第272页。

整理了《阴乎石》《桦皮篓》；赵君伟整理了《金铃格格——响水的传说》《副都统和巴尔图》《取灯》等故事，傅英仁与赵君伟共同整理了《老穆昆达和小蛤蟆》；谢景田整理了《鼻烟壶》、《落叶松的故事》、《鲫鱼格格》、《兔子坟》、《窝古台的遭遇》(《窝古台的故事》)、《萨布素将军夫人的故事》。另外，余金整理了《珠浑哈达的故事》，王凤整理了《王大胆儿和李大胆儿》《五音砬子的故事》。

傅英仁因在满族民间文化搜集上的突出表现，使他所在的宁安县民间文化搜集活动如火如荼，影响越来越大，不仅规模扩大，人员也越来越壮大。

1979年，在宁安县成立一个九人组成的民间文艺研究小组。这是全国第一个县级民研小组，中国民研会为此发表通报进行表扬。

1981年，民研小组扩大为民研协会，会员增到30多名。

1984年，民研会成员有68名，发表故事近200个。就连县长、宣传部部长、文化局局长都加入这个组织，还亲自整理一些民间故事。①

傅英仁讲述的大量故事是由宁安当地的文化人——王树本、马文业、赵君伟、谢景田、张爱云等人整理而成。据我们了解，这些有可能成为故事家的搜集整理者并没有同傅英仁一样成为黑龙江省乃至外省学者的调查采访对象，他们先后沉寂不为人所知。唯有赵君伟出版了《渤海郡王大祚荣传奇》《招抚宁古塔》，这种现象被当地文化人称为"灯下黑"，到宁

---

① 傅英仁:《自传》手稿，见附录一。

安先后调查的学者没有将宁古塔其他故事家作为搜集整理对象，仅选择其中的佼佼者，甚至当时很重要的关墨卿也未曾受到如傅英仁一样的待遇。在某种意义上也是时代的遗憾。整理傅英仁满族说部的宋和平、王松林、王宏刚、程迅都不是黑龙江省本土学者。

傅英仁先后主编了《宁安县民间故事集成》《牡丹江市民间故事集成》《黑龙江省满族民间故事集成》，在编辑的过程中将搜集整理的故事交付给他人，成就了多位文化人。

20世纪80年代，宁安县、双城县涌现出积极的故事家群，宁安有赵君伟、张育生、王树本、马文业等人，海林有关墨卿，双城有马亚川、高凤阁、刘卉等人，他们的故事都标注为笔述而非口述。其中出类拔萃者仅马亚川、傅英仁、关墨卿三人，无法形成故事村的集体效应。这应是两地未得到官方承认的主要原因吧！

二、千则故事家的特质

在《口承故事论》中，许钰先生根据故事家传承故事的情况，将他们分为"传承型"和"传承兼创作型"两类。

传承型故事讲述家是指他（她）们主要传承从他人接受得来的故事（很多故事家对自己故事的具体来源大多能够记忆），不创作或很少创作完整的故事。这类故事讲述家占大多数，他（她）们传承故事的具体情况在以下几个方面各有不同，从而表现出各自的个性特征：他（她）们的故事整体构成情况不同；各个故事家大多有一些别人不大知道或不常讲的故事作品；故事讲述家在讲述中对原故事各有不同的加工与创造；故事讲述家在语言和艺术表现方面也常各有自己的特色；故事讲述家个人风格大多同他们创造性地发挥该故事体裁固有的艺术特点有关。①

绝大多数故事家应为"传承型"的，而"传承兼创作型"故事家的个性特征有如下特点：

故事讲述家在讲述时对原来的故事进行修正、加工、补充，也可以说是一种"创作"，这里的"创作型"是指能编讲完整故事的一些故事讲述家。在目前已发现的故事讲述家当中，只有少数人有这种创作，而且他们这种创作的数量远远没有得自传承的作品多。②

两位超级故事家应属于"传承兼创作型"，他们从幼时就热衷于民间文化，如史诗、神话、故事等，具备讲述超级文类、千则故事的素质，其中有些特质是故事家共有的。

（一）故事家共有的素质

1. 超凡的记忆力

马名超曾总结，马亚川身上有两种素质：一个是天才的口语表述能力，另一个是惊人的记忆力——这可能是一切故事家后天必备的"禀赋"并使之有别于常人。简单说就是记性和表达。

《女真谱评》无疑是满族民间思想文化的集大成

① 许钰:《口承故事论》，北京师范大学出版社2000年版，第227—236页。
② 许钰:《口承故事论》，北京师范大学出版社2000年版，第237页。

者，马亚川是它的杰出的传承人。我们所见到的马亚川《女真谱评》的故事，内容浩繁，知识广博，艺术独特。如果没有过硬的记忆力和民间艺术修养是很难做到这一点的。①

傅英仁能够讲述的满族说部、民间故事、满族神话达300多万字，虽经多次的整理，也可想见傅英仁极强的记忆力。

2. 很强的语言表达能力和即兴创作能力

傅英仁从小就是一个很好的讲述者，跟随着傅永利走村串乡讲故事。20世纪80年代，刘锡诚认为傅英仁是非典型化的故事家，皆源于他以书写为主。但不容忽视的是傅英仁从年轻时起是以口述为主的，他是经历了从口述到书写的。傅英仁曾坦言这一历程：通过讲述，一方面增强我的记忆，另一方面不断进行整理。

虽然刘锡诚质疑傅英仁的故事家身份，但是与傅英仁有过较长时间交往的人曾记录下傅英仁的讲述、讲唱魅力。

> 夏锄午休时，一些社员竟把这个"右派"偷偷地拖到村外北森林去讲故事；一个负责监督"右派"的下放干部，也偷偷把这个"右派"拉到自己宿舍去住，好让他半夜讲故事。听者一片诚意，讲者极力用心。②

足见傅英仁讲述的魅力有多么大，超越了当时那严酷的政治环境，虽然也发生过令人啼笑皆非的故事，但傅英仁是极为擅长讲述的，可能与他平日的沉默寡言截然不同。

---

① 孟慧英：《回忆满族说部的发现》，见周维杰主编，荆文礼副主编《抢救满族说部纪实》，吉林人民出版社2009年版，第203页。
② 栾文海：《野火春风——记满族民间故事讲述家傅英仁》，《黑龙江民间文学》第14集。

王宏刚等人也曾回忆过傅老讲述满族说部时的场景，我们摘录如下：

傅老在讲到萨布素成功时，会开怀大笑；讲到萨布素厄运时，会哭泣悲哀，甚至几天都难以自拔，因为老将军说部的命运已与傅老的生命融为一体。

1985年，宋和平用了数月的时间聆听傅英仁讲述《东海窝集传》，共录制20盘磁带，现在听来依然能感受到傅老的讲述魅力。21世纪初，荆文礼带领的团队也曾有幸听到傅老讲述满族说部。2002年8月，荆文礼等人聆听傅英仁讲述《萨布素将军传》：

傅英仁讲述他三爷傅永利传给他的歌颂先祖萨布素抗俄入侵，保卫疆土的英雄故事。傅老讲述说部慢声慢语，绘声绘色，充满了泥土的芳香，吸引着听众聚精会神地听着。当讲到萨布素年轻时机智勇敢，用计谋打败罗刹进攻时，逗得大家哈哈大笑。①

荆文礼认为博英仁的讲述具有"生动语言、感情丰富、情节有趣等特点，体现了满族说部的本质特征"②，这些资料足以证明傅英仁有较强的讲述能力。

马亚川讲述的《女真谱评》故事场面宏伟、知识丰富，当然他个人创作的因素也很明显。虽然《女真谱评》已经散失，但他能滔滔不绝地讲出其中的故事。人名、地名、事件以及各种具有史实或科学依据

---

① 荆文礼：《抢救说部只争朝夕　保护传承人刻不容缓》，见周维杰主编，荆文礼副主编《抢救满族说部纪实》，吉林人民出版社2009年版，第209页。

② 荆文礼：《抢救说部只争朝夕　保护传承人刻不容缓》，见周维杰主编，荆文礼副主编《抢救满族说部纪实》，吉林人民出版社2009年版，第209页。

的知识充满他的故事,很少雷同。

马名超曾有意识地对马亚川做过两次"测试",一次是 1958 年代表副食品商店职工提意见时,把当时存在的问题归纳成一套喀儿,1988 年仍能不打咔儿地复述出来:"货是我们卖,财可不归我们管,经理会计大包大揽。每天坐办公室,批条(儿)盖章(儿)付款,发现以后,却想管已晚。因此上,(你)营业员(儿),没货向上要,花钱往上报,损失无人管,赔挣(赚)不知道!"另一次测试详情如下:

> 有意岔开马亚川昼思夜想的女真旧话或帝王传说不讲,单点给讲个农村常说的"瞎话儿"。如果不是肚囊儿格外宽绰的真正故事家的话,经一提问,非闷口不结。可是亚川呢,他毫不迟疑地立刻给我说了一则《教的曲子唱不得》,听过,我是完全慑服啦。因为:那是一则环扣十分紧密的原型故事,如不是烂熟于心并事先"过脑子",一讲非"岔皮"不可。但亚川却把傻子学话中出现的一连串"包袱",甩得利利落落、酣酣畅畅,连半个崩挂掉字的漏洞都抠查不出。①

通过这两次测试,真正让马名超详细了解马亚川所掌握的六七百篇稀有的女真故事,确确凿凿是贮藏在他特异的记忆宝库之中。

(二)两位故事家具备的特质
1. 拥有独特的故事库

马亚川的故事库主要是金代及清代,马亚川小学四年级文化,所讲述的女真神话故事提到了很多生

---

① 马名超:《满族故事家马亚川保存的女真叙事文化史料》,见马亚川讲述,王益章、黄任远整理《女真神话故事》,吉林人民出版社 2016 年版,第 275 页。

僻、古老的妖精鬼怪，某些词汇也极为难懂，应非其文化程度所能掌握的。目前我们没有得到其他人掌握这一故事库。

傅英仁深受家族及地域影响，其独特的故事库为《东海窝集传》《金世宗走国》《满族神话》。关于红罗女的长篇故事如《比剑联姻》《红罗女三打契丹》为松花江流域广泛流传的故事，但风格与他人不同，即有南派北派之别，《萨布素将军传》与富育光传承的《萨大人传》都是在富察氏家族中传承的，其他家族中也有流传，但没有系列，而《两世罕王传·努尔哈赤罕王传》也是满族共享的故事库。

2. "笔头子"硬，擅长笔述

若从传统的民间文学理论来看，稳定性、口头性、集体性、变异性为民间故事的特点，故事家都是擅长讲述的，那些擅长笔述、会书写的故事家是被质疑的。但是不容忽视的是，一大批以笔述为主的故事家的出现打破了我们对故事家固有的认知。马名超发现马亚川和傅英仁有近似情况，"以书写形式记录的故事，尤其是一些民族传统故事、传说或时间较为古老的神话等样式的记录，对之是否融入稔熟于书面文化传统的知识阶层人士的现代化观念之类深表疑虑"。

马名超"结合对马亚川等当代故事家们的考察，自以为口传文化在转而成为书面著录的过程，所说的现代观念的'渗入'（或称'掺和'）实际是口头创作变异规律的普遍反映，只有真实程度的不同，不可能有两者间绝然的契合。这里，有两类截然不同的渗入。其中一类是由构成集体创作成员之一的、符合民间文化传承规律之条件的渗入。此等时代或个性因素的不同量的掺和，不论其为从无到有的创意保存也好,或加工记写也好,都不脱开传承性藩篱,它的结果,即是使其创作'增色'而绝不是相反。另一类渗入,是将个人创作与传承文化混作一谈,并不公开其妄自假借的伪造身份,从而不惜玷污传统并卒使他们的'赝品'蒙上一层虚假的面纱。实际上,这不是什么'渗入',而是地道的'强加',几乎等同于向考古发掘工地胡乱投掷器物而冒充出土品那样,应该说是极其不道德的行径!在社会主义文苑里,应该提倡包括在传统口传文化基础上加工、改写或再创作的各种样式的并存,但重要的是,必须公开申明它们各自的'名分',而绝不是反科学的伪作之类。后者往往使传承文化招致不应有的损害"[①]。

傅英仁和马亚川都擅长书写,且不约而同选择了笔述,他们的文化程度不同,一位是大学函授程度,另一位是小学文化程度。傅英仁在未能进入中学学习之后一直没有放弃进修,马亚川留下的资料不太多。

傅英仁以讲述、搜集、整理见长,1944年(或说1949年)之前,傅英仁完成了六大本的资料本,包括《萨布素将军传》《金世宗走国》《东海窝集传》《红罗女》等;1957年(或说1958年),傅英仁迫于时势,将这六大本资料烧毁了,他称病将这六大本资料的梗概保留下来;1984年,傅英仁又将这梗概书写成六大本(或曰四大本)。王宏刚、程迅、宋和平、王松林等人整理的满族说部在录音之外,都有手写本。

1982年9月,王宏刚、富育光去双城市采访马亚川。马亚川根据他们的要求,把《女真谱评》的有关故事陆续整理出来,先整理出《完颜部的传说》100多篇,《阿骨打的传说》55篇,而后又整理出清太祖努尔哈赤的传说10篇,康熙皇帝的故事40篇,

---

[①] 马名超:《满族故事家马亚川保存的女真叙事文化史料》,见马亚川讲述,王益章、黄任远整理《女真神话故事》,吉林人民出版社2016年版,第277页。

乾隆皇帝的故事20余篇。1984年，他将手稿寄给王宏刚。1990年前，马亚川应该正在写自己的故事，这类故事艺术性强，传统因素比较浓厚，常常有一些"长篇"故事。①

2002年，王宏刚、程迅根据手稿内容整理，将完颜部的兴起到金朝的建立整理成一部书，书名依然定为《女真谱评》；将阿骨打的传说整理成一部书，书名定为《阿骨打传奇》。《女真谱评》中还有清代有关皇帝传说的手稿，由王宏刚、荆文礼整理成文，定名为《清代帝王的传说》。②

马亚川以笔述为主，《双城民间文学集成》中他的故事都是笔述的。孟慧英就曾说过她主要负责给马亚川提供稿纸和复写纸。他的手稿基本都是复印好几份，来拜访的人若有需求就会将复印资料交付给来者。

3. 痴迷民间叙事传统

我们认为，能够继承这么多的民间故事，关键在于故事家个人的爱好。

傅英仁对民间故事十分痴迷，他曾三番五次跑到当萨满的亲戚那里，让他们把那些只有萨满知道的不外传的神话告诉他，搞得他们无可奈何，只好讲给他听，从而使他的故事更丰富了。20多岁时，傅英仁已经成长为十分热心的故事家，经常走村串户讲故事。那时，傅英仁结识了汉族故事家韩俞一。韩俞一很会讲故事，他把故事记在小本子上。每逢闲暇他就和傅英仁两人互相传述。就在这个环境里，傅英仁受到了民间艺术的很好培养，很早就成为故事能手。③无论是在青年时期还是在老年，无论是和平时期还是日伪时期，"右派"劳动改造还是在"五七干校"，搜

---

① 孟慧英：《满族民间文化论集》，吉林人民出版社1990年版，第15页。
② 荆文礼：《〈清代帝王的传说〉传承概述》，《清代帝王的传说》，吉林人民出版社2016年版。
③ 孟慧英：《回忆满族说部的发现》，见周维杰主编，荆文礼副主编《抢救满族说部纪实》，吉林人民出版社2009年版，第203页。

集、讲述民间故事贯穿了傅英仁的一生，据他自己讲，唯一没有搜集整理的时段就是1953—1956年在大学进修时。

12岁时，马亚川得到《女真谱评》，在这之前，《女真谱评》中绝大多数故事他都听村里老人们讲过，因此在他识字不多的情况下竟能看懂这部故事集，还把它当成了识字课本。新中国成立前，马亚川二十出头，"有机会沿金太祖阿骨打在涞流水（拉林河）右岸建下的城寨，亲眼察看一次遍，还访过不少老人，充实了小时候听来的传闻轶话"。1948年秋，到海林县公安局工作，"走遍了横河道子、五常、宁安、东京城、依兰诸地的山山水水，什么'人参、貂皮、鹿茸角'一类的传闻，更是灌得'满耳朵都是'"①。

4. 擅长与人沟通，为其他行业的佼佼者

1953年，马亚川转回双城食品公司搞商业，蹲过"猪死蛋臭"牧养场的点，一年扭亏为盈上了省报。1956年，又去蹲屠宰加工厂的点，又是一年改观，变落后为省里的模范单位。1957年又抓了个糕点厂，他格物出一套"串班生产、连续用炉、节省燃料、提高产品质量"的经验，把个无名小厂又推到省里先进行列中去了。1958年以后，他当上了双城副食品商店的经理，在黑龙江省委欧阳钦、杨易辰等领导人的多次亲临指导和各级有关部门的帮助下，马亚川所在的副食品公司总结出"干部参加劳动、职工参加管理、群众（居民）参加监督"的"三参一改"经验，并向全国商业战线做了推广。那年秋天，邓小平、李富春、蔡畅、杨尚昆等中央领导同志也都去双城视察过他们的工作。1959年召开的全国群英会上，周总理亲手把一面写着"奖给双城县副食品商店——

---

① 马名超：《满族故事家马亚川保存的女真叙事文化史料》，见马亚川讲述，王益章、黄任远整理《女真神话故事》，吉林人民出版社2016年版，第274页。

为把我国建成一个具有现代工业、现代农业和现代科学文化的社会主义国家而奋斗"的奖旗授给马亚川。①

1947年,傅英仁参加工作,他"协助二区政府办理全区教育工作,成了第二区教员中的佼佼者。1948年末,被调到温春第四完全小学任教导主任。到1953年暑期,先后升转到四所完全小学校任领导工作。其中有四完小、十二完小任教导主任;民主完小、七完小任校长"。②1970—1979年,傅英仁在蔬菜公司工作,足迹踏遍半个中国,为其搜集整理民间文化奠定了坚实的基础,开阔了眼界。1979—1985年,傅英仁在县志办公室工作,最初在没人重视、没有经费、没有办公地点的情况下:

> 四年中走访近百位知情老人,成立48个编单位志书的小组,查阅5个省市的图书馆、档案馆和考古队、大学、研究所等13个单位,将近500万字的资料。终于在资料搜集方面,名列全省前茅。省内外40多个单位80多人次到我县参观学习。在全省地方志会议上做两次经验发言,不但很有成效地进行宁安县志编写工作,也大大影响着兄弟县编志的开展。……省地方志王文举主任(已故),他曾两次来宁安具体指导、协助我找资料找论述,经常鼓励我一定给全省树个样板。五年时间,我终于写出十五册一百多万字的初稿。③

傅英仁不仅是一位能说能写,"嘴茬子"和"笔头子"都硬的故事讲述家;在教育岗位,他能胜任每一个角色,在蔬菜公司他游刃有余,撰写县志也是全省首屈一指的能人。

---

① 马名超:《满族故事家马亚川保存的女真叙事文化史料》,见马亚川讲述,王益章、黄任远整理《女真神话故事》,吉林人民出版社2016年版,第274页。
② 傅英仁:《傅英仁自传》,见傅英仁讲述,宋和平、王松林整理《东海窝集传》附录二,吉林人民出版社2007年版,第155页。
③ 傅英仁:《傅英仁自传》,见傅英仁讲述,宋和平、王松林整理《东海窝集传》附录二,吉林人民出版社2007年版,第157页。

马亚川和傅英仁都是非常优秀的故事家，他们能言善道，善于跟各种不同年龄、不同行业的人沟通交流，有超群的能力。

三、从讲述到笔述：叙事传统的选择

笔者曾经提出"书写型传承人"，主要以满族说部国家级传承人富育光和赵东升、锡伯族故事家何钧佑、苗族史诗《亚鲁王》传承人陈兴华为例，还曾专门论述过回族故事家杨久清讲述与书写的故事《亢三》。富育光、赵东升、何钧佑均为大学文化程度，何钧佑还曾问学东瀛，傅英仁不断进修最后达到大学文化，马亚川、杨久清只有小学文化程度。值得提及的小插曲是辽宁大学江帆教授在组织团队搜集整理何钧佑长篇故事时，特意让何钧佑学习谭振山的讲述方式。

江帆如此描述谭振山民间故事：谭振山民间故事入选中国第一批国家级非物质文化遗产名录。谭振山的口头文学与京剧唐派艺术、评剧"韩、花、筱"三大流派、东北大鼓四项榜上有名。作为个体被申报国家遗产，谭振山是全国唯一的一位。谭振山能讲1000多个传统民间故事，先后有日本、德国学者慕名登门，他还是全国唯一出国讲故事的民间故事家。江帆是谭振山的研究者，对他追踪和研究了18年。她评价谭振山："他很质朴，善于驾驭听众，营造讲述氛围，具有高超的讲述技巧，不突出形体渲染，注重语气和表情，以情节曲折生动见长，风格质朴而具有感染力。""全国目前还没有比谭振山讲述的故事多的人。"江帆说，谭振山的1000多个故事，全方位反

映了辽河平原农耕民众的生产与生活，知识与智慧，理想与愿望等，具有重要的文化史价值。以谭振山的故事活动及其影响来看，在我国故事家群体中也属罕见；加之我国近20年来较有影响的著名老故事家大都相继离世，因此，谭振山也可说是目前所存无几的口头文学家。

可以说，谭振山老人是非常典型的、传统意义上的故事家。何钧佑老人与傅英仁和马亚川类似，最初自觉笔述仅仅出于退休后回到家乡后，忆起幼时听过祖父父亲讲述的故事，这些故事已无人讲述，也较少人聆听，因此他选择写下来。20世纪80年代，轰轰烈烈的三套集成搜集整理并没有发现他，何钧佑因工作及自身经历使他不了解三套集成也不清楚非物质文化遗产，将锡伯族长篇故事写下来多半出于自觉自发行为。他在江帆的安排下聆听谭振山讲述的民间故事，但他有着自己的坚持，终究无法成为谭振山那样典型的民间故事家。这种坚持与其他书写型传承人有相似之处。

傅英仁高小毕业后，因家境困窘暂时告别了学校，但在十几岁的青年时光，通过自学、他人传授、半耕半读的方法，学习了《千家诗》《论语》《孟子》《中庸》《大学》，初中国文、历史、地理、党义等几门文科。有了这些学问的基础，17岁时通过全县招聘教员考试，被聘为教辅。20岁时考入牡丹江师道学校速成班，以本科生资格获得毕业文凭，被评为教谕。之后在小学教书，后渐渐成为领导，又升到中学教书，直至1953年考入东北师范大学中文专修班，按此发展下去，傅英仁有机会留校成为大学教师。也许我们就失去了一位满族千则故事家了。不过因为社会大环境的影响,在傅英仁本科毕业后的十几年间,他被打成"右派"去劳动改造,"右派"摘帽后负责发展农业中学,"文革"时又被批斗一年多之后到"五七干校"改造。1970年,傅英仁从教育队伍中出来到蔬菜公司工作,历时八九年,借闲暇搜集民间故事,接触北方民族文化,为之后的一鸣惊人做了积淀。1979年后就是另一番情景。

我们提到这些是想解读为何傅英仁能够书写几百万字的大部头说部,在那个时代,高小就是比较高的文化程度了,他一直学习不辍,读到了本科,甚至自学了日语。他有较好的文字功底,才使他的书写成为可能。

傅英仁一生浸淫在满族民族文化之中,在来自多方的学者采访时较多提到的是他受到家族中的亲人的影响从而掌握了多种满族民间叙事传统,另外一个让他津津乐道的就是他手抄的文本。在自传中介绍他开始整理资料的契机有二,一是对满族文化资料的渴求而不得,二是日伪时期傅三爷被禁讲说部。因此,"到1944年三祖父去世,我已经写出六大厚册资料本,估计有300万字左右"这段历史被傅英仁在不同场合反复叙说,在荆文礼、栾文海的记忆中有所不同,此处不细述,比较来看,这种不同因不同年纪会有所混淆也是正常的。这些说部的传承又是经历傅英仁的不间断的讲述,三次大的整理,完成了从口述到书写,值得庆幸的是这些叙事传统得到了传承,傅英仁本人作为故事家又具有了独特性。傅英仁用了三年的时间,提高了自己的书写能力,在一定程度上也影响了其口头讲述的风格,与绝大多数讲述者截然不同。

他们都有较强的讲述能力，具备一名超级故事家的特质，与其他故事家的差异应是笔头子强，留下的几百万文本基本都有笔述写定本。为何会出现这种现象呢？结合傅英仁留下的资料，我们认为有几个原因：

1. 叙事文类（传统）的要求

谭振山是典型的民间故事家，讲述的故事大多是独立的，彼此之间没有太多关联，也未能形成系列性。而富育光、赵东升、何钧佑、陈兴华等人传承的都是长篇叙事文类，即满族说部、锡伯族长篇故事、苗族史诗《亚鲁王》。满族说部为大型叙事文类，我们曾撰文分析过其文类"具有独立情节、自成完整结构体系、内容浑宏"的特性，何钧佑讲述的锡伯族长篇故事也有这种特质。我们前文说过，傅英仁、马亚川主要讲述大型叙事故事，其故事自成体系，较为适合笔述。

2. 笔述或书写能力的特质

根据资料，我们得知傅英仁在20世纪50年代前就已熟练掌握了书写民间文化的技能，那时他年纪尚轻。30年后，傅英仁讲述的民间故事既有录音资料也有手抄本。傅英仁因出色的表现引起了刘守华、刘锡诚等人的关注，他们一致认同不同于过去典型的传承型故事家，傅英仁兼具创作型传承，且以书写为主。我们知道书写的习惯一旦形成，不是那么容易改变的。傅英仁用三年的时间实现了从口语讲述向书写的转换，他之后的讲述带有知识分子的、书写的思维方式。现出版的文本仅为整理本，无法比较同一文本书写与口述的差异。讲述者完成了书写，是否会影响之后的口头讲述。"用文字的形式来记录史诗，这个动机并非来自荷马，而是来自外在的力量。歌手并不需要书面的文本，也不会担心他的歌会失传，听众也不会觉得有这个必要。"①

马亚川虽然有非常出色的口头讲述能力，但传至今日的文本都有写定本，若是没有马名超、孟慧英留下的资料，我们可能会直接认为马亚川更擅长书写而非讲述。马亚川讲述或笔述的底本，就是清代秀才所作的《女真谱评》。20世纪80年代，马亚川50岁出头，正是精力旺盛之时。我们从以上的文字中发现几个问题：首先，他习惯且擅长书写；其次，他讲故事不再口述，而是书写；再次，书写的故事有800多字，如果按400字一页的稿纸，在32万字以上，可大致估量出他所掌握的故事量；最后，编辑《黑龙江民间文学》马亚川专集的是马名超先生，发表在第21集中，共9则故事。他还曾自己创作民间故事。

马亚川进入学者的视野，虽然承认他讲述能力比较强，但是以书写故事为主，撰写的新故事也与傅英仁不同。

3. 文化政策的影响

20世纪80年代，在三套集成的搜集整理过程中，马亚川和傅英仁崭露头角都成为故事家。彼时，富育光还是搜集整理者，赵东升还未曾关注满族说部，何钧佑还在其他岗位工作，杨久清尚忙于生计。与其他人相比，马亚川和傅英仁引起了持续的关注，如访萨采红团队、哈尔滨师范大学中文系的教师团队、宋和平、王松林、孟慧英等学者。但是他们的关注持续时间并不长，其中马名超过早离世、宋和平整理了《东海窝集传》后开始转向神歌译注，孟慧英则转到赫哲族伊玛堪研究、萨满教研究等方面，对马亚川的持续关注较少。再次引起他们关注依托于21世

---

① 尹虎彬：《古代经典与口头传统》，中国社会科学出版社2002年版，第98页。

纪初的非物质文化遗产运动，此时马亚川已经过世、傅英仁身体状况不佳，富育光、赵东升在其他领域获得了极高声誉后，转而成为故事讲述者。这些故事讲述者因其多年接受书面传统的教育，成为故事讲述者之后必然带有几十年文化修养的痕迹。与口头讲述相比，他们更擅长书写故事，讲述时必然受书面文化思维的影响，两相权衡之下，书写满族说部成为必然趋势。

四、结论

阿尔伯特·贝茨·洛德认为："一个初具写作能力的口头诗人，在搜集者的要求下，可能会把自己经常演唱的歌以书面形式写出来。这样的文本可以称作'自撰的口述'文本。""当歌手把书面的歌看成固定的东西，并试图一字一句地去学歌的话，那么，固定文本的力量，以及记忆技巧的力量，将会阻碍其口头创作的能力。……口头传承的死亡并非在书写被采用之时，而是在出版的歌本流传于歌手中间之时。但是，我们的歌手并不一定能够成为一位书面诗人。通常他会成为……一个废物。"①

我们知道，典型的故事家大多以口述为主，那些非典型的或曰书写型的故事讲述者，他们分属不同民族、承继不同叙事传统，尤其是马亚川、傅英仁等故事家有独特的故事库、形成非常鲜明的个人特质，既能讲述，又能书写。他们并没有如洛德所言成为一个废物，而成为较为特殊的这样一个讲述者群体。可惜斯人已逝，我们无法对他们进行调研采访，本人拟采访健在的传承人希冀推进民俗学的相关研究。

---

① [美]阿尔伯特·贝茨·洛德:《故事的歌手》，尹虎彬译，中华书局2004年版，第187页。

文化抗辩理论在传统文化司法审判中的运用 *

田 艳　江 婉

中央民族大学法学院教授；中央民族大学法学院博士研究生

　　文化辩护理论，是将与国家正式法律代表的主流文化价值观念相冲突的文化背景信息，作为减轻或免除被告人刑事责任证据的辩护理由。对此，学者们持有不同观点。文化抗辩理论有利于维护文化多样性、保障公民文化权利、促进少数人和原住民权利的保护。根据结果无价值论，文化抗辩理论可以破解非遗保护与刑法的冲突，并且可以为少数民族习惯法与刑法冲突的解决提供理论基础。根据"举重以明轻"的法律原则，在行政执法过程中，文化事由同样应该作为抗辩事由，成为减轻或免除行政处罚的文化背景信息加以采纳。

一、美国的文化辩护理论及其争议

（一）K案引发的思考

　　K是来自A国的难民，自1990年左右开始在美国避难，被捕时已在美国居住四年。K临时雇用其邻居帮其照料小孩，他邻居的女儿看到他亲吻其18个月大的儿子的性器官，女孩将自己看到的情况告诉了

---

* 本文系教育部人文社会科学重点研究基地中国少数民族研究中心"十三五"重大项目"少数民族文化传承发展与中华文化建设研究"（项目编号为16JJD850019）的阶段性成果之一。

他的邻居。邻居曾经在K家的相册中看到过K亲吻儿子性器官的照片，又听到女儿诉说的情况，她报了警。波特兰警察局的两个侦探、两个公共服务机构的社会工作者和一个翻译，介入调查此案。社会工作者将K的家人带到外面，两个侦探寻找K亲吻其儿子生殖器的图片或照片。最终，K亲吻儿子生殖器的照片在其家庭相册中找到。根据缅因州法律，K被控妨害风化罪。

经双方当事人同意，法院在诉讼审判阶段先举行了听证。这个小型听证会的证人有熟悉A国亲吻未成年人身体部位习俗的A国人，也有从A国来的新移民。他们都证实亲吻儿子的性器官在A国是常见的，即使将性器官完全放进嘴里也无妨，这都是向孩子表达爱的一种方式，不涉及任何性方面的问题。

证人们还证实，在A国，成人和未成年人之间发生任何性行为，都将对成年人判处死刑。同时，K提交了亚利桑那大学近东研究中心路德维希·阿德迈克教授的陈述，支持现场的证人证言。上诉法院采纳了前述的证言，撤销了有罪判决。[1]

该案的争议焦点是亲吻性器官的行为是否触犯刑法的相关规定。一般来讲，美国刑法的立法权在各州，根据美国缅因州的法律规定，这是一种妨害风化的罪行。但是，在A国的文化中，这仅是一种父母向孩子表达爱的风俗习惯。在最终的审判中，美国法院认定被告的行为符合A国的文化，撤销了对被告的有罪指控。该案表达了一种审判原则，即社会风俗等文化背景可以作为免予刑事处罚的抗辩事由。该原则即为美国重要的刑事理论——文化辩护理论。

[1] STATE of Maine v. Mohammad KARGAR. 679 A.2d 81 (Me. 1996).

（二）关于文化辩护理论的不同观点

文化辩护理论在 20 世纪下半叶得到美国刑事法学主流的重视，这与多元文化主义的传播有关。文化辩护理论实质是与传统文化相关的辩护，即与法律代表的主流文化价值观念相冲突的少数人的文化背景信息，作为减轻或免除被告人刑事责任证据的辩护理由。① 这种文化背景信息实际是人类学意义上的第三类情感——情感氛围与文化，它是由一个社会的基本结构和过程创造出来的情感环境、情感文化，甚至社会情绪，这种情绪影响到了个人的普遍情绪。② 当某一个体进入一个新的情感氛围时，不可避免地产生了情感与文化上的冲击。在现实的司法实践中，美国的判例法高度关注少数人与主流社会文化背景差异性的事实，很多判例显示出来的信息表明，审判者认为文化背景信息可以作为减轻或者免除被告人刑事责任的新型证据，而为法庭所采纳和采信。③ 但是对于应否以文化背景信息作为抗辩事由在刑事司法中的适用，美国学术界持有"肯定说"和"否定说"两种，这两种学说又以其对文化辩护理论的司法适用价值持有的不同观点，而产生了一定的分歧，归纳起来，主要有如下几种。

1. 促进实质公平

持此种观点的学者赞同刑法中文化背景证据的适用，支持文化辩护理论。支持该观点的现实条件为，各国之间、美国内部各州之间法律规定的差异性。在美国域外文化环境中成长的自然人，由于种种原因来到美国，可能仅仅因为不懂得当地的法律而实施了刑法所禁止的某种行为。由于美国各州刑法是不同的，

---

① Nancy S. Kim, The Cultural Defense and the Problem of Cultural Preemption: A Framework for Analysis, 27 New Mexico Law Review, 1997.
② 刘雨：《论教育社会学研究的情感转向——来自情感社会学的启示》，《贵州师范大学学报》（社会科学版）2018 年第 5 期。
③ 陈磊：《美国刑法中的文化辩护研究》，《中国刑事法杂志》，2009 年第 9 期。

有些规定甚至差异很大,有些少数人很难清晰地了解或知晓美国的刑法。同时,对于一个新的少数人,美国政府及相关社会机构并没有提供机会使其能够了解或学习美国刑法的规则。为了促进实质公平,有些学者认为法律应当考虑这样的因素,进而支持文化辩护理论。

2. 尊重多元文化

持此种观点的学者赞同刑法中文化背景证据的适用,支持文化辩护理论。法律实质是一个国家或社会文化的具体化表现,历史观、价值观、文化观等因素的差异导致各国刑法在部分条款规定上的差异。在域外文化环境中成长的少数人,在来到美国之后,可能仅仅基于对其原有文化价值观的信守实施了刑法禁止的某种行为。多元文化主义认为,文化之间是平等的、自由发展的,尤其是强调少数文化的发展。同时马克思辩证法认为,"任一事物成为自己的关键,不是自身无关于其他存在的个体性,而是所处于其中的关系结构"①。在本文的语境下,这种关系结构则是整个国家的文化,法律是其中一项事务。法律作为一个国家和社会的规则,一种文化具化,当然应该以尊重其他文化为原则,尤其是要将新移民原有的文化背景信息作为一个文明社会中法律体系应当考虑的文化因素。

3. 维护法律秩序

持此种观点的学者不赞同刑法中文化背景证据的适用,反对文化辩护理论。秩序作为法律的基本价值追求之一,要求法律基于社会整体利益的考虑,在全社会建立一种最低的行为规范标准。为了保障整个社会的有序运行,这些行为规范标准必须是统一的,否

① 转引自刘森林《〈资本论〉辩证法的开放性》,《贵州师范大学学报》(社会科学版) 2018 年第 4 期。

则人们将无所适从。不同群体的文化背景信息是不同的，如果充分考虑文化辩护因素，将导致刑法适用的不确定性，不利于社会秩序的维护。有些学者基于维护法律秩序的考量，反对文化辩护理论。

此种观点有一定的偏颇。不同的文化背景信息并非在全社会普遍适用，在对某个案件适用文化辩护理论时，要因地制宜、因时制宜地考虑当地当时的文化背景信息，进而决定是否作为法庭的证据予以采纳和采信，而不是推而广之，要求全社会都去了解并适用这些文化背景信息，这当然不可能对整体社会秩序造成破坏。

在我国，最早关注这一理论的学者是吴大华教授，吴老师在其博士后研究报告《中国少数民族犯罪及其对策研究——以贵州省世居少数民族为视角》中，探讨了少数民族犯罪的"非犯罪化"和"轻刑化"问题，吴老师认为，在"情节显著轻微危害不大"的把握上，应当适应各民族地区的风俗习惯、地理环境、经济发展水平做一种较汉族地区更为宽容的解释，使少数民族犯罪更为广泛地依赖出罪途径实现非犯罪化。在"轻刑化"方面，处理时应当严格把握"行为与民族特点相联系"的原则，只有受其风俗习惯、传统观念、文明程度等制约而表现出来与其民族特点有联系的危害行为，才适用从宽特殊刑事责任原则。我们认为，该理论应称为"文化抗辩理论"更符合中国的实际，原因在于，"文化辩护"理论让人认为这一理论仅仅适用于刑事领域，事实上，在民事领域、行政领域同样存在着将"文化背景信息"作为减免当事人法律责任的情况，如在民事领域，"文化背景信息"可以作为减免当事人违约责任或侵权责任的酌定事由；在行政领域，"文化背景信息"可以作为减免当事人行政责任的酌定事由。

二、文化抗辩理论司法适用的必要性

（一）保护文化多样性

2005年10月20日，联合国教科文组织第33届大会在巴黎以绝对压倒性多数通过了《保护和促进文化表现形式多样性公约》，该公约是在认识到文化多样性价值的基础上对多元文化的尊重，是对《世界文化多样性宣言》的落实与承继。进入21世纪，文化多样性的价值越来越受到世界各国的重视，我国已正式参加并批准该公约。该公约的宗旨就是通过各种可能的措施，积极地保护和促进全世界的文化多样性。文化抗辩理论与文化多样性的内在价值追求是一致的，文化抗辩理论的内核同样是在刑事司法中容忍并尊重"文化多样性"的存在，进而确认不同的文化背景信息可以作为证据，为法庭所采纳和采信。

（二）文化权利理论

1948年12月10日，联合国大会通过了《世界人权宣言》，该宣言第27条①宣示了每个人都享有作为人权的文化权利。1966年12月16日，联合国大会通过了《公民权利和政治权利国际公约》，该公约第27条赋予了少数人权利，其中包括少数民族的文化权利。1966年12月16日，联合国大会通过了《经济、社会和文化权利国际公约》，该公约第15条赋予个人的文化权利，当然包括少数民族个人的文化权利。第15条内容可以说是对《世界人权宣言》第

---

①《世界人权宣言》第27条规定："人人有权自由参加社会的文化生活，享受艺术，并分享科学进步及其产生的福利。人人对由于他所创作的任何科学、文学或美术作品而产生的精神的和物质的利益，有享受保护的权利。"

27条的重申和落实,并重申了缔约国为充分实现这一权利而采取的步骤应包括为保存、发展、传播科学和文化所必需的步骤。基本人权的地位决定了当其他权利与基本人权发生冲突时,其他权利让位于基本人权。缔约国所采取的步骤就应该包括将文化抗辩制度在相关法律中确认,文化抗辩理论的实质是保障作为"当事人"基本权利之一的文化权利。

(三)少数人权利理论

1992年12月18日,联合国大会第47/135号决议通过了《少数人权利宣言》,该宣言的前两条宣示了少数人享有保持和发展其文化特性的权利。1994年由欧洲委员会部长委员会通过的《欧洲保护少数人框架公约》,旨在保护少数人的具有法律约束力的多边文书,是至今少数人权利保障领域最全面的国际标准。可见少数人权利保护得到世界上很多国家的承认。在文化抗辩理论适用的多起刑事案件中,都涉及对少数人的文化权利的尊重和保护问题。在司法实践中,少数人权利保护成为文化抗辩理论适用的重点领域。

(四)原住民权利保护

原住民的特别权利规定在1989年国际劳工组织《土著和部落民族公约》和2007年《联合国原住民权利宣言》中主要包括自决权、对土地和其内的自然资源的占有、使用和收益的权利、不得被强迫迁离其土地的权利,以及自由表达权、受教育权、父母对教育种类的优先选择权、参与社会文化生活权、享受科学进步及其应用所产生的利益、人人对其科学文学和艺术作品及其产生的精神和物质利益享有受保护权、保持和发展文化权、文化特性受尊重权、少数民族的特征、传统、语言和文化遗产受尊重权、对自己的艺术历史和文化财富权、不得被强加异文化权、平等享受人类共同遗产权。尤其值得重视的是，这两个法律文件规定了对作为原住民文化重要组成部分的原住民习惯法和传统纠纷解决方式的尊重。① 文化抗辩理论并非没有直接的法律依据，前述两个法律文件中对于文化领域权利的明确阐述，成为支持和理解文化抗辩理论的重要依据。并且规定了文化抗辩理论适用的底线，即不能违背国家立法所规定的基本权利或国际公认的人权。

三、文化抗辩理论在非遗司法保护领域的运用

（一）两起典型的非遗保护与刑法冲突的案例

第一起是"药发木偶案"，案情大致如下：

泰顺"药发木偶戏"，民间称"琼花木偶"，它是一种将烟花与木偶相结合的木偶戏，至今已有300多年历史。2006年列入国务院公布的第一批国家级非物质文化遗产项目，周尔禄是该项目唯一的代表性传承人。周尔禄18岁时就跟随父亲周明守学艺，从事该项非物质文化遗产活动已有40多年。他制作的"药发木偶戏"活灵活现、动作丰富，再配以焰火的照耀，可谓美轮美奂。近年来，他的"药发木偶戏"频频在温州地区各种场合表演，获得的好评和荣誉不胜枚举。然而周尔禄合法传承国家级非物质文化遗产代表性项目的行为，却因"药发木偶戏"的一道工序涉及火药而出现了令人尴尬的局面。②

---

①《土著和部落民族公约》第8条规定："在对有关民族实施国家的立法和规章时，应适当考虑他们的习惯或习惯法。当与国家立法所规定的基本权利或国际公认的人权不相矛盾时，这些民族应有权保留本民族的习惯和各类制度。必要时，应确立各种程序，以解决实施这一原则过程中可能出现的冲突。本条第1和第2款的实施应不得妨碍这些民族的成员行使赋予所有公民的权利和承担的相应义务。"《联合国土著人权利宣言》第20条规定："土著人民有权保持和发展其政治、经济和社会制度或机构，有权安稳地享用自己的谋生和发展手段，有权自由从事他们所有传统的和其他经济活动。"
②《"非遗"传承人为演出制火药被拘留　泰顺"药发木偶"遭遇法律尴尬》[DB/OL].http://news.163.com/08/0717/07/4H1N0AL0000120GU.html,2008-07-17.

2008年5月7日，周尔禄自制的30.55公斤黑火药被浙江省温州市泰顺县公安局三魁派出所依法扣押。紧接着周尔禄因涉嫌非法制造爆炸物而开启了刑事诉讼程序，被泰顺县公安局刑事拘留、取保候审，被泰顺县检察院讯问、提起公诉，被泰顺县人民法院审判。审判中，周尔禄辩称其对黑火药的管理非常小心，不仅由他和妻子轮流看管，而且还养了一条狗守卫制造黑火药的石臼房。同时，鉴于本案情况特殊，影响广泛，泰顺县委政法委在周尔禄被刑事拘留后立即召开了公检法协调会。7月9日，泰顺县人民法院作出了一审判决，判处周尔禄免予刑事处罚。①

无独有偶，第二起非遗保护与刑法冲突的案例是"五道古火会"案，两个案件有一定的类似之处。案情大致如下：

杨凤申，79岁，河北赵县赵州镇南杨家庄村人，"五道古火会"省级非遗项目代表性传承人，担任五道古火会会头21年。2016年2月19日，即农历正月十二，为了迎接即将到来的元宵佳节，杨凤申组织五道古火会的会员在一闲置院落打"梨花瓶"。此时，警察突然冲进现场，将200枚成品"梨花瓶"、15公斤烟火药收缴，并将杨凤申带走。后来，杨凤申被取保候审。2017年4月，赵县人民法院一审判决杨凤申有期徒刑四年零六个月。2017年12月29日，河北石家庄市中级人民法院二审宣判：上诉人杨凤申违反国家爆炸物管理法律法规，未经有关部门批准，在杨家庄村非法制作烟火药15公斤以上，其行为已构成非法制造爆炸物罪。一审法院认定事实清楚，证据确实、充分，定性准确，程序合法。针对杨凤申上诉主要提出一审量刑过重等观点，"经查，考虑到杨凤

---

① 本案所涉及的相关法律如下：我国《刑法》第125条第1款规定："非法制造、买卖、运输、邮寄、储存枪支、弹药、爆炸物的，处三年以上十年以下有期徒刑；情节严重的，处十年以上有期徒刑、无期徒刑或者死刑。"最高人民法院《关于审理非法制造、买卖、运输枪支、弹药、爆炸物等刑事案件具体应用法律若干问题的解释》（法释〔2009〕18号）第9条规定："因筑路、建房、打井、整修宅基地和土地等正常生产、生活需要，以及因从事合法的生产经营活动而非法制造、买卖、运输、邮寄、储存爆炸物，数量达到本解释第一条规定标准，没有造成严重社会危害，并确有悔改表现的，可依法从轻处罚；情节轻微的，可以免除处罚。具有前款情形，数量虽达到本解释第二条规定标准的，也可以不认定为刑法第一百二十五条第一款规定的'情节严重'。"对于本案而言，周尔禄主观上无犯罪故意，客观上确实是因从事合法的生产经营活动所需，并没有造成任何社会危害，所以法院对周尔禄免予刑事处罚。

申作为非遗传承人,其制造烟火药是为了履行法定传承义务,为在庙会进行烟火表演,制造烟火药行为未造成实际危害后果,犯罪时已年满75周岁以上等特殊情况,故对杨凤申的上诉理由,本院予以采纳,决定对其免予刑事处罚"①。

(二)非遗传承可否作为抗辩理由

刑法的犯罪构成理论认为,犯罪构成的四个要件必须同时具备才能构成一个犯罪行为。作为犯罪构成要件之一的"犯罪的主观方面",包含故意和过失。即使其他三个方面的构成要件都具备,但行为人主观上不是出于故意和过失,则不构成犯罪。周尔禄老人制作"黑火药"的行为是为了传承国家级非物质文化遗产代表性项目"药发木偶戏",杨凤申老人制作"梨花瓶"烟花的行为同样是为了传承河北省省级非物质文化遗产代表性项目,并非从事主观上故意或过失的某项犯罪行为。

同时,传承非物质文化遗产是《非物质文化遗产法》等相关非遗法律法规赋予两位老人作为非遗代表性传承人的权利,也是他们作为代表性传承人应尽的义务。行为人依法传承作为中华优秀传统文化的非物质文化遗产代表性项目,是否违法?非遗传承实践遭遇现行法规的尴尬,这是一个十分现实的问题。

(三)文化抗辩的理论基础:结果无价值论

在刑法中,结果无价值论是指犯罪行为的刑事违法性在于犯罪行为的危害结果,是对于犯罪行为所致法益上的侵害或威胁在刑法上的否定性评价,即认为犯罪行为刑事违法性的根据在于犯罪行为对法益的

①《当"古火烟花"遇上偏执的秩序本位》[DB/OL].http://guancha.gmw.cn/2017-12/31/content_27235278.htm,2017-12-31.

侵害或威胁的结果，即结果恶才是刑事违法性的根据。通俗地讲，就是根据犯罪嫌疑人涉嫌犯罪的行为最终产生的结果来认定是否应承担刑事责任。对于具体的特殊境遇下的行为选择来说，普遍性的规则既无必要，也不可能。[①]不难看出，结果无价值论在遇到冲突时有其独特的魅力，它既具有简便性，也具有灵活性。

如果我们将结果无价值论运用于"药发木偶戏"案件当中，就会发现周尔禄的行为没有任何危害结果。结果无价值论"强调人们行动境遇的当下特殊性"，周尔禄的行为就具有这种"当下特殊性"，他是为了传承国家级非物质文化遗产；结果无价值论还"以当下特殊的具体境遇中对法益的保护作为行为的基本规则"，在周尔禄制造黑火药用于"药发木偶戏"表演的具体境遇中，他的行为没有侵害刑法所保护的法益，因而不应构成犯罪，所以对周尔禄应做出无罪判决。杨凤申案同样如此，只是该理论尚未被引入传统法律审判体系中。

如果将此案放置于当前法律体系框架中进行认定，周尔禄和杨凤申的行为也并非必然发生非遗传承与其他法律的冲突。现有的法律中关于使用爆炸物的特许申请只针对企业，不包括个人，如果相关的管理部门能够适时调整具体的管理规定，就不会出现法律与非遗保护的冲突。根据国务院2006年颁发的《民用爆炸物品安全管理条例》的相关规定，"药发木偶戏"的传承，可以通过设立企业，以企业的名义进行登记并申领《民用爆炸物品生产许可证》进行黑火药的生产和储存，用于"药发木偶戏"的表演。泰顺县非物质文化遗产保护部门的工作人员也表示，因为火

[①] 张明楷：《结果无价值论的法益观——与周光权教授商榷》，《中外法学》2012年第1期。

药是制造"药发木偶戏"的必要材料,接下来可能考虑建立"药发木偶戏"生产基地,以企业名义办理火药生产的审批手续,将"药发木偶戏"生产合法化。如此,周尔禄的行为可以以合法的方式进行,从而解决目前所面临的冲突。杨凤申案同样如此。

四、运用文化抗辩理论解决少数民族习惯法与刑法的冲突

我国少数民族中很多方面的习惯法,尤其是其中婚恋方面的习惯法,与现代国家法律体系之间的冲突较为明显。此处,以哈尼族的"串姑娘"为例加以说明。

"串姑娘"是哈尼族青年男女谈恋爱的一种形式。即晚饭后,十五六岁的姑娘们和小伙们一起在"公房"中约会玩耍,通宵联谊,内容一般包括弹奏、歌唱、舞蹈等。流传甚广的"公房歌"道出了"串姑娘"活动的深意:"人受了大自然的启示才学会生儿育女,要生儿育女要先结为夫妻,为此就要先学会串姑娘。""串姑娘"是哈尼族婚姻习惯法中男女双方初步建立感情基础的必要步骤,然而这种长期被人遵循的婚恋习惯却被视为违法。1991年,云南省西双版纳傣族自治州景洪县一个哈尼族寨子,13个哈尼族青年因为"串姑娘"被景洪县人民检察院以涉嫌流氓罪(该罪名规定在1979年《刑法》中)批准逮捕。由于该案案情重大,涉及的犯罪嫌疑人较多,而被移送到西双版纳州人民检察院。该院决定由哈尼族副检察长黄向东承办。黄副检察长在阅读案卷后,深入调查,认定被告人行为属于哈尼族"串姑娘"传统习俗,是哈尼族传统文化中认可并鼓励的行为,不具有社会危害性,不构成犯罪,故不予起诉。①

与此类似,在我国台湾地区的"阿力力案"中,争议的焦点是:排湾族传统习惯中,长辈以触摸同族男孩下体"阿力力",表达关爱、关怀之意,可否论以我国台湾地区"刑法"第 224 条"强制猥亵罪"或"性骚扰防治法"第 25 条"乘机触摸罪"?② 强制猥亵罪中,"猥亵"之义,是指性交以外,其他足以引起兴奋或满足性欲的一切色情行为,亦即在客观上足以诱起他人性欲,在主观上足以满足自己性欲之意。"性骚扰防治法"第 25 条所定之"性骚扰",则系指带有性暗示之动作,具有调戏之含意,让人有不舒服之感觉,行为人以具有性暗示而调戏被害人之意,以满足调戏对方之目的,属性骚扰之犯意。该案法官认为,被告人乙在做出触碰行为时,主观上并无猥亵之犯意,也非出于满足自己性欲之意图,故并不符合"刑法"上"猥亵"之概念,从而无法论以强制猥亵罪之刑责。本判决之看法,值得肯认。③

"阿力力案"判决的另一个值得赞赏之处在于原住民以传统习惯这一文化因素作为抗辩理由。审判过程中,法院传唤了多位熟悉排湾族传统习惯的证人,确认长辈触摸男孩生殖器行为的确是排湾族历史上流传下来的传统习俗,是为了表示长辈对晚辈的疼爱、关怀之情,并以此证明乙主观上并无猥亵犯意。该案中传唤了解原住民族传统习惯之人作为证人的审判程序,类似于"专家证人"制度,与本文开篇提及的美国"K"案类似,亦值得肯定。

在刑法理论上,该案中阻却违法事由的前身,就是来自作为排湾族传统文化的重要类别之一的我国台

---

① 郑毅:《论民族法学本科教学中案例的选择与运用》,《云南大学学报》(法学版) 2013 年第 4 期。
② 我国台湾地区"刑法"第 224 条"强制猥亵罪":"对于男女以强暴、胁迫、恐吓、催眠术或其他违反其意愿之方法,而为猥亵之行为者,处六个月以上五年以下有期徒刑。""性骚扰防治法"第 25 条"乘机触摸罪":"意图性骚扰,乘人不及抗拒而为亲吻、拥抱或触摸其臀部、胸部或其他身体隐私处之行为者,处二年以下有期徒刑、拘役或科或并科新台币十万元以下罚金。前项之罪,须告诉乃论。"
③ 参照台湾地区最高法院 1996 年度台上字第 6736 号判决。

湾地区的排湾族习惯法。即使法律没有明文规定的阻却违法事由，如果某一社会或族群长久以来，均是根据某一习惯而行为，则行为人亦得援引习惯法作为阻却违法事由，这可以说是"文化抗辩"理论的直接运用。

五、余论：行政执法中的"文化抗辩事由"

在判例法国家，对法官特别是最高法院的法官的要求是，不仅要其对裁判的案件无可推托地终身负责，还要对今后同样的案件永远负责，这是由判例法的整个法律体系决定的。该项责任制度可以视作维护司法公正、规范法官与律师关系的根本制度，它最大限度地封杀了法官和律师之间不规范关系带来的利益交换空间。如此，我们也不必担心文化抗辩制度会被滥用。与法官所承担的责任相对应的是，法官被赋予解释制定法甚至"造法"的权力。文化抗辩制度可以视作一种"造法"，因为法官可以根据被告人的文化背景信息，来判断该行为是否具有社会危害性，进而决定减轻或免除被告人的刑事责任。

既然文化背景信息可以作为刑法中文化抗辩的事由，类似地，它是否可以作为行政执法中的文化抗辩事由呢？北京市某著名中医药企业被北京市中医管理局授予"手工膏方制作定点单位"，同时是国家级非物质文化遗产代表性项目的项目保护单位，但在制作秋梨膏时被北京市××区食药监局查封，原因是该企业的生产未经食药监局审批，属于我们常说的"黑作坊"。该企业辩称，我们是"手工膏方制作定点单位"，牌子是由北京市中医管理局发的。但××区药监局回应，中医局与药监局是不同单位，药监局不认中药局的牌子，企业缺乏现场制作秋梨膏的正规手续。但是，代客加工历来在药店都是存在的，比如说药店代客煮药。该企业现在也是煮药，只不过是把煮的药变成膏状而已。作为老字号企业，也不愿意自己的行为涉嫌违法，秋梨膏生产就此停了下来。案发时正值春季，是秋梨膏热卖的季节，预订产品的顾客较多，但因涉嫌违规只能将药全部倒掉。

如果在刑法中可以适用文化抗辩理论，即文化背景信息可以作为抗辩事由而对"被告人"减轻或免除处罚，根据"举重以明轻"的法律原则，在行政执法过程中，文化事由同样应该作为抗辩事由，作为减轻或免除行政处罚的文化背景信息加以采纳。

非物质文化遗产的权利主体、传承人的权利义务及其他*
——从《雄鹰飞逝（如果我能）》到《乌苏里船歌》

周 超

重庆大学法学院副教授

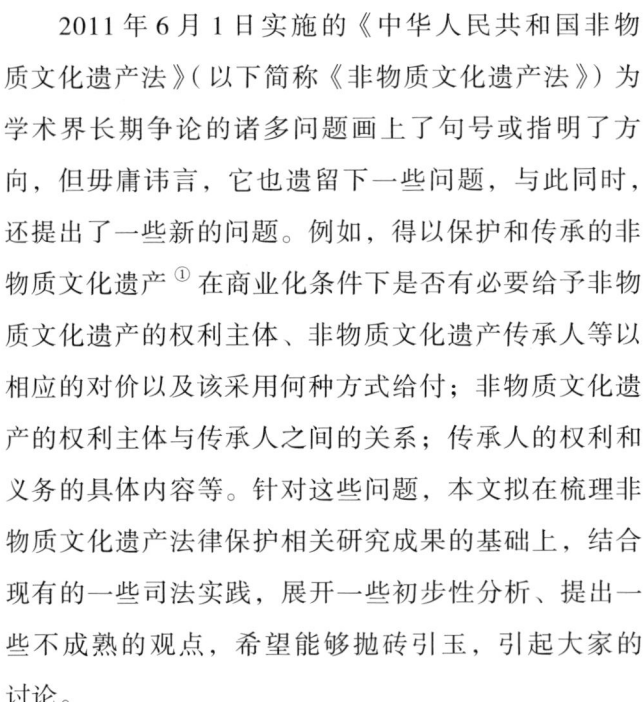

2011年6月1日实施的《中华人民共和国非物质文化遗产法》（以下简称《非物质文化遗产法》）为学术界长期争论的诸多问题画上了句号或指明了方向，但毋庸讳言，它也遗留下一些问题，与此同时，还提出了一些新的问题。例如，得以保护和传承的非物质文化遗产[①]在商业化条件下是否有必要给予非物质文化遗产的权利主体、非物质文化遗产传承人等以相应的对价以及该采用何种方式给付；非物质文化遗产的权利主体与传承人之间的关系；传承人的权利和义务的具体内容等。针对这些问题，本文拟在梳理非物质文化遗产法律保护相关研究成果的基础上，结合现有的一些司法实践，展开一些初步性分析、提出一些不成熟的观点，希望能够抛砖引玉，引起大家的讨论。

一、来自日本的参照

根据相关资料，可知世界上较早对非物质文化遗产进行法律保护的是日本于1950年制定的《文化遗

---

* 本文为2018年度国家社科基金艺术学一般项目（18BH154）的阶段性成果。
[①] 本文标题虽然使用"非物质文化遗产"这一概念，但由于其所拥有的丰富内涵以及国内相关文献的普遍混用，故正文部分根据语境也使用了一些其他近似的名词，诸如"民间文学艺术""传统的文化表现""无形文化遗产""民俗文化遗产"等。有关这些概念之间关系的论述，请参阅王云鹤、高绍安《中国非物质文化遗产保护法律机制研究》，知识产权出版社2009年版，第14—26页；杨明《非物质文化遗产的法律保护》，北京大学出版社2014年版，第37—43页。

产保护法》(昭和二十五年法律第214号)。该法最初仅是在保护对象的"文化遗产"范畴当中增加了"无形的文化所产生的、具有历史和艺术价值"的无形遗产相关内容①,随后在1954年的法律修改(昭和二十九年法律第131号)中确立了无形文化遗产的"指定"制度和"重要无形文化遗产"传承人(保持者)的"认定"制度;与此同时,还将"民俗资料"纳入《文化遗产保护法》的保护范围之内(1975年法律修改时,改称为"民俗文化遗产")。② 正是由于日本国内法所确立的非物质文化遗产保护制度相对比较完备、对传承人权利义务的各种规范也比较明确,加之涉及日本原住民——阿依努人还在1997年出台了一部《阿依努文化振兴法》(平成九年法律第52号)③,因此,在日本有关原住民的文化权利保护以及非物质文化遗产的保护、传承与利用过程中所引发的前述争议问题,并未引起日本学者们的认真关注。

进入21世纪后,日本国内连续发生了多起利用、传承"传统的文化表现"以及"民间文学艺术"等而引发的纠纷,遂促使日本国内开始关注"传统的文化表现"以及"民间文学艺术"等的知识产权保护、非物质文化遗产的权利主体、传承人的权利义务等相关问题的研究。例如,2000年7月,日本东京篠竹(みすず)书房出版了由大川正彦翻译、澳大利亚国立大学日本史教授泰莎·莫里斯·铃木(Tessa Morris-Suzuki,1951—)撰写的《边境的眺望:阿伊努人的近代体验》④一书。该书封面设计使用了阿伊努人传统的海豚绘画造型,由于该造型与专门收藏和展示阿伊努人、桦太鄂罗克人(Uilta, Orok)、尼夫赫人(Nivkh, Gilyak)等民族之文化遗产的"北方

---

① [日]中村贤二郎《わかりやすい文化財保護制度の解説》ぎょうせい(2007)第21页。
② 同上书,第23—26页。
③ 该法的前身为1899年4月1日实施的《北海道旧土人保护法》(明治三十二年法律第23号)。
④ テッサ・モーリス=鈴木"辺境から眺める―アイヌが経験する近代"みすず書房(2000)。

少数民族资料馆"所珍藏的、由阿伊努妇女完成的无名作品非常相似,故有未经许可"借鉴使用"之嫌。因此,该资料馆于 2001 年向作者及出版社提出交涉,但后者对此的说明是:封面使用的海豚造型来自其他书籍,该书也未标注图案作者;出版社工作人员也认为该图案属于不受著作权法①保护的作品;再加之资料馆也无法证明自己是作品的著作权人等。此事最后虽不了了之,但这件表现阿伊努人传统文化的海豚造型作品并未被视为著作权法上所保护的作品,而这种认识在日本社会比较普遍,且日本主流社会也都接受此种现实。②虽然这一事件的结果令人失望,但它反映出日本社会对"民间文学艺术作品"中的"创作性"尚未达到《著作权法》上的"作品"的创作性标准,因而不能利用著作权加以保护的基本现状。

此后,日本又连续发生了两起民间舞蹈在传播过程中因为商业利用行为所引发的争议,其所表现出的是:非物质文化遗产无法也不太可能由某一个传承人或传承团体所独占或垄断的现实。在现有的法律框架之下,非物质文化遗产尽管很难直接得到知识产权法的保护,可随着人们权利意识的不断增强,权利人也还是有可能获得来自知识产权法的支持的。例如,调整自己的身份,使自己成为适格的法律和权利主体(如行业协会、保护协会等),再申请注册(地域性)商标,以避免地域性的非物质文化遗产被劫持或者被不正当地使用③等。

2006 年 1 月,日本文化厅文化审议会"著作权分科会"针对世界知识产权组织(WIPO)在"传统的文化表现"(Traditional Cultural Expressions)、"民间文学艺术"(Expressions of Folklore)保护问题上

① 为了行文方便,文章存在混用"著作权"与"版权"、"著作权法"与"版权法"的情况。
②[日]俵木悟:《〈フォークロア〉は誰のもの?——国際的知的財産権にみるもう一つの〈伝統文化の保護〉》,《日本民俗学》2008 年第 253 号。
③[日]日西郷由布子:《民俗芸能の流通——〈黒川さんさ踊り〉と文化の著作権をめぐる問題》,《民俗芸能研究》2006 年第 40 号。

所展示的以下三个主要议题进行了讨论,明确了日本政府所应采取的态度:

(1)当"传统的文化表现"等被商业化时,有必要确保传承人或传承团体可以获得必要的适当对价;(2)有必要确保对得以传承的"传统的文化表现"等的尊重;(3)有必要确保在特定社区或地域内传承的、具由特定精神性价值的"传统的文化表现"等得以持续传承。

就第一个议题而言,如果利用现有的著作权制度或者新创立一个类似于著作权制度的新制度,对已经进入公共领域的非物质文化遗产赋予一个永久期限的独占权,将会与以促进创作活动、繁荣文化艺术事业的著作权制度的目的相悖,因此不宜采取这一方法。就第二个议题而言,全社会整体性的彼此相互尊重,原本是一个社会道德与社会伦理问题,如果因此便赋予无法确定创作主体的权利主体资格,也将与著作权制度的宗旨相悖。不过,对于其他国家或者世界知识产权组织尝试利用知识产权制度之外的其他特殊(sui generis)制度加以保护的,日本政府表示将予以密切关注。针对第三个议题,日本政府认为,可以在著作权制度之外,将其作为国家文化政策的一个重要环节予以重视,进而研究采取某种支援措施,以实现对非物质文化遗产的保护。[①]

由此可知,日本作为一个发达国家,其在非物质文化遗产的知识产权保护问题上的基本姿态和立场与其他西方发达国家保持一致。

---

① 文化审议会著作权分科会编:《文化审议会著作权分科会报告书》第 243 页。(http://www.mext.go.jp/b_menu/shingi/bunka/toushin/06012705/001.pdf)

二、"和平的诉讼"

日本政府在非物质文化遗产的知识产权保护问题上的保守态度，影响到日本学术界对该问题的讨论较为慎重，与之形成鲜明对比的是一些发展中国家以及相关国际组织在该问题上则显得比较积极与激进。

国际社会最早关注非物质文化遗产的知识产权保护问题，大约可上溯至1952年《世界版权公约》签署之际，虽然当时仅是提及民间文学艺术与版权之间的关系。鉴于该公约延续了《保护文学和艺术作品伯尔尼公约》（以下简称《伯尔尼公约》）所确定的目标，亦即缔结公约的各成员国的版权保护都由其国内立法来确定，并将其保护范围扩展至其他缔约国，通过允许法官对于版权侵权行为的处罚，来遏制国际上对文学和"其他"作品的"剥削"。① 其中，对所谓"其他"作品的解释，就包含了"民间文学艺术"的内容。② 因此，部分国家在本国的著作权法立法中，直接将民间文学艺术作品作为法律的保护对象。例如，1956年，墨西哥政府通过了一项版权法案，要求从公共领域的"传统的文化表现"中获取资源并创作完成的作品（如民间传说），必须在版权机构进行登记之后，才可以获得著作权法的保护，对于属于公共领域的原生态或"基础"性的作品，则不予保护。1967年，巴布亚新几内亚颁布的《国家文化保护条例》，则采取了混用习惯法的保护方法（1975年独立之前），对"本真性的文化传统"（authentic cultural material）加以保存和保护，使之免遭受损失和损害。1968年，玻利维亚通过的第08396号最高法令，采取单一的版权方法，将民间文学艺术作品（不仅涉及

① Samantha Sherkin, A Historical Study on the Preparation of the 1989 Recommendation on the Safeguarding of Traditional Culture and Folklore, in Peter Seitel, Safeguarding Traditional Cultures: A Global Assessment, Center for Folklife and Cultural Heritage Smithsonian Institution, 2001, p.43.

② 在经过长期的争论之后，"民间文学艺术"（folklore）最终在1967年被列入《伯尔尼公约》（斯德哥尔摩修订本）中，亦即第15条第4款。至于该条款的详细内容，参见刘柏林《保护文学和艺术作品伯尔尼公约指南》，中国人民大学出版社2002年版，第75—76页。

民间音乐）的所有权和控制权归属于国家，亦即将大众艺术、传统音乐以及民间文学等视为国家所有等。①此后，第三世界的许多国家，纷纷开始利用版权法来保护民间文学艺术。②但与之形成鲜明对照的是各发达国家对此漠不关心，直至1970年因歌曲《雄鹰飞逝（如果我能）》[El Condor Pasa (If I Could)]在全球范围的流行才引起了西方学界的广泛关注。

美国著名歌手保罗·西蒙（Paul Simon，1941— ）和阿特·加芬克尔（Art Garfunkel，1941— ）在秘鲁传统音乐家丹尼尔·阿罗米亚·罗伯斯（Daniel Alomía Robles，1871—1942）于1913年根据南美安第斯地区广为传唱的印第安民谣创作的《雄鹰飞逝》（ El Cóndor Pasa ）的基础上，再次改编为《雄鹰飞逝（如果我能）》，并在世界范围内热销。这首歌曲使全世界认识到印第安民族音乐的优美，同时也促使西方国家开始关注发展中国家之文化资源的利用问题。以此为契机，事件还引起那些传统文化的"来源国"的重视，进而思考"传统的文化表现"应该如何去保护以及怎样才能获得经济上的必要补偿等问题。③

《雄鹰飞逝（如果我能）》所引起的争论与2001年在中国发生的《乌苏里船歌》著作权侵权诉讼案④其实是非常类似的，但前者有两个细节需要特别提起：一是1965年保罗·西蒙和阿特·加芬克尔在巴黎的巴黎人剧院（Thétre de I'Estparisien）演出时，第一次听到成立于1956年的"印加人"乐队（Los Incas）表演的《雄鹰飞逝》后，非常喜欢。他们与该乐队的创始人兼导演、阿根廷音乐家乔治·米尔希伯格（Jorge Milchberg，1928— ）成为好友，遂请求该乐队允许改编此曲。在获得同意之后，乔治告诉

---

①Samantha Sherkin. p.43.
② 例如，突尼斯（1967）、智利（1970）、摩洛哥（1970）、阿尔及利亚（1973）、塞内加尔（1973）、肯尼亚（1975）、马里（1977）、布隆迪（1978）、科特迪瓦（1978）、几内亚（1980）和布基纳法索（1983）等国家，都是相继通过著作权法对其"民间文化艺术"加以保护的。Ibid., p.53. notes(5). notes(7).
③Ibid., p.54.notes(13), Robert Albro, The Challenges of Asserting, Promoting, and Performing Cultural Heritage(https://folklife.si.edu/resources/center/cultural_policy/pdf/RobAlbrofellow.pdf); Valdimar Tr. Hafstein, Recognizing Intangible Cultural Heritage(https://ich.unesco.org/doc/src/00195-EN.pdf).
④ 参见北京市第二中级人民法院（2001）二中知初字第223号民事判决书、北京市高级人民法院（2003）高民终字第246号民事判决书。

保罗说，这首歌的旋律来自安第斯民间音乐，他就是这首歌的共同作者并收取版税①（这为之后的诉讼埋下了伏笔）。二是保罗·西蒙在完成了编曲和填词创作之后，录制唱片时还邀请该乐队为其配器，并一起全球巡演。由于保罗·西蒙认为这首歌是传统的安第斯民间旋律，所以只有他的名字出现在唱片之上。但是当新歌在世界范围内传唱时，丹尼尔的儿子、秘鲁著名电影导演阿曼多·戈多伊·罗伯斯（Armando Godoy Robles，1923—2010）以版权侵权为由，将保罗诉至法院。经过法庭审理，阿曼多·戈多伊·罗伯斯最终确信：保罗·西蒙的行为是基于"误解"的"诚实的错误"，而他自己将保罗·西蒙诉至法院也并无恶意。由于保罗·西蒙非常尊重其他文化，他并未使诉讼案件进一步复杂化。也因双方都比较通情达理，这一著名诉讼最后得以和解收场，所以被认为是一个"和平的诉讼"。但实际上，保罗·西蒙拥有两个重要的抗辩理由：一是在1913年前后，该曲的主旋律就在安第斯地区广为流传，原告的父亲也只是在收集、整理了安第斯地区民歌的基础之上完成了《雄鹰飞逝》的创作，他亦非原创。②二是自己在创作前获得了阿根廷人乔治·米尔希伯格的"许可"。加之地域差异，《雄鹰飞逝》原曲调在安第斯地区存在很多版本③，原告想要在法庭上证明保罗·西蒙的改编行为构成侵权也是一件非常困难的事情。

三、谁是权利主体？

与《雄鹰飞逝（如果我能）》所引发的争议相比，中国的《乌苏里船歌》版权纠纷案的判决则直击

---

① 《雄鹰飞逝》在1913年创作完成之后，就公开于利马 Mazzi 剧院上演的歌剧 El cóndor pasa（zarzuela）当中。该剧本由剧作家胡里奥·博杜安（Julio Baudouin）创作，该剧剧本以及剧中最为著名的钢琴旋律《雄鹰飞逝》，于1933年5月3日，被爱德华·B.马克斯音乐公司（The Edward B.Marks Music Corporation）在美国国会图书馆登记注册（编号9643）。该剧本所描写的是秘鲁的矿山劳工反抗外国企业及矿山主压榨的斗争故事。为了纪念该剧上演100周年，2013年7月，《雄鹰飞逝》文化保护协会（The Colectivo Cultural Centenario El CóndorPasa）又重新编辑了原本已经失传了一段时间的剧本，并将其与相关资料一起录制成CD出版发行。参见 https://en.wikipedia.org/wiki/El_condor_pasa_(zarzuela) 2018年8月5日访问）。

② 参见 https://en.wikipedia.org/wiki/Daniel_Alomia Robles – cite_note-PCOLElcine-10（2018年8月5日访问）。有关《雄鹰飞逝（如果我能）》所引发的"传统的文化表现"之法律保护问题的争议以及诉讼等详情，可参考即将出版的 Valdimar Tr. Hafstein, *Making Intangible Heritage: El Condor Pasa and Other Stories from UNESCO*, Indiana University Press, 2018.

③ 据不完全统计，截止到目前，在全世界范围内，以《雄鹰飞逝》的旋律创作的歌曲有400余首，其中附有歌词的有300余首。2004年，秘鲁政府决定将《雄鹰

飞逝》认定为秘鲁的"国家文化遗产",基于该曲在全世界范围内的影响,人们将其称为秘鲁的第二国歌。参见 https://en.wikipedia.org/wiki/El_Condor_Pasa_(song)(2018年8月5日访问)。

① 在法院一审判决的理由中,明确了"……原告作为民族乡政府既是赫哲族部分群体的政治代表,也是赫哲族部分群体共同利益的代表。在赫哲族民间文学艺术可能受到侵害时,鉴于权利主体状态的特殊性,为维护本区域内的赫哲族公众的权益,原告可以以自己的名义提起诉讼"。
② 参见徐天祥《关于立法保护民间音乐遗产的问题——从〈西部民歌风波〉到〈乌苏里船歌之争〉》,《乐府新声》(沈阳音乐学院学报)2003年第4期。
③ 相关争议焦点,可参见郑璇玉、钟丽萍《非物质文化遗产权利主体的争议》,载北京联合大学应用文理学院历史文博系、文化遗产研究所编:《文化遗产区域保护和活化》,学苑出版社2015年版,第262—266页。

问题的要害,并再次凸显了学术界一直以来关注和争议的诸多焦点问题,例如,究竟是谁拥有非物质文化遗产(权利主体)?利用知识产权制度果真能够"保护"非物质文化遗产吗?我们需要一个怎样的特别(sui generic)法才能够用来保护非物质文化遗产?等等。

在《乌苏里船歌》版权纠纷案当中,北京市第二中级人民法院根据现行法律,"创造性"地认可了黑龙江省饶河县四排乡乡政府的原告资格,但是这并不能够证明四排乡乡政府作为鄂伦春民歌的权利主体。承认四排乡乡政府作为本案的"适格原告",只是因为在非物质文化遗产的权利主体缺位的情况下的一种颇为无奈但又合理的选择。① 法院在此案上的这一态度或多或少地受到了民族音乐家王洛宾(1913—1996)在1992年出售十首民歌版权所引发的"西部民歌风波"的影响。王洛宾出售民歌版权"风波",也是因为权利主体的缺位、地方政府的"不作为",遂使争议仅停留在"风波"层面,而未能进入司法程序,最终使王洛宾在学术界的批评与指责声中走完了自己跌宕起伏的一生。② 假若该"风波"进入司法程序,那么法院也同样会首先审查原告的资格问题,亦即西部民歌的权利主体是谁,谁能代表西部民歌的权利主体参加诉讼。只有确定了权利主体,才能够谈到拥有作为原告的资格。如果对标的物不具有权利,一般情况下也就没有诉讼资格。但问题的核心就在于,究竟谁才是"民族民间文学"(或非物质文化遗产)的权利主体呢?③

从学术界林林总总的解说以及不同层级法律文件中的界定来看,创造"民间文学艺术"(或非物质文化遗产)的主体是社区、族群、家庭或者个人,他们或者他(她)以自己的文化传统为依据,通过模仿或其他言传身教的方式世代传承其"传统的文化表现"。在这一过程中,创造者的个体性往往会逐渐被集体性或团体性所取代,因此,单独的个体——他(她)很难声索或者主张具有排他性的权利。正如剪纸或年画的传承人,虽然可以对某件具体作品拥有著作权,但他(她)却很难主张对其中的传统纹样等也拥有排他性的独占权,因为邻村的其他乡民或其他年画作坊,也都一直是共享着那些"传统"的纹样和相关的民俗知识。尽管这其中的创作者,应当就是他(她)所创作或形成的"民间文学艺术"(或传统的文化表现,或非物质文化遗产)作品的权利主体,但在非物质文化遗产的权利的行使上,则极有可能是由代表其利益的社会团体或组织行使的,这些团体或组织机构可能是行业协会、民间自治组织(如安顺地戏表演队),也可能是地方政府(如四排乡乡政府)等。此种状况恰好也反映了非物质文化遗产的集体(集团)性特征。①

就《雄鹰飞逝(如果我能)》所引起的争议而言,只有安第斯地区的印第安人才应该是安第斯地区印第安民歌的权利主体;不言而喻,在"西部民歌风波"中,也只有中国西部的少数民族才是西部民歌的权利主体。然而,在世界各国的司法实践中,这种很难确定具体人数的主体几乎不可能被允许在法院主张权利,因为不仅在技术上很难保障一个民族或者族群行使诉权,而且通过诉讼也很难保障权利主体可以很好地行使权利。

在《非物质文化遗产法》出台之前所发生的相

① 有关非物质文化遗产的集体性或团体性特征,参见向云驹《人类口头和非物质文化遗产》,宁夏人民出版社2004年版,第69页。

关纠纷或大多数争议,基本上都是由非物质文化遗产的集体性特征与个人的传承与创新之间的矛盾所引起的。① 在权利主体缺位的情况下,有的矛盾就演变成为指责和人身攻击而成为"风波",但最终没有结论,不了了之,典型的正如前述的"西部民歌风波";有的即便是进入司法程序,法院也给出了结论,但其裁决结果却依然与人们所期待的相去甚远,这方面的例子,则有《乌苏里船歌》、"安顺地戏"等。究其原因,笔者认为,问题的症结或许就在于人们主张采用"知识产权模式"去保护"非物质文化遗产"上。

现行的同时也被国际社会所普遍接受的知识产权法律制度,基本上是由西方发达国家在其所控制的话语体系之下构建的私权法律制度,它是以保护和鼓励创新、促进科学技术进步、繁荣文学艺术为目的的制度设计,显然,这与保存和传承"传统的文化表现"或"民间文学艺术"等的目的有所扭悖。与此同时,以财产权为基础的知识产权的独占性,也并不适合以传承为核心的非物质文化遗产保护。之所以在学术界有人主张利用知识产权模式去保护非物质文化遗产,除了非物质文化遗产在无形性(信息性)、地域性等的特点上,与知识产权有所类似之外,更重要的是,眼下除了知识产权法之外,似乎也找不到更为合适的法律资源来实现对于非物质文化遗产的保护;再加上知识产权法中的个别制度,或多或少也能起到保护某些特定非物质文化遗产的作用,例如,商标权中的(地域性)集体商标、民间文学艺术作品的著作权保护等。

虽然利用知识产权去保护非物质文化遗产的尝试,存在着巨大的制度性障碍,但仍有不少学者认

---

① 钱永平:《UNESCO〈保护非物质文化遗产公约〉论述》,中山大学出版社2013年版,第167—168页。

为，不妨尝试通过制度创新的方式，将非物质文化遗产纳入或置于知识产权制度之下。但是，这些所谓的制度创新极有可能会动摇现行知识产权制度的根基。因此，教科文组织和世界版权组织经过多个回合的研究磋商之后，最终在民间文学艺术领域，提出了"全范围的民间文学艺术"（the Overall Question of Folklore）和"与知识产权相关的民间文学艺术"（the Intellectual Property Aspect of Folklore）的二分原则。该原则表明民间文学艺术的法律保护不仅限于私法（主要是知识产权法）保护，也应该包括公法保护。①应该说，这个原则正好与法学领域的公法、私法的二分法原则保持了一致。

四、"公法"为主、兼顾"私法"的保护模式

1954年，联合国教科文组织在通过《关于武装冲突中文化财产保护海牙公约》时曾经明确表示：我们确信文化财产是属于全人类的，它归属于任何一个人都是有危险的，因为每一个人都在为世界文化做出自己的贡献。其言下之意，就是在说文化财产的"价值"属于全人类，它不仅仅属于与之相关的人或者那些评估其价值的人。②这一观点不仅出现在1972年的《世界遗产保护公约》之中，同样也适用于"非物质文化遗产"。③否则我们就会因2005年韩国"江陵端午祭"申请世界非物质文化遗产成功而陷入严重的焦虑，从而忽视中国文化曾经对周边国家产生过深刻影响这一历史事实；也会因为美国电影公司出品《花木兰》《功夫熊猫》等，而担忧国家的"文化主权"或"文化安全"等。当我们站在"世界遗产是全人类共

---

① Samantha Sherkin. p.44. 李墨丝：《非物质文化遗产保护国际法制研究》，法律出版社2010年版，第6页。
② ［美］詹姆斯·库诺：《谁的文化？——博物馆的承诺以及关于文物的论争》，巢巍等译，中国青年出版社2014年版，第67页。
③ 李秀娜：《非物质文化遗产的知识产权保护》，法律出版社2010年版，第28—30页。

同继承和拥有的财富"这一高度去理解非物质文化遗产的保护和利用等问题时,有可能"公法"才是最为有效、最为合适的保护模式。目前,世界上很多国家也都是通过行政法的形式保护本国的非物质文化遗产的,其中有的直接采取了行政立法,如日本、韩国、中国等,有的则是以国家文化政策的形式体现出来。

就上文提及的相对于知识产权(私法[①])的特别权利制度或者特别法而言,它应该是在知识产权之外,亦即超越知识产权的"公法",才堪称真正意义上的"特别法"。应该承认,学术界在非物质文化遗产法律保护问题上的相关研究成果,也已经为这一思路指明了方向,亦即将非物质文化遗产作为"文化资源"、采取行政法的模式加以保护,这一模式其实也正与中国目前利用《非物质文化遗产法》实现保护的现实格局相吻合。

将非物质文化遗产作为"文化资源"加以保护和利用的想法,与文化产业在20世纪90年代在全球范围内的蓬勃发展不无关系。在中国的西部大开发过程当中,社会学家费孝通先生首先提出了"西部人文资源的保护、开发和利用问题",其中的"人文资源",实际上就是后来所说的非物质文化遗产。随后,方李莉研究员在"人文资源"这一理念的基础上,又提出了"从遗产到资源"的观点。[②] 笔者认为,此类理念和观点不仅可以构成文化资源理论的核心内容,它们也从一个侧面或全新的角度,促使我们重新去思考和认识非物质文化遗产的法律保护和利用等问题。

不妨将非物质文化遗产视为"埋藏"在某一地域的社区、族群或人群中间的文化性"矿产资源"中的一种,当地民众长期以来依靠并利用该资源,维

[①] 虽然知识产权的私权特性决定了知识产权法应该属于"私法",但对于这一点,学术界也存在不同观点。究其原因,主要就在于法学领域出现的"公法的私法化"和"私法的公法化"现象。
[②] 方李莉:《从"遗产到资源"的理论阐述——非物质文化遗产保护的前沿研究》,中国艺术人类学会编:《非物质文化遗产与艺术人类学》(上),学苑出版社2012年版,第10—25页。

持着既有的社会关系并保持着自己独特的生活方式。但现在，他们中的某一家庭、某一成员或者某一外来人士，通过自己的学习和劳动，很好地利用了这些资源，"创造"出某种"作品"或者"生产"出某种"商品"（例如，秘鲁作曲家丹尼尔用自己整理的安第斯民谣创作出了《雄鹰飞逝》；郭颂通过采风完成了《乌苏里船歌》的编曲等）；而随着时间的流逝，在这些作品或者商品的基础之上又出现了新的作品或商品，正如保罗·西蒙的《雄鹰飞逝（如果我能）》，从而使更多的人了解到安第斯地区的印第安民歌，进而根据其旋律，又创作出更多的印第安风格的作品。这一结果在客观上对于安第斯地区的印第安人或者在《乌苏里船歌》案例中对于黑龙江的赫哲族人的民间文学艺术而言，是没有任何实质性减损的，反倒是极大地丰富了他们的非物质文化遗产。这两个案例的差别就在于，前者的创作来自别人已经完成的作品，而且该作品受到著作权的保护；而后者则直接来自民歌，只是在署名上，最初采用的"编曲（根据赫哲族民间曲调改编）"后来则变为"作曲"。无论从"编曲"到"作曲"这一改变行为是"故意"还是"过失"，它都切断了《乌苏里船歌》与赫哲族民歌之间的联系，加之有一系列证据证明，早在郭颂前去采风之前，原曲《想情郎》《狩猎的哥哥回来了》等旋律就已经被固定下来，其应该是属于《伯尔尼公约》第15条第4款所规定的"作者不明的作品"。也因此，郭颂才最终败诉。

笔者认为，利用"公法"对作为（人类共有）"资源"的非物质文化遗产进行保护应该是一种常

① 根据三峡大学朱祥贵教授等在宜昌长阳土家自治县的调查研究结果，笔者认为通过行政法对当地非物质文化遗产实施保护，乃是一种"常态"。详见朱祥贵、黄利红、余澜、陈秀平、戴曾群《非物质文化遗产保护模式创新实证研究——以宜昌长阳土家族自治县为例》，厦门大学出版社2014年版。
② 黄玉烨：《民间文学艺术的法律保护》，知识产权出版社2008年版，第12页。
③ 王鹤云：《民事保护与行政保护双支撑——保护非物质文化遗产（民族民间文化）法律机制分析》，文化部民族民间艺术发展中心编：《中国非物质文化遗产保护研究》，北京师范大学出版社2007年版，第557—572页。
④ 齐爱民：《非物质文化遗产的知识产权综合保护》，《电子知识产权》2007年第6期。
⑤ 李墨丝：《非物质文化遗产保护国际法制研究》，法律出版社2010年版，第233—262页。
⑥ 张耕：《民间文学艺术的知识产权保护研究》，法律出版社2007年版，第152—172页。
⑦ 杨鸿：《民间文艺的特别知识产权保护：国际立法例及其启示》，法律出版社2011年版，第72—76页。
⑧ 吴汉东：《论传统文化的法律保护——以非物质文化遗产和传统文化表现形式为对象》，《中国法学》2010年第1期。
⑨ 管育鹰：《知识产权事业中的民间文学艺术保护》，法律出版社2006年版，第245页。
⑩ 李明德、管育鹰：《非物质文化遗产法律保护研究报

态①，而通过"私法"对非物质文化遗产的某些部分进行法律层面的调整，则应该属于一种特例。这是因为只有当处在"公共领域"的非物质文化遗产以某种形式进入私权领域、成为私法的调整对象之际，相关权利人才有可能通过司法救济的方式，要求侵权人承担法律责任，以遏制侵权行为的发生，从而间接地实现对非物质文化遗产的保护。所以，在笔者看来，真正合理并切实可行的非物质文化遗产法律保护模式，应该是"以公法为主、兼顾私法"，既非"以私法为主、兼顾公法"②，也非"民事保护与行政保护双支撑"③。

一直以来，有学者主张保护非物质文化遗产应采用"以整个知识产权制度为基础的综合性手段，且在知识产权模式下做积极创新"④，或要求"在知识产权领域内（或外）建立一种特殊权利（或特别权利⑤、特别版权⑥与新型特别知识产权⑦或者集体产权⑧）的保护模式"⑨，这些主张和观点在2011年《非物质文化遗产保护法》出台之前曾经非常盛行，但随后学术界对于非物质文化遗产之知识产权保护模式的质疑，开始呈现出上升趋势。越来越多的学者开始明确地主张应该厘清知识产权法与行政法的不同功能与边界，进而通过和利用实证研究的方式，寻求现行知识产权制度与非物质文化遗产的契合点，从而达到保护非物质文化遗产的目的。⑩

现在看来采取"尘归尘，土归土"的做法或许才是最为妥当的选择，亦即对于非物质文化遗产的法律保护，主要应该是在"公共领域"的《非物质文化遗产法》的框架之下，采取各项措施，促进民众积极参与、完善各项非物质文化遗产保护、传承和利用的制度，并将其落到实处。至于在具体的实践中偶尔发生

的与知识产权有关的非物质文化遗产之利用的纠纷案件，则以"有利于非物质文化遗产的保护、传承以及利益均衡"为原则，根据现行的相关知识产权法予以处理。这也与《非物质文化遗产法》第44条第1款规定①的精神保持一致。

五、传承人的权利和义务

在明确了非物质文化遗产之行政法保护模式的前提之下，国家就成为保护与传承非物质文化遗产的最重要的责任主体。尽管国家往往很难直接进行文化的传承，但其在保护方面却可以通过制定文化政策、设定相关的权利与义务，为一般国民进行非物质文化遗产的传承与保护活动提供激励机制。这其中最为重要的制度之一，便是已经在实施的"非物质文化遗产代表性项目代表性传承人目录"制度（以下简称为"传承人"制度）。由于传承人在非物质文化遗产的传承与发展中处于核心地位②，且具有不可替代性，因此，从法律角度去研究传承人的权利、义务，也就颇为自然地成为一项重要的课题。由于2011年颁布的《非物质文化遗产法》第31条仅规定了传承人的"义务"，而并未明确传承人的"权利"，因此，眼下的相关学术研究也主要集中在传承人的"权利"之上。

截止到目前，针对传承人权利内容的相关研究，比较有代表性的观点有田艳教授的"五权说"③和邓章应教授的"六权说"④。前者是比照著作权法提出传承人的权利有署名权、传承权、改编权、表演者权、获得帮助权；后者则是在比较了非物质文化遗产与一般作品权利人之间所存在的差异的基础之上，结合实践

告》，中国社会科学院知识产权中心编：《非物质文化遗产保护问题研究》，知识产权出版社2012年版，第320—366页。

① 李树文、信春鹰、袁署宏、王文章：《非物质文化遗产法律指南》，文化艺术出版社2011年版，第157—159页；信春鹰：《中华人民共和国非物质文化遗产法释疑》，法律出版社2011年版，第105页。
② 汪欣：《中国非物质文化遗产保护十年（2003—2013）》，知识产权出版社2015年版，第22页。
③ 田艳：《非遗传承人的权利与义务》，《光明日报》2011年4月29日，第6版。
④ 邓章应：《也谈非遗传承人的权利》，《光明日报》2012年12月18日，第11版。

经验,提出传承人的权利有表演和表演者权、展览权和发表权、传承权和维护传统完整权、署名权、获得报酬权、改进权和演绎权等。尽管这两种观点彼此之间有一定的差异,但它们基本上都是主要比照著作权及著作邻接权而提出来的。应该说,在厘清了非物质文化遗产的"公法"为主、兼顾"私法"的保护模式的大前提下,这些权利的提法虽然是正确的,但也基本失去了其现实存在的意义。

《非物质文化遗产法》之所以未明确规定传承人的权利而只规定传承人的义务,可能是由于立法者考虑到,得到国家认定的传承人,首先是一位普通公民,普通公民所享有的所有权利,传承人也都一定能够享有。换言之,传承人的权利与普通公民的权利在法律上是完全相同,并没有本质区别的。当传承人的相关权利受到侵害时,通常其所获得救济的法律依据未必是《非物质文化遗产法》,而是其他相关法律,例如,《著作权法》《商标法》《专利法》《反不正当竞争法》和《侵权责任法》等。一般来说,适用这些法律的一个基本前提,便是"法律地位人人平等",亦即不会因为他或她是获得了传承人认定的个人或团体[①]而被特别对待,更不会因为政府的"认定"行为而使其能够获得比普通民众更多和更大的权利。

《非物质文化遗产法》所确定的传承人的相关义务是在其作为一般普通公民所承担的法律义务之外额外增加的新义务,该义务是一般普通公民所无须承担的。就是说,承担该义务的依据主要就在于政府根据《非物质文化遗产法》第29条规定的传承人"认定行为",该认定行为在行政法上属于一种附义务性行政

---

① 中国目前的传承人认定类型只有个人认定,比较单一,而日本法律除规定有个人认定外,还有综合认定以及团体认定。对其中的综合认定以及团体认定,有进行深入研究的必要。

许可①,亦即被"认定"的传承人在获得"认定"的同时,须承担起《非物质文化遗产法》第31条所规定的义务。这些义务主要包括:(1)开展传承活动,培养后继人才;(2)妥善保管相关实物、资料;(3)配合进行非物质文化遗产调查;(4)参与非物质文化遗产公益性宣传。为了便于传承人履行相关义务,《非物质文化遗产法》第30条规定国家应根据需要,采取以下措施帮助传承人开展非物质文化遗产的传承、传播活动,亦即(1)提供必要的传承场所;(2)提供必要的经费,帮助传承人开展授徒、传艺和交流活动;(3)支持传承人参与社会公益活动;(4)其他支持传承活动的措施等。由此可知,从权利、义务的逻辑关系出发,部分学者所主张的传承人"传承权说",其实并非权利而是义务。只是从权利、义务的道德性关系②出发,正是基于传承人的上述传承义务,继而才产生了传承人的传承权利。因此,可以说"传承权"就是传承人权利及义务的核心内容,除此之外的其他权利都可能与普通公民的相关权利相重叠。

以传承人的署名权为例,在公众较为熟悉的"安顺地戏"署名权纠纷一案中,尽管一审、二审法院都没有支持原告的诉讼请求,但却都明确表示"安顺地戏"作为国家级非物质文化遗产,应当得到国家的保护。在此案判决的理由部分,一审、二审存在比较大的差异。一审法院认为,被告(电影《千里走单骑》的导演张艺谋)在其作品中将"安顺地戏"改称为(现实中并不存在的)"云南面具戏"这一行为,其主观上并无侵害的故意或过失,客观上也未对"安顺地戏"产生法律所禁止的歪曲、贬损或者误导、混淆等负面效果,因此,驳回了原告的诉讼请求。③原告不

① 姜明安:《行政法》,北京大学出版社2017年版,第328页。
② 王海明:《论权利与义务的关系》,《伦理学研究》2005年第6期。

服，提起上诉，随后的二审法院则认为："安顺地戏"既非署名权的权利主体，亦非署名权的权利客体，所以涉案电影并没有侵害"安顺地戏"的署名权。因此，二审确定，维持原判。[①]二审的判决理由非常明确地告诉我们，所谓署名权中"署"的一定是作者或表演者的姓名，而非作品名称或类型等方面的表述。对此，上诉人虽然明确地提出：署名权中的"名"，应该理解为既包括作者的名称，也包括作品的名称，在本案中则是指作品的名称，但这一主张未得到法院的支持。现在看来，如果该案请求的不是署名权的"侵权之诉"，而是法律事实的"确认之诉"，亦即请求法院确认在张艺谋导演的这部电影中所出现的地方戏曲为"安顺地戏"，而非"云南面具戏"，则判决的结果可能就会有所不同。

显然，包括署名权在内，上述部分学者所主张的传承人权利的"五权说"或"六权说"，基本上都是著作权以及著作邻接权中的权利。根据已经发生且进入司法程序的国内外相关案例的结果，司法机关都是依照现行实定法（知识产权法）加以处理的，其与普通案件的处理并无特别之处。由此，笔者认为，只有"传承权"才是非物质文化遗产传承人的唯一权利，同时它也是传承人的义务。除此之外的其他权利，则与实定法上所规定的普通公民的权利相一致。

六、其他问题

无论是国际条约，还是国内法，虽然都已经使"非物质文化遗产"这一法律客体在概念上实现了定型化，但在其具体内容上却存在着较大的差异，加之

[①] 参见北京市西城区人民法院（2010）西民初字第2606号民事判决书。
[②] 参见北京市第一中级法院（2011）一中民终字第13010号民事判决书。

非物质文化遗产的活态性等特点，也使以确定性和可预期性为基础的法律，尤其是"私法"在很多时候束手无策。虽说在中国，《非物质文化遗产法》已经成为非物质文化遗产保护的基本法律，但正如本文所分析的那样，依然存在不少具体的问题尚未达成共识，有待引起学术界的重视和深入探讨。

首先，中国目前的传承人认定制度，仅限于自然人，可以说，社会团体认定的缺失乃是现行认定制度中最大的不足。从 2006 年 5 月 20 日公布《第一批国家级非物质文化遗产名录》开始，截至目前共认定非物质文化遗产代表项目四批合计 854 项、扩展项目 1011 项，代表项目传承人共计五批次，合计 3068 位，得以认定的所有传承人皆为自然人。[①] 由此可知，我们一方面强调非物质文化遗产的"集体性"特点、集体性权利、共有财产等理念，另一方面却在传承人的认定上忽视其"集体性"等。未来应该在传承人的认定上，适当考虑社会团体或民间组织作为传承人的必要性与可行性。对此，日本的"保持团体认定"[②]或许就是一个不错的参照。

其次，鉴于非物质文化遗产的保护与利用是由国家承担主要责任，因此，《非物质文化遗产法》第 13 条明确了要由"文化主管部门……应当……建立非物质文化遗产档案及相关数据库"。这些档案与数据库将会成为国家非物质文化遗产的保护、传承和利用的基础，与此同时，也应该是未来通过"有偿使用"方式筹集非物质文化遗产保护资金的重要保障。目前，中国的非物质文化遗产档案及相关数据库的建设，存在着多头建设、未能统一收集和集中管理等问题，相对而言尚比较混乱。按照法律规定，文化行政管理机

---

① 统计数据来自"非物质文化遗产网"（http://www.ihchina.cn/index.html）（2018 年 8 月 10 日访问）。
② 参见周超《中日非物质文化遗产传承人认定制度比较研究》，《民族艺术》2009 年第 2 期。

构需要确实地履行法律所赋予的职责，但眼下在几乎所有的非物质文化遗产官方网站中，都缺乏"档案和数据库"一项。尽管目前并不能由此断言相关网站建设中完全没有相关档案和数据库，但缺失或混乱的状态，也从一个侧面反映出涉及非物质文化遗产的管理工作尚不到位，这种状态自然也会对未来的传承及发展产生不利影响。因此，也就需要不断地完善《非物质文化遗产法》第12条所规定的"建立健全调查信息共享机制"，亦即文化主管部门可以要求从事收集、整理和研究非物质文化遗产的机构与个人，就其已经完成收集和整理的相关资料（包括调查记录）以及研究成果等，向其提供复制件或电子数据，经过整理后进行统一管理，进而实现社会性的共享。笔者认为，如此去逐条落实《非物质文化遗产法》的相关规定，才是对非物质文化遗产最有意义的"公法"性保护。

最后，必须承认在非物质文化遗产保护和利用过程中有一个无法回避、必须直面的问题，亦即非物质文化遗产的利用者、传承人以及非物质文化遗产所有者之间权利义务的平衡性。换言之，如何才能实现非物质文化遗产保护的公共利益与非物质文化遗产传承人及利用者个人利益之间的平衡？对此，目前尚没有很好的解决方法。不过有几个可能的解决路径值得研究，一是在1992年《生物多样性公约》之中的"获取与惠益分享"（Access and Benefit-sharing）制度①，二是著作权法中的"追续权"制度②。前者目前还局限于国际社会对原住民"遗传资源"的开发与利用实践之中，但将其扩大至"传统知识"以及"民间文学艺术"等，也还是有可能的。为履行《名古屋议定书》，2017年中国环境保护部制定了《生物遗传资源获取

---

① 1992年，联合国环境与发展大会通过的《生物多样性公约》第8条（j）款、第15条明确："尊重、保存并维持原住民及地域所拥有的、能够体现传统生活方式而与生物多样性的保护与可持续利用的相关传统知识、创新与实践；在利用遗传资源过程中促进惠益分享；遗传资源具有国家主权；能否获取遗传资源取决于资源提供国的国家法律；遗传资源的获取需征得资源提供国的事先知情同意，并在共同协商之下决定惠益分享方案。""获取与惠益分享"在1998年开始谈判，缔约各方经过多轮谈判与磋商，最终在2010年10月达成了《〈生物多样性公约〉关于获取遗传资源和公正、公平分享其利益所产生惠益的名古屋议定书》，"获取与惠益分享"制度正式得以确立。参见［德］Thomas Greiber、［哥伦比亚］Sonia Pena Moreno、［瑞典］Mattias Ahren等《遗传资源获取与惠益分享的〈名古屋议定书〉诠释》，薛达元、林艳梅译，中国环境出版社2013年版，第17—22页。［德］Silke von Lewinski编著：《原住民遗产与知识产权：遗传资源、传统知识和民间文化艺术》，廖冰冰、刘硕、卢璐译，中国民主法制出版社2011年版，第242—244页。
② 参见戴哲《艺术品追续权制度研究》，知识产权出版社2016年版，第199—207页。

与惠益分享管理条例（草案）》，试图通过国内立法将"获取与惠益分享"制度确立下来。后者虽仅限于著作权领域，但在澳大利亚及新西兰的司法实践中也开始适用于原住民的"民间文学艺术"保护。[①]另外，我国正在审议的《著作权法》修订草案也出现了追续权。未来上述两种制度是否能够被确立、是否可以成为非物质文化遗产的重要手段，学术界都有必要持续地予以关注，并尝试寻找它与非物质文化遗产保护的契合点。

总之，在涉及非物质文化遗产错综复杂的诸多关系中，尝试构建某种单一的制度，以保护非物质文化遗产或促进其在当代社会的传承，都将是非常困难的，而且也是十分危险的。由于各相关主体之间利益关系的纠结，将会不断冲击或淡化某种单一制度设计的初衷，并成为制度实施的障碍。所以，如何在协调现有各种利益关系的基础之上，推动非物质文化遗产的保护与传承，促进非物质文化遗产的合理利用，将是一个需要持续讨论的时代性话题。

[①] 参见小川明子《文化のための追及権——日本人の知らない著作権》，株式会社集英社新書2011年版，第117—126页。

扶贫视域下少数民族非遗传承人的"身份认定"研究

王伟杰

贵州民族大学民族文化产业发展研究中心副教授

传统工艺类的非遗传承人在非遗助推精准扶贫中发挥着不可替代的核心作用，我国相关非遗法规文件中对非遗传承人的要求也相对严格。然而在我国的民族地区，尤其是贵州的精准扶贫实践中，非遗传承人的"现实身份"与预期身份差距较大，存在着民族文化认同缺失、创新思维缺乏、履行义务职责观念淡薄等问题，相应地，我国非遗传承人的配套监管机制也不够完善。本文结合民族地区精准扶贫的实践，为非遗传承人的"身份需求"提出了解决目前"身份差距"的具体措施。

少数民族非遗是我国优秀传统文化的重要组成部分，既要走本真性保护之路，维护其原生态的文化本色，而其中的传统美术、传统技艺类项目也要走生产性保护之路，使之面向大众、回归生活、走向未来，因此少数民族非遗应当采取样本保护与活态传承两条腿走路的措施，才能实现其在现代社会中的创造性转化和创新性发展。2017年3月，国务院同意并发布了由原文化部、工业和信息化部、财政部制定的《中国传统工艺振兴计划》，明确提出了传统工艺振兴中

"促进就业增收"的基本原则,包含"发挥传统工艺覆盖面广、兼顾农工、适合家庭生产的优势,扩大就业创业,促进精准扶贫,增加城乡居民收入"①的具体要求。2018年7月,文化和旅游部又连续下发了两个关于"非遗扶贫"的文件:一是文化和旅游部办公厅、国务院扶贫办综合司下发的《关于支持设立非遗扶贫就业工坊的通知》(办非遗发〔2018〕46号);二是文化和旅游部办公厅下发的《关于大力振兴贫困地区传统工艺助力精准扶贫的通知》(办非遗发〔2018〕40号),将非遗尤其是传统工艺同精准扶贫紧密结合起来,为我国少数民族地区利用非遗进行脱贫攻坚指明了方向。作为民族地区传统工艺类非遗项目的代表性传承人(以下简称"非遗传承人"),其在非遗助推精准扶贫中发挥着不可替代的核心作用,其少数民族非遗传承人身份的认定研究有着极大的现实意义和学术意义。

一、少数民族非遗传承人在非遗扶贫中的核心作用

非遗扶贫与其他扶贫方式相比有着多重优势。在我国部分民族地区,由于经济不发达,交通通达度低,信息较为闭塞,民众接受教育水平较低,因此农业扶贫由于土地贫瘠且天灾不断以致收效欠佳,旅游扶贫则由于缺乏内部消费人群而使旅游收入增速较慢,电商扶贫则缺乏发达的信息网络和能娴熟操作网络技术的人,教育扶贫则由于周期长、见效慢而难解民众疾苦的"燃眉之急"。非遗扶贫则通过工作坊(站)培训班向贫困群众面授技艺,教会其一技之长

① 《国务院办公厅关于转发文化部等部门〈中国传统工艺振兴计划〉的通知》(国办发〔2017〕25号)。

而"授之以渔",并能通过对接市场解决销售后顾之忧,从而不会因土壤贫瘠、游客稀少、网络不畅等因素而收入锐减,反而能立竿见影地快步进入稳定增收行列。

少数民族非遗传承人的技艺输出是农户脱贫的重要手段,是多个非遗扶贫模式的核心环节。近年来,贵州大力推动非遗助推精准扶贫工作,实施了卓有成效的"锦绣计划"①,包括高校驱动型的"雷山模式"(体现在"高校+传承人+农户"),传承人驱动型的"松桃模式"(体现在"传承人+自创企业+农户"),基层政府驱动型的"丹寨模式"(体现在"合作社+家庭作坊+农户"),以及企业驱动型的"册亨模式"(体现在"企业扶贫项目+协会+农户"),以上扶贫模式的核心都是以少数民族非遗传承人为主。只有经过以传承人面授为主的科学系统的培训,贫困农户(主要为民族地区的留守妇女)才能使自身习得的传统工艺转变为生存技能。

少数民族非遗传承人的文化坚守是传统工艺品销量的品质保证,是民族文化传播与传承的重要保障。作为少数民族非遗代表性项目的传承者和传播者,传承人凭借其高超的技艺获得了归属感、自豪感和一定的经济收入,从而强化了其自身的文化自信。在有组织的科学的周期性技艺传输过程中,传承人不仅将传统技艺传授给农户,更将技艺背后的文化内涵(少数民族的文化符号、民族精神、文化性格)等传输给民族地区的困难群众,使之更加坚定了传承中华民族优秀传统文化的决心,从而内化为自身的民族文化自觉。

---

① 作为非遗大省的贵州于2013年启动了"锦绣计划",旨在促进传统民族手工业发展,让绣女在家就业,从而改善老人空巢、儿童留守的乡村现状。启动计划三年后,从事手工业的妇女达到50万人,产值50亿元人民币,带动就业人口百万余人。

二、扶贫工作中对少数民族非遗传承人的"身份要求"

在具体的非遗扶贫攻坚实践中，非遗传承人的身份除了要达到《国家级非物质文化遗产项目代表性传承人认定与管理暂行办法》（以下简称《办法》）中规定的相关基本条件外①和履行相关义务外②，更有着新的较为苛刻的要求。

一是要有非遗民族归属的民族身份，即在具备少数民族非遗项目的传承技能外，还能获得传承少数民族非遗的民族身份，获得当地民众的认同和理解，哪怕是民族不同，却能在当地群众中获得认可，取得民众的理解和信任，以便更好地开展相关传授和培训工作。

二是要有乡村文化精英般的文化坚守。冯骥才先生曾指出："守住传统，并将优秀的历史文明与当代生活贯通与融合，是当代社会的文化使命之一。"③少数民族非遗传承人应当以传承和传播本民族的优秀传统文化为己任，在优秀传统文化创新性发展和创造性转化中，做先进文化的引路者，做传统文化的忠诚坚守者，以极大的文化自觉传承本民族的文化价值和文化精神。

三是从单一的传承者到多重身份转变。作为少数民族非遗传承人，在非遗扶贫中不仅要成为讲授者，将自身的技能转变为教学知识传给民众，更要成为非遗作品向文化产品转化的研发者，成为培训课程和培训教材的制定者。同时，在传承人群研修培训中，其自身又成为新知识新技能的接受者。

四是要有坚持本真的精品意识和现代化的市场

---

① 2008年颁布的《国家级非物质文化遗产项目代表性传承人认定与管理暂行办法》中对国家级非遗传承人申请的基本条件界定为："一是掌握并承续某项国家级非物质文化遗产；二是在一定区域或领域内被公认为具有代表性和影响力；三是积极开展传承活动，培养后继人才。"

② 具体义务为：（一）在不违反国家有关法律法规的前提下，根据文化行政部门的要求，提供完整的项目操作程序、技术规范、原材料要求、技艺要领等；（二）制定项目传承计划和具体目标任务，报文化行政部门备案；（三）采取收徒、办学等方式，开展传承工作，无保留地传授技艺，培养后继人才；（四）积极参与展览、演示、研讨、交流等活动；（五）定期向所在地文化行政部门提交项目传承情况报告。

③ 史竞男、张辛欣、向定杰：《让非遗不再"沉睡"，靠产业织就致富路》，新华每日电讯，2017年3月7日，http://www.xinhuanet.com/mrdx/2017-03/07/c_136108210.htm。

意识。少数民族非遗要走样本传承和活态保护两条路子：一方面要进行本真性保护，保持少数民族非遗的灵韵所在，因此应该坚持本民族的审美标准和文化价值，保障原生态的非遗表现形式代代相传；另一方面应当走生产性保护之路，将非遗同现代生活联系起来，生产与市场需求相适应的文化产品，追求社会效益与经济效益的双赢，才能使民众脱离贫困，唤醒更深层次的文化自觉。

三、少数民族非遗传承人在扶贫工作中的角色差距

一是部分传承人技能与预期差距较大，主要表现为一些少数民族非遗传承人技不如人，暴露出省级、地州市级文化部门等在传承人申报及认定过程中制度缺失、把关不严等问题。由于国家级非遗传承人补贴已经增至两万元，几乎是一个贫困家庭 4 年的收入之和，从而使部分民族地区在传承人申报和评审流程中存在作弊行为。

二是民族文化认同缺失，即传承人缺乏对非遗项目的民族文化认同，空有技艺传承而无文化认可。一方面部分少数民族非遗项目与传承人的民族归属不同，即名录与传承人分属不同民族，弱化了传承人对其他民族文化的认可度；另一方面由于受到外来文化的影响，一些传统工艺品的土气、老气、俗气等特征使传承人自身在技艺传承中信心不足，在外来文化的强势登陆面前失去了民族文化自信。一旦非遗传承人在技艺传授中失去了民族文化认同，那么所衍生出的文化产品将在扶贫攻坚中遭受较为严重的文化折扣。

三是传承人的创新思维缺乏,部分传统工艺的创造性转化与创新性发展难以实现,文化市场中的文化折扣使非遗制成品的经济价值降低。全国政协委员、中国民间文艺家协会主席潘鲁生说,在社会变迁发展中,需要把这种文化基因(非遗为代表的中国文化)进行创造性的转换,激发出新的创造力,形成现代生活的表达和应用。① 由于传承人缺乏一定的创意灵感和创新精神,又要面临本真性保护的压力,使较多传承人依旧生产和制作传统社会所需要的传统手工艺品,与文化市场需求脱节,部分少数民族非遗衍生品的文化市场有限,经济价值没有得到最大限度的发挥。

四是传承人的义务职责与官方要求有一定的差距。目前少数民族非遗传承人应付政府相关任务已捉襟见肘,承担扶贫攻坚任务则显得精力不足。《非物质文化遗产法》中规定的传承人的义务较为简单②,在《办法》中则要求较高,多数少数民族非遗传承人达不到相关要求。如"制定项目传承计划和具体目标任务,报文化行政部门备案",受传承人知识和能力限制而无法完成;"采取收徒、办学等方式……无保留地传授技艺"在现实实践中面临着多重困难,传习生除非为传承人本人要好的亲戚朋友,否则很难学到全部的精巧技艺,多数传承人会有"教会徒弟饿死师傅"的顾忌;"积极参与展览、演示、研讨、交流等活动"也缺乏一定的社会条件,如展览演示需要政府提供专业的硬件设置和平台,研讨则由于多数传承人知识水平有限、语言隔阂等难以实行③,交流则同样缺乏稳定畅通的交流机制平台而流于形式;"定期向所在地文化行政部门提交项目传承情况报告",则急需

---

① 史竞男、张辛欣、向定杰:《让非遗不再"沉睡",靠产业织就致富路》,新华每日电讯,2017年3月7日,http://www.xinhuanet.com/mrdx/2017-03/07/c_136108210.htm。

② 主要为:(一)开展传承活动,培养后继人才;(二)妥善保存相关的实物、资料;(三)配合文化主管部门和其他有关部门进行非物质文化遗产调查;(四)参与非物质文化遗产公益性宣传。

③ 以贵州为例,较多非遗传承人文化水平都在初中以下,一些传承人甚至只会写自己的名字。

文化研究者和基层文化工作者的参与。

五是传承人年龄大、女性传承人偏少等在非遗扶贫中带来了诸多不便。首先是由于部分传承人年龄过大，已超过我国人口平均寿命，因此一些非遗项目面临着严重的"人亡技绝"的风险，或使工作坊、培训班无人接手；其次是因年龄大带来的语言障碍、沟通不畅、行动不便等问题，使技能传授面临着多方面的困难；最后是由于男性传承人占据绝大多数，而传统工艺类项目的传授对象多为留守妇女，因而女性传承人开展培训更具优势，目前女性传承人的缺口较大。

六是非遗传承人的相应监管机制不完善，产生违法行为的成本太低，且保障《非遗法》顺利实施的执法主体不明确。目前，部分少数民族传承人由民向腕的转变，不但脱离了群众，成为民族地区先富起来的一批人，却没能带领群众集体致富，而且脱离的民族文化，在传统民族文化的保护与抢救中不积极、不参与、不认同。《非遗法》规定国家级非遗传承人要有文化传承与传播的义务和职责，并指出"国家级非物质文化遗产项目代表性传承人无正当理由不履行传承义务的，经省级文化行政部门核实后，报国务院文化行政部门批准，取消其代表性传承人资格，重新认定该项目的代表性传承人"[1]，但在现实中关于非遗传承人的较多违法行为面临着多方面的执法困难，如执法主体不明、监管机构欠缺、民众法律意识淡薄等，使非遗传承人的违法成本较低。

---

[1]《国家级非物质文化遗产项目代表性传承人认定与管理暂行办法》第十六条第一款相关规定。

四、非遗扶贫视域下少数民族非遗传承人的评选建议

一是建立并逐步完善少数民族非遗传承人的考评机制和奖惩机制。应制定相关的非遗传承人绩效考核办法，实施量化考核，每两年对少数民族非遗传承人的传承目标和任务完成情况进行综合考评，由分管的县级文化部门官员、高校非遗专家、扶贫对象代表（如绣娘等）及传习生进行打分，评选出一定比例的"优秀传承人"和未完成基本任务的非遗传承人，奖勤罚懒，对于不履行传承人义务和职责情节较为严重的传承人应取消其传承人资格。如湖南省已开始施行非遗传承人考核机制，连续两次考核不合格拟取消资格。①

二是为保证非遗工作坊及研培计划的完整性与连续性，建议对传统工艺类少数民族非遗传承人采取缺额即申报制度，即针对少数民族非遗中的传统美术类、传统技艺类，以及传统医药类中的药物炮制项目、民俗类中的民族服饰项目相关传承人，不但要保证每处表现形式都有相关传承人进行传承活动，而且一旦部分传承人失去传承能力或去世，应当及早地补充新的传承人代表进行相关传承活动，并赋予新的传承人代表以"代传承人"身份，以便其开展相关扶贫培训工作。文化和旅游部可定于每年集中处理一次新任传承人的认定工作。另外，注重在同等条件下，应优选女性传承人进入各级非遗传承人名录。

三是严把少数民族非遗传承人评选及认定程序中的质量关，完善申报单位和认定专家问责制度。首先要不断完善传承人的认真推荐、严格评选、科学认定

---

① 吕菊兰：《湖南非遗传承人连续两次考核不合格拟取消资格》，《三湘都市报》2015年12月7日。

制度，为防止弄虚作假和徇私舞弊等现象出现，可加强对传承人能力和技能的实地考察工作，现场观摩其传承场地、工艺品制作过程等；其次要实行严格的问责制度，对于工作中出现重大纰漏和弄虚作假行为的基层单位和个人（含基层文化工作者和鉴定专家）应给予通报批评；最后对于评审和鉴定过程责任心不强的专家应取消其非遗代表性项目及传承人专家认定资格。

四是加强对少数民族非遗传承人的监管与帮扶。首先应督促和鼓励传承人进校园、进社区进行相关传承活动，助推民族文化进校园行动（建议每年不少于36学时）；基层政府应在传统节庆提供展演平台，会集传承人进行传统文化展演。其次应辅助传承人完成相关职责任务，可实施传承人与文化学者结对制度，由文化学者协助传承人完成相关职责，如制订传承计划，定期汇报项目传承情况，提交传承报告，参与非遗传承学术研讨交流，如在政府组织的非遗传承交流会上，可争取共同发言等。

五是建议对较多少数民族非遗中的集体传承项目实行传承团队申报制度，规避传承人申报和认定中的弊端，以更好地保护和传承相关少数民族非遗，吸引更多的贫困群众加入非遗传承的队伍，维护当地传承团队的团结；设立由政府及民间组成的非遗项目传承基金，为单个非遗项目的传承构筑良好的外部环境和法制保障。

六是有选择、有改变地继续实施传承人群研修培训计划。首先要不遗余力地开展面向传承人的"强基础、拓眼界、增学养"工作，提升其知识文化水平和道德修养水平，更好地为非遗传承和文化保护做出最大贡献；其次要减少相关理论知识的培训课程，增加创新性实践和创意性研发课程；最后要有效推动少数民族非遗传承人与艺术大师、文化学者的沟通和交流，提供多方参与的共商共荣机制平台，鼓励各民族间文化的交流融合，不断深化传承人对文化产品的新认识，推出面向大众、面向未来的艺术精品。

"社区"的回归与"新在野之学"的导向
——传承人口述史再探路

祝昇慧

天津大学冯骥才文学艺术研究院副教授

传承人口述史在非遗保护中的方法论意义已在实践中得到检验,下一阶段的非遗保护工作亟须理论上的再反思与实践中的再推进。本文结合近年传承人群体、传承模式、传承动力等出现的新变化,主张"社区"的回归;同时口述史在新形势下应由工具论价值向能动的方法论价值转变,借助"新在野之学"的理念对"遗产化"现象进行纠偏,并在个体记忆向公共历史的转化、社区构建中的文化生态修复以及主体实践与知识生产等方面有所作为。

一、传承人的新动向与"社区"的回归

自 2007 年第一批国家级非物质文化遗产代表性传承人认定以来,历经十余载,我国已初步建立起非遗传承机制,对于传承人的认定标准、权利义务、财政补助、传习活动的开展等方面都有了相应的立法、规定和举措。随着非遗的升温,传承人也似明星人物,频频出现在媒体、展销会、大学校园、旅游景点、博物馆等各类场合,成为非遗的代言人。

值得关注的是,近年来围绕传承人出现了很多新动向,有的是来自国家层面的意旨自上而下的导向作用,如原文化部非遗司实施的《中国非物质文化遗产传承人群研修研习培训计划(2016—2020)》计划用5年时间培训10万人次,规模之大,参与之广,前所未有;再如,李克强总理在政府工作报告中倡导的"工匠精神"在各行各业和非遗传承人身上产生的广泛效应和回响。有的是来自民间或市场层面的互动自下而上的活力与创新,如互联网等新媒体和文化产业、旅游业催生的非遗新兴创业模式;还有的是来自传承人自身的结构变化,如新生代传承人群体的出现等。这些纷繁的现象深深搅动着非遗保护的方方面面,也提出了很多与传承人密切相关的新问题。

(一)传承人群体的变化及社区内涵的覆盖

"传承人"的概念是伴随着非物质文化遗产保护运动的兴起而产生的,作为非遗的"重要承载者和传递者",传承人既是非遗的"活的宝库",又是非遗代代相传的"接力赛"中处在当代起跑点上的"执棒者"和代表人物,尤其杰出传承人更是"在继承传统中有能力作出文化选择和文化创新的人物"[①]。名录体系的建立正是基于传承人在非遗保护中的重要作用而采取的规范化、制度化的举措,然而在实施过程中也出现了一些问题,如国家级传承人数量偏少且分布不平衡,传承人认定制度的不完善使一些民间艺人无法进入各级名录,传承人名录的分级制度导致传承人被人为阶层化,引发了民间艺人与传承人以及不同级别的传承人之间的矛盾,造成一些集体项目无法正常开展活动,传承人的保护工作难以得到群众的有力支

---

① 刘锡诚:《传承与传承人论》,《河南教育学院学报》(哲学社会科学版)2006年第5期。

持,传承人的年龄与性别结构也不合理。①此外,以社群为基础,由匿名和复数的民众所承载的民俗类非遗还面临着将某些民俗如节日等的传承人认定为个人所带来的学理上的困境等问题②。

因此,我们需要一方面不断完善名录制度,提高传承人的积极性,保障传承人的合法权益;另一方面也要正视名录体系所涵盖不了的传承事实,亦即传承人内涵与外延的变化。方李莉在对景德镇陶瓷手工艺复兴的长年考察中,发现当地"景漂"的构成既有来自江西省附近农村的农民工,也有毕业于全国各地艺术院校来此创业的学生群体,还有来自不同地区、不同国家的陶艺家、画家等。这些人不需要政府的号召,也不需要国家授予的传承人称号,却成为景德镇名副其实的非遗传承者和传播者。那么非遗传承人究竟是"个体还是群体?是当地民众还是包括了外来者,甚至是不同国家的外来者"③?

传承群体的多样性与复杂性,使我们有必要从非遗保护中过于重视传承人个体的作用回归对社区概念的重新认识。首先需要理解 UNESCO 的非遗理念"对人的关心要远甚于对文化的重视",非遗保护最终目标是"要导向提升相对处于弱势地位的大量非遗实践者的地位";其次需要在非遗的动态实践中准确地理解"某一社区中所有的成员都是文化传承人的前提下,反过来,又必须对传承群体(即社区)内部的结构特征及层次关系有更清楚的认识"。因此,"社区"概念的提出很好地涵盖了传承人群体的新变化及其"非均质性"④的特点。

---

① 陈兴贵:《非物质文化遗产代表性传承人名录制度反思》,《重庆文理学院学报》(社会科学版)2016年第3期。
② 周星:《民俗类非物质文化遗产的意义、现状与问题》,《美术观察》2016年第6期。
③ 方李莉:《论"非遗"传承与当代社会的多样性发展——以景德镇传统手工艺复兴为例》,《民族艺术》2015年第1期。
④ 安德明:《非物质文化遗产保护中的社区:涵义、多样性及其与政府力量的关系》,《西北民族研究》2016年第4期。

（二）传承人的传承模式及非遗传播方式的变化

随着互联网等技术的普及以及教育领域的介入，传统的基于地缘、血缘或业缘的师徒传承和家族传承模式在现代社会中突破了"人地关系"的局限，被更为多元的传承实践所涵盖。

互联网为那些没有传承背景而又喜爱非遗并想以此谋生的年轻人提供了一种更为便捷的学习途径。"新生代"传承人不必拘泥于过去那种师徒父子间朝夕相处、口传心授的传承模式，可以通过互联网远程获取各类非遗图像、视频、资讯完成自我学习，进而在自己的作品中融入其他地域或领域的非遗元素进行整合，甚至为了避开与当地权威传承人的竞争，通过开设网店，突破地域局限，积极开拓全国乃至全球市场。但以消费者为导向的逐利行为必然带来地域性的丧失与非遗雷同化的现象。

而那些有世代传承背景的传承人获利于非遗，其中有些人在和学者的交往中受精英意识的影响，着力培养子女进入高等学府深造，有条件的将子女送往国外留学。这些传承人的子女即所谓的"传二代"，学成归来继承家族的非遗事业，将所学的高新技术、设计理念或管理知识用于传统手工艺上，为传承注入了新的因子与活力。他们能够紧跟时代，将最新的、最时尚的理念及技术加入传统的手工艺中，让传统与高科技结合，将中国的手工艺发展推向世界，推向国际市场。①

当然，技术也是一把"双刃剑"。宋颖在用影音手段记录史诗"伊玛堪"和西北的"花儿"等民间非遗时，提出了对于技术的困惑。标准化技术形成的数字化保存有利于非遗的传播和学习，但也固化了文类

---

① 方李莉：《传统手工艺的复兴与生态中国之路》，《民俗研究》2017年第6期。

的语境表达,削弱了其在本地的传承能力。由此,她提出了民间文化的代际传承,有赖于艺术养成的环境,尤其是人地关系的重要性问题。①

此外,随着非遗传承进入教育领域,其辐射力愈益广泛,遍及大中小学,甚至流布海外,由此也带来了传承模式的交互影响。很多学习美术或艺术设计相关专业的大学生毕业后从事非遗领域的职业,成为传承人中的新生力量,走了一条完全不同于传统传承模式的教育传承的路子。近年原文化部联合教育部开展的"中国非物质文化遗产传承人研修研习培训计划",促成了高校与传承人之间的密切互动。从代际传承的角度来看,此举有利于年轻一代更好地向老一辈传承人学习非遗,增强传承的使命感,积极应对转型时代的文化变迁。与此同时,民间与高校两套不同知识体系和传承模式之间的碰撞也产生了一些龃龉,出现了"按着西方审美标准,对传承人所传项目实施大规模改造"的怪现象,如传统吉祥图案变成日本卡通形象,散点透视变成焦点透视,写意变成写实,减字谱变成西洋简谱、五线谱,传统民歌变成美声唱法等。②究其实,我们应弄清楚培训的目的是什么,目的将决定传承的导向性。

非遗的文化传承不能仅仅在体制内进行项目保护,更应在一个开放的社会生态中进行可持续探索,尤其应注重不同非遗类型在原生地日常生活中的传承实践。③因此,非遗的活态传承呼唤社区的回归。

(三)传承人的传承动力及文化与经济的权重

传承人在非遗时代社会地位的提高以及来自政府名录体系的褒奖成为其无形的文化资本,同时这一文

---

① 宋颖:《文类、技术与代际传承——民间文学在传统村落面临的机遇与挑战》,《美术观察》2016年第6期。
② 苑利:《救命的"脐带血"千万要保住——从非遗传承人培训说开去》,《光明日报》2016年1月22日,第5版。
③ 乔晓光、苏欢:《互联网时代的文化传承——基于非遗社会实践与现象的观察思考》,冯骥才:《"原生态·新生代——传统木版年画的当代传承"国际研讨会论文集》,文化艺术出版社2017年版,第132页。

化资本在市场经济条件下极容易转化成经济资本。由此，在面对联合国教科文组织2003年公约"确保非物质文化遗产生命力"的核心理念时，传承人表现出介于保护与开发、继承与创新之间的矛盾以及对于文化传承与经济发展的不同选择。

在全球化、现代化、城镇化的转型时代，非遗的文化生态发生着重大变革。原有农耕文明相对封闭的生活环境为城乡之间的人口流动所打破，作坊式的手工生产方式为大规模的机器生产所取代，维系非遗存活的内部条件发生变化，因此，亟须外部条件的激活，完成传统向现代的转型。国家提出的"生产性保护"理念，正是在文化变迁的背景下提出的，尤其适用于传统技艺、传统美术等类别的非遗。由此带来的改变是非遗逐渐由传承人的谋生手段演变为文化创意生产，由日常生活的实用功能演变为艺术收藏的审美功能和文化消费功能。

一方面，非遗资源逐渐由村落中家家户户农闲时从事的副业集中到少数传承人的手中，非遗传承人的优势使他们较之一般艺人有着更多的阐释民间文化的能力及超越谋生阶段的精雕细琢的艺术设计和加工能力。在市场经济和非遗保护过程中，河南淮阳的"泥泥狗"就是由当地几位非遗传承人家庭专门制作，然后批发给商铺，几乎占领了市场大部分份额，有的传承人甚至完全脱离原有的农业劳动，全家一年四季投入"泥泥狗"的生产，而普通村民则渐渐退出这个行业。而"泥泥狗"这种庙会上的祭祀物也转化为民间玩具，进而变成外地游客购买的旅游商品。① 另一方面，外来的学者、艺术家、艺术院校毕业生加入传承队伍，为文化再生产提供了大量的艺术创作的行动

---

① 徐赣丽：《手工技艺的生产性保护：回归生活还是走向艺术》，《民族艺术》2017年第3期。

者，使非遗渐趋于精英的审美趣味。与此同时，随着物质生活水平的提高，人们对于文化消费、艺术收藏的需求也在增强，新的生活方式和价值观的出现，使传统手工艺也朝向艺术化、时尚化的方向发展。①

赵屹在对杨家埠年画两支传承谱系进行比较后，提出技艺与文化分离的问题。其中，杨明智—杨乃东—杨科伟这一脉作为地道的杨家埠年画传承人之家，世代生活在杨家埠年画创作、生产、经营、使用的文化场域中，祖辈、父辈良好的年画创作及刻印传统，以及继承当地年画语言系统和色彩系统的作品风格，极好地保存了民间艺术的本元价值。与之形成对比的是张殿英—张运祥这一支脉系，他们并非土生土长的杨家埠人，更侧重于对刻版及印刷工艺的实验性探索，如私人定制的仿古性文人制品，加上与民间艺术学者的往来，制作年画时难免受精英审美视角的影响，最终走上开发带有刻印工艺衍生品的道路。因此，非遗传承中常有的现象是"技艺传承下来了，年画却没了"②，这和我们"重技艺""轻记忆"的传承现状有着密切的关联，传统习俗不再，非遗的原生环境不再，年轻人传承的仅是单一的"技艺"，造成非遗传承的完整性缺失，③即技艺失去了其所依托的文化土壤。

对此，有学者提出应基于社会分工，各司其职，一类人如非遗传承人就是专门负责传统的继承与保护，力求保持"不变"；而另一类人则专门负责创新，负责"变"，如开发商，非做如此区分不能保住非遗这袋中华传统文化的"脐带血"。④还有学者建议应结合国情实施非遗保护、生产性保护双层机制，前者是建立原生态、本真的活态保护，是留存文化基因的

---

① 方李莉：《论"非遗"传承与当代社会的多样性发展——以景德镇传统手工艺复兴为例》，《民族艺术》2015年第1期。
② 赵屹：《非遗保护，回归生活本元——由新生代年画艺人创作引发的思考》，冯骥才：《"原生态·新生代——传统木版年画的当代传承"国际研讨会论文集》，文化艺术出版社2017年版，第56—68页。
③ 乔晓光、苏欢：《互联网时代的文化传承——基于非遗社会实践与现象的观察思考》，冯骥才：《"原生态·新生代——传统木版年画的当代传承"国际研讨会论文集》，文化艺术出版社2017年版，第130—131页。
④ 苑利：《救命的"脐带血"千万要保住——从非遗传承人培训说开去》，《光明日报》2016年1月22日，第5版。

资源库，后者是倡导将资源库中的文化资源融入当代生活，走向市场，让古老的基因图谱不断激发新的生机。① 与此相反，有学者认为，生产性保护的初衷虽然是引入市场，激活传统手工技艺的生命，然而作为民间艺术的手工技艺多数已经不能作为民俗文化的载体继续在日常生活中发挥作用，而是趋向专业化和艺术化，成为面向城市新的中产阶级进行生产的收藏品或高档装饰品，这是生产性保护发展的现实和趋势。② 也有学者看到传统手工艺的复兴，不单纯是传统文化的复兴，而是传统文化的重构和再生产、再创造，因此，非遗发展所带来的地方文化与地方经济的复兴，从中可能产生地方性的现代化发展模式的积极前景。③

在现实中，传承人面对政府文化政策的引导、学者的不同声音、市场的各种召唤，往往在文化保护与经济趋利二者之间游走，表现出多样态的选择，这也是传统向现代转型过程中处于过渡形态的文化应对。

二、口述史何为与"新在野之学"的导向

口述史在 21 世纪初与非物质文化遗产运动结缘，广泛应用于全国性的民间文化普查中，随着传承人概念的提出及调查、认定与命名工作的开展，传承人口述史在非遗实践中逐渐完成了方法论的建构。④ 继"中国民间文化杰出传承人丛书""中国木版年画传承人口述史丛书""中国民间艺术传承人口述史丛书""天津皇会文化遗产档案丛书"，《北京非物质文化遗产传承人口述史》等几部领航的传承人口述史作品之后，各地方各门类非遗的传承人口述史作品也相继面世，期刊上也专门辟有传承人口述史的专栏，一时间蔚为

① 赵屹:《非遗保护，回归生活本元——由新生代年画艺人创作引发的思考》，冯骥才:《"原生态·新生代——传统木版年画的当代传承"国际研讨会论文集》，文化艺术出版社 2017 年版，第 79 页。
② 徐赣丽:《手工技艺的生产性保护：回归生活还是走向艺术》，《民族艺术》2017 年第 3 期。
③ 方李莉:《论"非遗"传承与当代社会的多样性发展——以景德镇传统手工艺复兴为例》，《民族艺术》2015 年第 1 期。
④ 参见冯骥才主编，向云驹、张士闪、马知遥副主编，郭平、祝昇慧、冯莉著:《传承人口述史方法论研究》，华文出版社 2016 年版。

大观。

在这些传承人口述史中，基本上沿袭着一套较为成熟的访谈模式，一般均包括传承人成长的人文自然背景、家族史及个人生命史、传承内容及其文化内涵、传承方式及过程、传承谱系及传播范围等方面内容，这在非遗最初的文化普查阶段是十分必要的，反映出将传承人口述史应用于文化存录的档案价值。然而，口述史不仅体现为工具论价值，还拥有能动的方法论价值，如在个体记忆向公共历史的转化、社区构建中的文化生态修复以及主体实践与知识生产等方面均有着广阔的空间，因此有待学界对"口述史何为"展开进一步的反思与推进。

（一）口述史在个体记忆向公共历史转化中的媒介价值

当下围绕非遗传承人展开的各种记录、呈现以及保护方式中，除了本文论及的口述史外，还有博物馆的展览、视觉人类学的影像记录、大型文化展演等。阿莱达·阿斯曼在《记忆中的历史：从个人经历到公共演示》中比较了历史展示的三种基本形式：叙述、展览、展演各自的特点，即叙述以时间顺序或因果关系为主，展览凸显空间布局与整合，展演以动态的图像进行媒体演示或者在历史发生地进行空间展示，它们同时也是三种不同符号秩序体系的基础。①

在三种历史展示形式中，归属于叙述的口述史，优势何在？其所面临的挑战在于，仅仅是作为文化存录与保护中展示、展演之外的补充手段，还是成为记忆向历史生成途中不可替代的媒介？其在个人记忆的激活以及打开进入公共历史的通道中将预何为？

---

①［德］阿莱达·阿斯曼：《记忆中的历史：从个人经历到公共演示》，袁斯乔译，南京大学出版社2017年版，第129—132页。

在各类非遗主题的博物馆、纪录片拍摄、文化展演活动遍地开花的今天,"争夺关注度"成为消费社会的选择,历史也不例外,尽管"历史变得更加多样化、更加夺人眼目,以及更加精工细制,然而这并不意味着历史因此更深更牢地固定住了"①。目前这个时代可以说进入了一个"记忆、纪念、保存的时代",人们对文化遗产、历史的意识的提高,是记忆能力弱化的反动,对于现代特有的记忆的质的转换,诺拉用"历史在加速"来表现,这源于"和记忆一体化的历史的终结"②。

就此,笔者曾著文③论述过传承人口述史、博物馆中的展览以及非遗纪录片三种历史展示方式在传承人的身体实践过程中如何实现文化记忆的延续与再生产。

其中,传承人口述史首先需要捕捉传承人在活态传承活动中身体记忆的"内在化积淀"如何实现"外在化表达"的全过程,进而需要从传承人身体记忆的传承规律进入"群体不可遗传的记忆"④和"人类的文化根性"⑤这一更深层的传承机制中,去触及传承如何得以超越个体生命的有限性,在充满符号的文化世界中,通过更宽广的关联将一种精神的生活延续至今等根本性的问题。而这需要传承人与研究者两个独立主体基于对话关系合作完成这一话语生产过程,因此,保障传承人的话语权至关重要。

近年来随着对博物馆认识的加深,其逐渐由"物"的保存机构转变为文化记忆的精神家园⑥。很多非遗主题的博物馆或展览,往往通过策展中的视觉表征为记忆现场的还原创造条件,不同代际的观众和传承人在参展中众声喧哗的话语实践呈现出"再记忆"

---

① [德]阿莱达·阿斯曼:《记忆中的历史:从个人经历到公共演示》,袁斯乔译,南京大学出版社2017年版,第166页。
② [日]岩本通弥:《作为方法的记忆——民俗学研究中"记忆"概念的有效性》,王晓葵译,《文化遗产》2010年第4期。
③ 祝昇慧:《重归在野之学——非物质文化遗产话语与实践》,天津大学博士学位论文,2016年。
④ [德]阿莱达·阿斯曼:《昨日重现——媒介与社会记忆》,贝冯亚琳、阿斯特莉特·埃尔主编:《文化记忆理论读本》,余传玲等译,北京大学出版社2012年版,第22页。
⑤ 赵世瑜:《传承与记忆:民俗学的学科本位——关于"民俗学何以安身立命"问题的对话》,《民俗研究》2011年第2期。
⑥ 齐密云:《博物馆:文化记忆的家园》,《北京文博》2015年5月7日。

机制的特点，由此提供给民众参与遗产制造、文化修复与历史书写的舞台，开启遗产民主化与多样化道路的前景。

此外，在非遗抢救与普查中，影像以其全息的、动态的记录功能，越来越发挥着文字媒介不可替代的重要作用。随着人类学思维视角的加入，影像也由宣传片、历史人文纪录片向影像民族志转变，由"浅描"走向"深描"，为非遗的文化阐释与认知突破提供了一个反思的契机。尤其是在拍摄者与拍摄对象的"看"与"被看"之间，文化记忆的"可见"与"不可见"部分得以表象化，文化记忆边缘区域的显影，成为对抗被遮蔽及被固化的历史的一种力量。

上述三种方式在非遗保护实践中越来越多地结合在一起，成为互补的手段，例如，传承人口述史访谈一般都伴随着影像记录，展览中亦可以对现场观众进行集体口述史的访谈等。然而每种方式又有各自不可替代的独特性，这种独特性正是各自的方法论价值所在。相较其他两种方式鲜明的视觉性特点，口述史更长于通过口头交流，深入个体的心灵与记忆层面进行挖掘，以及在更广阔的时空中捕捉个人的、文化的、历史的生命与形态，特别是基于对话性的特点，能够促进访谈双方的互视与反思，激发主体意识的自觉，提升思想层面的内容。

（二）口述史在社区构建中的文化生态修复功能

非遗时代，传统生活世界的时空框架与社会结构已然发生巨大变化，加之历史上经历了若干次革命的断裂性破坏，传承主体与民间文化之间的关系亟须修复，而口述史在人与文化、人与人之间达成新的联结作用，对构建起以社区为中心的文化生态具有重要意义。

联合国教科文组织有关非遗的"2003年公约"及相关文件中，"社区原则"居于中心地位。由于"社区、群体或个人是生产、认定、保护、延续和再创造非遗的关键性主体，保护的目的便是确保非遗在该人群内部并通过该人群而得以继续实践和传承"[①]，因此，社区的建设是关系非遗文化生态良性发展的核心要素。

追溯历史上民间文化鼎盛时期曾有的文化生态对于今天思考社区重建是一个有益的启示。以天津皇会为例，其历史上的辉煌时期，之所以能牵动如此多的民众之心，越办越红火，有钱出钱，有力出力，以至达到商人辍市，百业停工，交通断绝，万人空巷……除了人们对天后娘娘的信仰，历代皇帝的册封和赏赐，以及津门富豪"八大家"的经济资助外，还离不开三类人的作用，即吃会者（靠办会挣得吃喝穿戴的人）、玩儿会者（为皇会捐资出力或喜好迷恋表演的人）和截会者（商号店铺、豪门富户将路过门前的会截住，请其专为他们演出，以示炫耀），他们为皇会组织了最基层、最直接的观众和参与者，训练了一支支技艺精湛的表演老会和圣会[②]，具有功不可没的作用。事实上，民间文化在自发状态下自然生成的形态，恰恰暗合了现代的非遗保护理念，以所传承的文化事项为凝聚力，聚集在其周围的人群构成了社区的概念。

天津皇会经历了兴衰起伏的文化嬗变，从极盛时期多达千余道花会到目前仅存尚不足百道老会，当代学者对硕果仅存的老会开展的传承人口述史项目于是

[①] 杨利慧：《以社区为中心——联合国教科文组织非遗保护政策中社区的地位及其界定》，《西北民族研究》2016年第4期。
[②] 尚洁：《皇会》，百花文艺出版社2006年版，第69—70页。

成为"后记忆"时代人们重构和叙写历史的依据。传承人口述既具有个人性，也具有集体性的特点，而集体性恰恰是文化生态修复的重要因子。首先，采访对象具有集体性的特点，访谈者不仅要采访会头，还要采访每一个乐器的演奏者和每一个角色的表演者，最后还要采访会中老者，以补全会的历史、传承及变迁，这样才能得到较为全面的口述历史。其次，采访内容具有集体性的特点，一是民间老会的传承本身就具有集体口述传承性的特点；二是在口述过程中，同一个会的不同采访对象的口述，以及相同会种不同老会之间对同一个问题的口述均带有互文性的特点，在相互补充和相互求证的过程中，拼集出断裂残缺的传统生活原貌。①

值得关注的是，口述史在调动社区自身的主体性力量，就关系社区的非遗事务在成员间协商合作达成共识的过程中所发挥的作用。在刘家园祥音法鼓老会的采访现场，老会会员对于舞铙舞钹的动作产生了分歧，有人认为应该让铙绕过头顶，有人认为不用；有人认为应该微蹲，有人认为应该像扎马步一样深蹲。于是，访谈者带着20世纪80年代民间文化复兴之际由原文化部、国家民委、舞蹈家协会组织编撰的《中国民族民间舞蹈集成·天津卷》（以下简称《天津卷》）前往会所，以作参照。表演的展示围绕着《天津卷》很快分为两部分。一部分会员认为应该按照书里的动作表演；另一部分会员认为书中的图文记录不大靠得住，实际表演动作要比书上的幅度大。奇怪的是，自始至终都无人质询当年参与过《天津卷》口述工作的老艺人们。现场充满了长时间的磋商，有些动作不得不参照《天津卷》与现有的身体技术进行比

---

① 史静：《论传承人口述史的集体性——以天津民间老会为例》，《文化遗产》2016年第4期。

较,才能推断出哪种技术更符合本来面目,最终结论的得出伴随的是不断的讨论和示范。相比较书籍的记录,会员们的相互传授具有更好的权威性,并且尚在表演的传承人较之老艺人更具发言权。① 因此,口述史改变以往"社区成员往往只被视为资料提供人或者受益人,而很少被看作规划和实施保护措施的关键性主体"② 的局面,赋予社区成员对所传承文化(非遗)的自主权与话语权。

传承人口述史将集体性视角纳入,意味着以社区为中心的导向,其对于社区的认定、社区参与与事先知情同意、社区受益③ 等方面均形成有利的保障,社区成员围绕非遗达成的协商过程,既是社会认同的建构,也是文化生态的修复。

(三)口述史在主体实践与知识生产中的"在野"路径

非遗领域目前为政府、市场、学者等外部力量过多地介入,无论是在四级非遗名录的认定与评选中,还是在文化产业、旅游业的市场开发中,或者是学者申报课题、项目的研究工作中,都不免遭遇"遗产化"的命运。非遗传承主体与保护主体的关系摆位亟须口述史以一种"文化对话"④ 的方式予以正确对待。

摩洛哥学者艾哈迈德·斯昆惕指出,"遗产化"主要产生两个方面的后果,从外部视角,遗产化会带来遗产及其生产与地方性(或所处社会)之间关系的扭曲。经受着去地域化的遗产,即使与其地理空间上的源起地保持着联系,也还是能够在世界上任何一个角落进行再生产。从内部视角,非物质文化遗产的生产一定会以牺牲某些成分为代价,特别是对于其持有

① 张彰:《图像、记忆与想象——以天津皇会刘园祥音法鼓老会的田野实践为例》,第二届"视觉人类学与当代中国文化论坛"会议论文,2015年4月,未发表。
② UNESCO:《人类非物质文化遗产代表作名录申报表填写备忘录》,转引自杨利慧《以社区为中心——联合国教科文组织非遗保护政策中社区的地位及其界定》,《西北民族研究》2016年第4期。
③ 杨利慧:《以社区为中心——联合国教科文组织非遗保护政策中社区的地位及其界定》,《西北民族研究》2016年第4期。
④ 安德明:《非物质文化遗产保护中的社区:涵义、多样性及其与政府力量的关系》,《西北民族研究》2016年第4期。

者和施行者而言，非物质文化遗产包括他们自身都发生了改变，由此造成了"本真的幻想"①。

目前已有学者从学术主体的角度反思"遗产化"现象。如岳永逸、蔡加琪的《庙会的非遗化、学界书写及中国民俗学：龙牌会研究三十年》一文，通过对近30年来河北范庄龙牌会这一民俗学界持续关注的又一个"妙峰山"的追踪，展示其面对主流意识形态及其话语的渗透，与龙牌会相关的行为主体或隐蔽或公开的价值取向与欲望共谋促成龙牌会叠合的符号体系与叙事修辞，以及学科/学者的龙牌会与地方精英（经纪人）的龙牌会、信众和香头的龙牌会以及奉教者等不敬拜龙牌的龙牌会等多个经验事实层面的龙牌会之间的连绵互动过程。尤其是非遗化后依旧集中呈现乡土宗教的龙牌会的疲软，实际上是富于地方性的乡土中国向全球化进程中的都市中国整体转型时所要经历的瓶颈。因此，有必要对非遗运动和当代中国民俗学演进展开进一步的反思。②再如，李立在《在学者与村民之间的文化遗产：村落知识生产的经验研究、话语分析与反思》一书中聚焦于以拥有国家首批非遗"安顺地戏"和省级非遗"屯堡文化"而闻名且"留下学者印记"的九溪村，将知识生产共同体的村民与学者一同纳入考察的视野，分析20多年来从"地戏""村史村志"等地方性知识的话语生产到"中国百村调查"、屯堡文化资源的开发利用等学者深度介入村庄的文化实践背后二者互动的动力、机制和意义，并对学者参与构造的复杂田野进行反思。③

针对上述主体实践与知识生产中出现的问题，需要我们对"遗产化"现象进行纠偏，处理好传承主体与保护主体之间的关系，尤其需要把民间文化的本位

---

① ［摩洛哥］艾哈迈德·斯昆惕：《非物质文化遗产及其遗产化反思》，马千里译，巴莫曲布嫫校，《民族文学研究》2017年第4期。
② 岳永逸、蔡加琪：《庙会的非遗化、学界书写及中国民俗学：龙牌会研究三十年》，《民族文学研究》2017年第6期。
③ 参见李立：《在学者与村民之间的文化遗产：村落知识生产的经验研究、话语分析与反思》，人民出版社2010年版。

放在优先考虑的位置，这就意味着应以社区为中心，在开展实践活动时立足于"以重视地方为目的的地方主义以及以重视生活者为目的的生活者主义"①。反观我国近10多年来开展的非遗保护更像是一场声势浩大的运动，政府、媒体、商界、学者多方力量卷入其中，学者参与其中更多的是在学术研究的层面上，当然也涉及应用实践的内容，作为中间力量，学者应发挥知识生产与实践的作用，秉持学术良知与民间关怀，在社区与政府、社区与市场等各组关系中进行斡旋，最大限度地保护社区的利益。

在此，日本学者菅丰提出的"新在野之学"（新公共民俗学）理论具有很好的借鉴价值，它要求在理解性质相异的立场的同时，跨越这种差异，使多样化的行为体得以协同合作；要求各行为体一方面认识到文化的所有权及其表征行为的权威性这一难题；另一方面努力获得对其进行表现的正当性，积极介入对象人群的社会文化中去，为了他们的幸福，将该地域及其人群、文化加以客体化并给予一定程度的支持，进而对与这一整体相关的自我与他者的实践及研究以一种自反性、适应性的方式加以重新把握。②

因此，口述史作为一门实践性很强的学科方法，不仅在创始之初就将"在野"的底层民众引入学术视野，将话语权交还民众；而且本着平等对话的立场，积极促进民众主体意识的觉醒与学者反思意识的形成，由此可在一种"新在野之学"的导向与参与性实践中，协商合作，共同实现非遗传承机制的良性发展。

① [日]菅丰：《日本现代民俗学的"第三条道路"——文化保护政策、民俗学主义及公共民俗学》，陈志勤译，《民俗研究》2011年第2期。
② 陆薇薇：《日本民俗学"在野之学"的新定义——菅丰"新在野之学"的倡导与实践》，《民俗研究》2017年第3期。

无文字民族口承史诗传承人保护实践研究
——以苗族史诗《亚鲁王》为例*

唐 娜

天津大学冯骥才文学艺术研究院讲师

传承是非物质文化遗产保护的核心，传承人对于非物质文化遗产的价值和意义早已被学界广泛认可。非物质文化遗产的大部分领域，如口头文学、表演艺术、手工技艺、科技知识等，一般是由传承人的口传心授而得以代代传递、延续和发展的。在这些领域里，传承人是非物质文化遗产的重要承载者和传递者，他们以超人的才智、灵性，贮存着、掌握着、承载着非物质文化遗产相关类别的文化传统和精湛的技艺，他们既是非物质文化遗产的活的宝库，又是非物质文化遗产代代相传的"接力赛"中处在当代起跑点上的"执棒者"和代表人物。①

少数民族的非物质文化遗产传承人在其中发挥着不可替代的作用。少数民族非遗项目由于其特色鲜明，形态多样，成为我国非遗名录的重要组成部分，是我国多元文化的重要支撑。我国颁布的四批国家级非遗代表作项目共1372项，其中少数民族非遗名录为477项，占总数的34.77%。在前四批国家级非遗传承人中，1986名传承人中有少数民族传承人506人，占总数的25.48%。②从少数民族代表性传承人的

---

* 教育部人文社会科学研究一般项目"当代视野下无文字民族口承史诗传承研究——以贵州苗族史诗《亚鲁王》为个案"（项目编号：18YJC850018）专题论文成果。
① 刘锡诚：《传承与传承人论》，《河南教育学院学报》（哲学社会科学版）2006年第5期。
② 肖远平、王伟杰：《中国少数民族非遗名录及传承人统计分析》，《西南民族大学学报》（人文社会科学版）2016年第1期。

占比与少数民族非遗项目占比之间的数字差距，反映出少数民族地区代表性传承人的申报、认定、管理工作尚有一定差距。

本文将主要从少数民族口传史诗，尤其是无文字民族的口承史诗传承人出发，以苗族史诗《亚鲁王》作为个案，对这一传承人群体的特征与相关工作体系进行反思。

一、无文字民族口承史诗传承人的价值与特征

史诗产生于人类社会的早期，是一个国家或民族集体记忆的主要承载形式之一。随着文字在某些族群中占据支配地位，口头历史随之地位下降，而在未产生通用文字的族群当中，口传史诗相关传统反而更加成熟，在社会生活中发挥着不可或缺的作用。除了藏族、蒙古族、彝族、傣族、维吾尔族、纳西族等10余个民族拥有自己的文字传统，大多数民族在日常交流、记忆、沟通情感、传承传播民族历史与文化过程中必须依靠类型多样、功能丰富的口头传统。从数据看，在总数为77人的前四批国家级民间文学传承人中，有61位少数民族传承人，占据79.22%的比重。[①] 其中在无文字传统的民族当中，口传史诗传承人这一关于族群来源发展、历史重大事件的宏大叙事的演述者又具有区别一般的意义与特征。

（一）个体记忆与族群记忆

我国许多无文字民族都流传着数百年甚至上千年的口承史诗，这些史诗对于其民族而言意义重大，因为其中沉积了民族创世史、英雄史或迁徙史，不仅是

① 肖远平、王伟杰:《中国少数民族非遗名录及传承人统计分析》,《西南民族大学学报》(人文社会科学版) 2016年第1期。

民族文化多样性的载体，更是各民族之根所在，有着重要的历史价值、文化价值、艺术价值，多被誉为族群的"百科全书"。其中有的民族至今仍保留着说唱传统，仍有艺人在传承和演唱，仍处于发展和演化之中，属于"活的史诗"，也是我国非物质文化遗产体系中价值突出的项目。

口头传统是无文字民族的文化方式。艺人或是歌师是口承史诗的承载者，是此项遗产的主体，如果没有他们，口承史诗就不复存在，一个族群的集体记忆可能就此消失。可以说，族群宏大的历史记忆具体通过若干个体对口承史诗的记忆的方式来承载，并通过不同的展演场域进行再现，对一般的族群成员进行传播和互动。这些记忆来源于族群社会发展的初期，在漫长的历史演变过程中不断丰富，具有不可再生的特征。一方面传承人作为族群记忆的库而存在，另一方面传承人对史诗的实践活动本身也是传统的延续。在不具有文字史的族群当中，口承史诗传承人及其记忆对于整个族群社会的意义，可视为族群主要的文脉所在。相对于文字传统，口头传承尤为脆弱，如果传承人的个体记忆消失，意味着族群文化成就的巨大损失。

（二）传承人的隐匿性

口承史诗传承人常常隐匿于民间而不被发现，历经多次全国性民间文学普查而不被外界所知。近几年，新发现仍时有发生。客观上，口承史诗发生于非日常的演述语境，跟婚嫁、祭祀等特定的礼俗事象结合，受到仪式的制约，只发生于乡土生活的深处，难以为外界所接触。同时，它不使用任何物质的、文本的载体，由于语言和文化的独立性，缺乏族群内的文化精英，导致文化普查工作者往往与传承人面对面却不能辨认。主观上，口承史诗大多具有谱系性，被视为民族的根谱，有的甚至存在传统教条和禁忌阻碍传承人的对外展示。绝大多数的传承人群体由于历史上的偏见，封建迷信的长期魔咒，选择默默传承和坚守，不愿意向政府公职人员透露。多种因素造成了口承史诗传承人群体隐藏于民间的状况，为文化部门的考察工作增加了难度。

（三）传承人的非功利性

与大多数非物质文化遗产门类传承人不同，传统社会中口承史诗的演述活动非谋生需要，口传史诗传承人亦非职业演述人，他们对史诗的传承实践活动，或源于热爱，或源于使命，从根本上决定了这一传承人群体受利益驱动的程度较低。工艺类非遗代表性传承人的认定对社区整体的经济收益分布有所影响，一般传承人往往沦为代表性传承人的雇佣工人，从而影响社区关系的和谐，口承史诗由于其庄严宏大的调性，传承人的传习活动本质上源于精神追求，许多传承人的传习动力来自"对族群（家族）的根（种子）的延续"。口承史诗传统保存较好的地区，往往经济欠发达，人们的思维方式、审视现代社会的视角有局限性，非物质文化遗产的含义和保护理念不易为传承人群体所接受。虽然国家的保护行为一定程度上影响到一般社区成员即非传承人对此的价值评价，但传承人的演述行为、传承活动不过多受非遗名录的激励或制约，几乎更不会因名录的评定而远离乡土。基于口承史诗在社会生活中的古老功能与运行机制，乡土社会中的人际关系和评价体系实际地影响传承人的行为规则。

（四）民族传统文化精英

完整继承和运用口承史诗的高难度，决定了史诗紧密附着在特殊的少数人群当中。由于史诗的形成在人类生活的早期，多数与宗教活动有关，因此许多史诗的传承人必须由具有宗教身份的人员担任，如纳西族的东巴、彝族的毕摩等。他们掌握宗教礼仪、民族历史，以及古老语言的使用能力。由于他们充分吸纳民族的原生文化的营养，具有多方面的才华，往往在乡土社会中受人欢迎和尊敬，成为当地的文化权威。由于对历史、艺术、语言等方面内容的长期实践，他们在乡土中往往有能力承担更多角色，如歌手、歌师、巫师、讲唱艺人、故事讲述人等。语言是一个民族最重要的文化表征之一，由于史诗语言常常沿用古老的语言形式、词汇及修辞，因此而保留了大量的古语言标本，随着现代教育的发展、社会交流的需要，许多少数民族的口头语言正在发生变化，更加偏离民族古语形态。口承史诗传承人便成为少数能够理解和运用这些古语词汇和规则的角色，使他们同时成为民族的语言库。

多方面的才华与能力赋予口承史诗传承人传统文化精英的角色，并且他们几乎不脱离生产，高度依赖乡土，土生土长、原汁原味，是他们的禀赋与特色。对一个优秀的传承人的基本要求就是尽量保持传统文化形式的原汁原味，这种传统性与民族性成为维系某个文化样式能否生存的重要条件之一。①

---

① 王宪昭：《对少数民族民间口头文化传承人的思考》，《文化遗产》2011年第3期，第13—19页。

(五)传承人的濒危性

口承史诗的濒危几乎已成共识。少数民族地区具有超人才华的大师级口承史诗艺人已经所剩无几,许多口承史诗面临着"人亡歌息"的危境。这种危境表现在传承人的数量和高龄,但实际上不仅仅来自传承人生命限度以及记忆和技艺本身的传承困境。民族地区文化生态的变迁,口承史诗功能性的弱化,是更深层和现实的原因所在。如《米花歌》传承人刘廷荣表示,能够在葬礼上唱一整晚,但主家却不愿意为此耗费时间和精力,往往到午夜就结束了。口承史诗功能性的弱化源自族群成员本身对于史诗作品的价值认同的弱化,是社会转型过程中不得不面对的必然过程,也是不可逆的过程,更加考验针对濒危性的应对措施和能力。

二、苗族史诗《亚鲁王》的发现及相关实践

2009年,从贵州麻山腹地开始进入中国文化视野的苗族英雄史诗《亚鲁王》甫一面世,就引起全国民间文艺界、苗学研究者、民族学界的广泛关注,至今已有近10年的时间。《亚鲁王》的发现是国家非遗普查工作的直接成果,在近10年当中,史诗的发现、搜集、整理、出版、申报名录、认定各级传承人、项目及传承人的保护、管理工作以相对密集的节奏在推进,因而作为一个口承史诗样本,更加完整地呈现出她与国家非遗保护工作体系的互动过程,也集中呈现出种种问题。

之所以引起广泛关注,其中重要的因素如刘锡诚所指出的,我国民间文学类的非物质文化遗产内容基

本未超出三大集成的范围，是对以往民族民间文学成果的再确认，而真正新发现的未进入国家文化视野的民间文学作品，只有苗族英雄史诗《亚鲁王》和《锡伯族民间故事》。

2009年春，"亚鲁王"在非遗普查中被发现，评为当年"中国十大文化发现"之一。2009年岁末，中国民间文艺家协会将"亚鲁王"列入中国民间文化遗产抢救工程的重点实施项目，投入专项工作经费。2010年，苗族史诗《亚鲁王》进入第三批国家级非遗名录。2011年，史诗第一部完成了搜集、翻译、整理工作，并由中华书局出版。2012年2月21日，《亚鲁王》出版成果发布会在北京人民大会堂举行，时任中央书记处书记、中宣部部长刘云山同志发来贺信。2012年底，陈兴华被评为国家级苗族英雄史诗《亚鲁王》文化代表性传承人。2011—2012年，"亚鲁王工作室"对紫云县境的东郎进行普查，并发放了"东郎证"1778个。2013年，负责搜集翻译史诗的"亚鲁王工作室"更名为"紫云自治县亚鲁王文化研究中心"，副科级事业单位，为该非遗项目的保护单位。2013年，《亚鲁王》获得第十一届中国民间文艺"山花奖"。2014年，岑天伦、陈志品被评为该项目省级代表性传承人。2013—2015年，亚鲁王文化研究中心在26个大东郎的住所为其挂牌"传习基地"。2015年，紫云县举办千名东郎唱诵史诗大赛，确认伍兴文等23名东郎为县级传承人。2018年，陈兴华自我梳理的个人五言版本《亚鲁王》出版，体量38000行。

截至目前，全县至少有1700位以上的自然传人，该项目共有国家级1位、省级2位、县级23位，共计26位代表性传承人。在此介绍"亚鲁王"项目传承人保护实践的相关案例与反思。

(一) 传承人与无文字民族的史诗存录

在我国历次全国范围的民间文学普查搜集工作中，影响力较大的作品成果更多来自具有文字史的民族，譬如藏族、蒙古族、彝族、纳西族、傣族等，由于文字缺失带来的民间文学的抢救记录的困境，至今也没有完全被弥补和解决，尤其在无文字民族的口承史诗领域。近年来，诸多新发现的史诗难以向歌师以外的群体呈现整体面貌及价值，如贵州四印苗的《簪汪古歌》，关键在于同时具备语言优势和专业能力的个体几乎不存在。

针对口承史诗的抢救，首先应当是存录，其中文本存录是关键的一项。在未有通用文字的民族中，汉字意译版本是目前最具推广效力的记录形式。苗族史诗《亚鲁王》的出版文本有两个，一个是由史诗发现者杨正江搜集整理翻译，2012年由中华书局出版的10819行文本，覆盖了史诗的主体部分；另一个是由国家级传承人陈兴华完成的自我整理版本，2018年由重庆出版社出版，共38000行。以下分别就两个版本的形成过程和特征做简要的提炼。

杨正江版本分为汉文意译部分和苗文部分，后者保留了苗文记录的语音以及汉文直译，形式规整，信息完备。翻译者具有少数民族语言文学专业背景，熟习民族语言，擅长文学写作。然单纯记录文本远远不够，由于对本民族特有世界观、历史观，尤其是巫文化事象了解有限，难以完成翻译工作，翻译者采取了拜师学艺的方式开始进行东郎专业学习，边学习边进行汉文翻译。由于史诗具有谱系性质，整体呈现出树状结构，杨正江版本涵盖了树根即亚鲁王及其祖先的历程，由五位歌师的唱段构成，是一个综合版本。

陈兴华版本，目前仅有汉字意译，采取了五言、七言的形式进行翻译。由于陈兴华是50多年的老东郎，相对而言，对于史诗文本的内涵驾轻就熟。然陈兴华教育背景为60年代扫盲班出身，经过多年的粮食系统工作历练，汉语能力尚可，但在翻译能力、文学表达方面稍显欠缺。陈兴华版本结构上更为完整，由于每个家族在谱系中的位置不同，在枝杈部分唱诵的段落和次序都不同，陈兴华依据自己家族情况完成了个人版本，更具有人类学、民俗学样本意义。

两个版本共有的障碍是民族特有文化事象的翻译，大量麻山苗族独有的文化概念在翻译过程中面临两个选择，一是寻找汉语相似词汇借以表达；二是保留苗语词汇，在注释中加以翻译。第一种处理显然不够精准，第二种处理则使文本难以顺畅阅读，最终在二者之间寻求平衡。本文关注点并非在于翻译技巧，而是传承人在文本化过程中所承担的工作范畴和能力。在杨正江版本的完成过程中，杨正江本人在相关工作中发挥了巨大的能动性，涉及的传承人贡献基本未超出作为东郎的传统，被动地配合。陈兴华版本中，由于是自我的记忆表达梳理，不存在文化理解的偏差，更加精准，显示了传承人天然的优越性。然而在翻译表达的文学质量方面，与专业背景人员有所差距。

为了完成自我版本的梳理，72岁的陈兴华前后修改了六稿，花了四年时间。该书的出版让我们看到口承史诗传承人群体在文本存录这一专业领域的另一种可能性和不可替代性，从而重新审视传承人的意义。

表 1　苗族史诗《亚鲁王》版本差异

项目	杨正江版本	陈兴华版本
出版社	中华书局	重庆出版社
出版时间	2012 年	2018 年
文字形式	汉文意译、苗文直译	五言、七言体汉文
体量	10819 行	38000 行
覆盖内容	史诗根部	史诗全部
版本类型	综合版本	个人版本
翻译者教育经历	少数民族语言文学专业	一年级、扫盲班、工作经历

我国民族地区早期的民间文学采录形式不乏操汉语的搜集工作者，在歌师和当地干部的口译基础上进行记录和整理，由于记录手段的落后，只能记录大意，进行大刀阔斧的整理。条件最为优越的是精通本民族语言的学者对本民族的口承史诗进行记录和翻译，如今旦的《苗族古歌》和杨正江的《亚鲁王》。无论何种形式，以往的相关工作中，传承人始终处于被动角色，他们对翻译记录工作的配合受各种因素制约。陈兴华版本的《亚鲁王》呈现的是另一种可能和趋势，显示出口头史诗传承人本身的巨大能动性。

学者与传承人作为记录翻译主体进行对比，呈现出知识结构的各自优势和弊端。学者擅长语言学科学记录、汉字翻译表述，传承人擅长史诗本身内容以及对地方性知识的把握。如果传承人能够主动承担自我梳理工作，即便文字直白，文学性较弱，其成果有着学者不可替代之处。其一，由于跨民族、跨语言、跨文化的沟通，在信息中转过程中很容易出现偏差和误解。其二，口承史诗并非以日常叙事为对象，由于涉及人类、宇宙形成，民族的重大事件的描述，增加了沟通的难度。因此，操民族语言的专业人员匮乏的情况下，或者传承人有足够的汉语能力和文化使命感的情况下，应当激励口承史诗传承人的自我梳理和直接介入文本抢救工作。

随着传承人群体受教育水平的提高，对现代社会文化遗产保护理念的认知逐渐成熟，一直以来口承史诗传承人的被动角色是否有可能转为主动担当，是可以期待的。

（二）口承史诗传承人认定的科学性

尽管我国《国家级非物质文化遗产项目代表性传承人认定与管理暂行办法》《中华人民共和国非物质文化遗产法》都明确了传承人的申报有申请制与推荐制两种渠道提名，然实际上选择哪位传承人进行申报多半是由当地文化部门决定的，尤其在对非物质文化遗产缺乏公共认知的少数民族地区更是如此。

苗族史诗《亚鲁王》目前已有国家级、省级、县级三级传承人。国家级传承人人选曾有动摇和争议。至2009年进入史诗大范围搜集阶段，《亚鲁王》歌师们仍有"文革"时代的思想负担，缺乏就史诗内容进行沟通的能力，即便是民族语言也非常困难，搜集工作推进困难。退休干部兼歌师陈兴华的主动参与、积极配合很大程度上扭转了局面，他具有鲜明的文化自觉，以及使用生活语言（包含苗语及汉语）描述和阐释史诗的能力。在协助当地文化部门成功完成非遗申报以及翻译整理后，"顺理成章"地成为该项目省级、国家级代表性传承人的第一人选。

在乡土社会中，同一项口承史诗传承人分散于史诗流布的各个区域，延续各自的传承脉络，保持着大同小异的史诗传统。不同区域甚至不同方言之间的传承人并无机会沟通彼此甚至一决高下，2015年，亚鲁王文化研究中心组织举办的千名东郎唱诵史诗大赛为之创造了机会。比赛的赛制设置得到了中国社科院、贵州省内非遗专家的认可，但是比赛的结果直接引发了对于代表性传承人资格的争议。

陈兴华在并无差额竞争的情形下以唯一提名资格进入国家级传承人名录。而当比赛决出冠军东郎韦小五，保护单位关于增加一个国家级传承人名额的申请被拒绝后，在传承人资格方面有所摇摆，甚至提出更换传承人的要求。

显然，传承人普查、申报、认定工作流程如果更注重科学性，可以大概率避免此类漏洞的发生。每个门类的非遗项目都有自己适用的择优标准，对于少数民族口承史诗传承人而言，由于没有相关物质载体、持单一小众语言、服务于某一特定群体、在乡土社会中仍有实际功能，其选拔认定的工作过程难度较大。

笔者认为，首先应当完善普查工作，明确史诗流传的地域范围、族群范围、自然传人的数量与分布等，而在具体操作中往往由于急于申报而有所忽略。其次需要建立评估机制，用对歌师的史诗掌握及运用能力做出客观评价，大多数地区需要相关专家的支持并制定相关评估体系。最后，本质上史诗演述作为一种社会服务，满足人们的精神需求，在乡土社会中天然形成互动圈。因此群众意见、民间口碑是口承史诗传承人最直接、高效的评估方式之一，其中包含了对地方性知识的综合能力评价以及传统道德的考量等，是传承人是否具有代表性、社区影响力的重要参考信息。

以上三方面工作的落实，使工作投入有所增加，然而在去主观化，标准、流程规范化基础上认定的代表性传承人，可避免依附型关系的建构，规避机制漏洞，为遗产本身的可持续保护发展奠定优良的基础。

（三）传承人与口承史诗的传承创新

长久以来，学者们更多对于现有的传承人制度中的问题进行反思，很少对正面成果进行研究。《亚鲁王》史诗项目保护单位的一系列举措，包含了对于自然传人的肯定，对代表性传承人的引导，对地方文化生态的培育等正面效应。从田野客观情况看，2010年，传承人陈兴华如同录音机一样，对史诗部分的内容照本宣科，不知所云，亦不求甚解，经过多年的潜心钻研和自我整理，到2018年个人版本五言体《亚鲁王》的出版，不仅是个人成果和进步，也是传承人认定与保护体制的成果，包含了对代表性传承人的培育过程。

该书的出版一定程度突破了原有传承模式，传统乡土社会中，《亚鲁王》史诗只有在正月里才能够在家中教唱，同时有相关禁忌的约束，对常年在外务工的传习人是巨大的阻碍，实际上导致了传统传承方式的失效，传承人一直渴望突破。陈兴华版五言体《亚鲁王》的诞生，颠覆了古老的传承方式，传递给民间社会更多的信心。这一版本的初创主旨具有特殊功能指向，它有别于学者为研究而整理的供阅读的文学文本，而为的是便于向更多的徒弟依此学习和传承，再现了史诗各部分唱词与仪式的内在联系。纸质文字与二维码音频融为一体，能够通过扫描二维码细分章节听取唱段，并与汉字翻译相对照学习。该书的出版使传习人的异地学习非常便利，陈兴华的逐句教唱的方式转变为电话答疑，更有针对性，减轻了负担。这一版本对传承人、传习人的演述行为有怎样的影响，以及对传承工作的效度影响，需要持续关注和考量。

陈兴华版《亚鲁王》借用汉文字，类似教材的文字、音频双重文本在流传地的应用还只是小范围行为，但其意义不可小觑。其一，口承史诗这一最古老声音与最新电子媒介的结合。其二，新的传承形式来自传承人自身的主观意愿，在学者的支持下得以实现。其三，以往民间文学作品只出现在学者的案头，这次是为了返回民间，符合传习人的期待，是为民间而生的史诗版本。其四，有望使千百年的古老传习传统发生变革，从而注入新的活力。打破传统禁锢，将史诗学习日常化、个人化、便利化，适应有教育经历的年轻人的认知习惯。这一方式无法取代传统的师徒传授模式，却是当下适应社会现实，促进有效传承，和对传统传承方式的有益补充。

该成果是口传史诗领域的一个创举，也是传承人培育的成果。传承人"文化身份"究竟是对其之前长期传承民族文化的一种表彰，还是对今后使其享有权利、承担义务的一种任命，不同传承人有不同理解。持后一种理解的传承人，在恰当的保护手段下，往往通过履行各种责任、义务，而得到培育和成长，真正成为非物质文化遗产的主体。

学者萧放认为，要将非物质文化遗产传承人的保护工作落到实处，必须做到：一是经济生活保障，二是提高其社会声望评价与社会福利保障，三是精神关怀与鼓励。以上三点对于无文字民族口承史诗领域的传承人尤为重要。由于历史的种种偏见，东郎群体一直在社会底层自生自灭。保护单位持续致力于为史诗和东郎正名，采用差异化的不同于一般的保护手段，着力于对传承人群体的精神关怀与鼓励。其保护措施包括为所有东郎发放东郎证，共计发放 1778 个，通过此举肯定一般性传承人的地位；以东郎肖像设立路标，引导年轻人学习拜访；为传承人挂牌传承基地，提高其社会声望；在当地举办史诗唱诵大赛，激励传承人群体的自豪感和使命感；号召东郎使用苗语做法事，保护本民族语言，提高文化自信。以上种种举措，均以国家名义在民族社区推广，使整个地区感知国家保护文化遗产的信心，从而对民族口承史诗及其传人有更正面和积极的态度。

代表性传承人的设置是蕴含精英化追求的。冯骥才先生认为，代表性传承人相比自然传人，应当有更多使命和社会承担。他曾经寄语传承人在非物质文化遗产的传承中应该着重做四件事：一是厘清家底，整理建立文献和实物档案；二是保住经典，要厘清什么最有代表性，什么是经典；三是保证传承，民间文化的生命就是传承，如果传承中断，民间文化也就消失了；四是要发扬光大，但这种"发扬光大"不能是完全为了迎合市场，还必须了解艺术的特征和精华所在。[1] 作为代表性传承人的陈兴华在当地的保护实践过程中，参与和经历了各种工作，履行传承人相关责任。其中包括协助保护单位进行史诗的整理和翻译，参与公益性的推广，与全国各领域专家的交流，通过媒体进行史诗宣传并为保护史诗献计献策。从中历练了文本翻译的能力和经验，拓宽视野，受到社会声望的肯定、精神关怀与鼓励。从物质和精神上补给，给传承人个体带来惊人的力量，迸发出强大的动力和使

---

[1] 冯骥才:《"中国（扬州）非遗项目传承与发展论坛"上的讲话》，2015 年 12 月 30 日。

命感。传承人得以通过不同视角、平台，反观自己持有的文化遗产，对此有更深刻更科学的理解，更有承担，从而发起自我的研究和整理，以及多样化的传承培养渠道的开创。

为传承人提供安全感、宽松、自由、鼓励、尊重的社会环境，督促相关责任义务的完成，是促使自然传人成长为代表性传承人的良性环境。虽然非物质文化遗产与代表性传承人都面临精英化的必然趋势，但是传承人的本质不是学者，而是民间文化持有者，创新行为不以迎合外界为目的，始终应当促进原生地的文化传承。同时文化的传承是一个动态的过程，某些看似大刀阔斧的创新，同时也是文化的自然生长，以适应社会发展为前提的一种摸索。精英化有许多的面向，一方面学者十分诟病部分传承人群体的商业化、趋利化，另一方面对于少数民族口承史诗传承人群体需要适当精英化，这反而能够促使他们释放更大的保护传承潜能，使之具有更广泛、深远的传承传播能力。

三、结语

多年来，对于非物质文化遗产，文化部门、专家和传承人们持续致力于两种努力，一种是抢救，主要包括多种形式的存录；另一种是保护，使其更好地在民间活态传承。随着教育逐渐普及、技术的长足发展，很多时候人们对于口承史诗这一来自古老先民的文明密码仍旧束手无策。无文字民族的活态口承史诗是各少数民族的民族认同、文化认同的重要资源，如同化石一般古老珍贵，由于她的意义重大、专业难度高及不可再生性，需要有针对性的应对策略。希望无文字民族口承活态史诗能够获得专项的保护策略和资源的倾斜，或者专业人才的支持，或者针对传承人自我整理的培训，使这些终将走向瓦解的文化遗产形态得以科学和体面地安置。

公共政策视野下非遗"传承人"概念溯源

路 浩
天津大学冯骥才文学艺术研究院博士生、天津市群众艺术馆助理馆员

非物质文化遗产代表性传承人本身也是一个偏于公共政策的概念,自"传承人"这一概念在非物质文化遗产领域诞生以来,国家在不同的政策性文件中对其有着不同角度的解读,也针对传承人的特性展开了一系列的工作,而这些工作在学界也褒贬不一,所以有必要探究公共政策下非遗传承人究竟是怎样的内涵。本文以时间轴回溯,分析"非遗运动"保护近15年来"传承人"概念的变化以及国家对其不同侧面的"应用"。

一、绪论

文化素来是一个国家软实力的集中体现,自新中国成立以来,从"百花齐放、百家争鸣"的"双百方针",到物质文明建设和精神文明建设"两手抓,两手硬",再到"政治、经济、文化、社会、生态文明"的"五位一体"总体布局,我国文化建设始终在国家总体发展规划中占有一席之地,各类有关的文化政策始终引领着我国文化建设的走向。自21世纪以来,随着我国工业化转型的加快，城镇化不断推进，带来了民众富足的物质生活的同时，也逐渐让身处现代化生活的民众意识到传统文化的濒危，在国家层面上，这场已经跨越10余年的非遗保护工作于2003年初"中国民间文化遗产抢救工程"的启动正式拉开大幕。与物质文化遗产不同，非物质文化遗产在抢救与保护过程中不仅需要保护物质性的文化载体，更为重要的是保护非物质文化遗产的保有者，也因此，"传承人"逐渐成为非物质文化遗产的核心要素，无论是中国民协，还是文化和旅游部以及各省市文化厅局所命名的"非物质文化遗产项目代表性传承人"，实际上都在不断突出传承人在非物质文化遗产领域中的核心地位。

其实我国开展民间文化的普查早已有之，从五四运动期间的北大"歌谣运动"到20世纪80年代由原文化部发起、中国民协承接的民间文学"三套集成"，但严格来说，"非物质文化遗产"这一概念还是源于2003年联合国教科文组织颁布的《保护非物质文化遗产公约》，由Intangible Cultural Heritage这一个英文短语直译而来，被保有文化先觉的当代知识分子引入我国。那么"传承人"的概念是否也是舶来品？又经过怎样的一个发展与变化？

二、社区、群体和个人：transmission & transmitter

国际层面，翻阅联合国教科文组织有关于"非物质文化遗产"概念的文件，最早可追溯至1989年11月15日在巴黎通过的《保护民间创作建议案》（*Recommendation on the Safeguarding of Traditional*

Culture and Folklore),将民俗视为"构成人类遗产的一部分"。在该文件的中文翻译版中,并未出现"传承人"这一专有名词,而是分别在第四节《民俗的保存》(*D. Preservation of folklore*)与第六节《民俗的保护》(*F. Protection of folklore*)中提到了"传承者"。与英文原文相对照,其实对应着的是 transmitter 这个英文单词,《牛津字典》中对该词的解释为"传送者、传输者、传播者、传染媒介",也就是说,在该建议中,对于传统民俗文化的保护已经涉及了传承者,一方面是文化的持有者,也就是建议中所提到的"能标明其身份的群体";另一方面指的是文化的传播者,与我国非物质文化遗产"传承人"的概念比较接近,但尚有一定的区别。

在 1998 年颁布的《宣布人类口头和非物质文化遗产代表作条例》、2001 年通过的《世界文化多样性宣言》、2003 年颁布的《保护非物质文化遗产公约》、2005 年颁布的《保护和促进文化表现形式多样性公约》中,实际上均未将"传承人"作为一个专有名词或是设为专有条款,但均表明非物质文化遗产的主体是"社区、群体,有时是个人",强调了人在非物质文化遗产保护中的重要作用与积极意义,也明确了"缔约国在开展保护非物质文化遗产活动时,应努力确保创造、延续和传承这种遗产的社区、群体,有时是个人的最大限度地参与,并吸收他们积极地参与有关的管理",也是从本公约开始,一方面不断加强对缔约国文化主管部门的要求,另一方面也逐渐加强了对文化延续与传承(maintain and transmit)的要求,由相对扁平化的文化挖掘与横向的传播开始向相对立体而纵向的文化传递过渡。

2016年10月颁布的《保护非物质文化遗产伦理原则》可以说是对2003年颁布的《公约》所做的进一步的补充，是国际层面对过去10余年非物质文化遗产保护实践系统梳理后的结论与反思，对世界各国后来非物质文化遗产保护工作提供了更为清晰的思路与更为具体的方向。而在该文件中，有关传承人的专有名词已经确定为"相关社区、群体和个人"，并重点对上述概念的定义、权利与作用等各个方面进行了详细阐释，明确了"相关社区、群体和个人在保护其所持有的非物质文化遗产过程中应发挥主要作用"，特别是"以确保非物质文化遗产存续力之权利应得到承认和尊重"，需要"尊重其意愿、使其事先、持续知情并同意的前提而定"。联合国教科文组织经过多年的文化实践，一方面已经注意到非物质文化遗产的保护核心在于文化持有者，目的在于保持文化多样性；另一方面在此理论基础之上，"社区、群体和个人"不仅需要存续文化，也应得到享有非物质文化遗产的尊重。另外，原则中针对近年来非物质文化遗产的保护，无论是学界还是政府、民众都在热议的"本真性"做出进一步解释，使社区、群体和个人能够在一定程度上允许其保有的非物质文化遗产发生"动态"或是"活态"的改变，这一原则也将为非物质文化遗产的未来发展提供更多的可能。

综上所述，国际上对于传承这一概念使用频率较高的英文单词为transmission，而虽然并未设立基于"传承人"这一概念的专有名词，但通过"社区、群体和个人"（communities, groups and, where applicable, individuals）的表述，加之《保护非物质文化遗产伦理原则》的解读，已经能够表达清楚传承人所需要行使的文化权利与所需要承担的文化义务。综观近30年来联合国教科文组织颁布、通过的纲领性文件，实际上国际层面也是先从挖掘项目入手，再逐渐对传承人重视起来的，与我国非物质文化遗产的保护历程基本一致。而从包括《保护非物质文化遗产公约》中提及的"指定或建立一个或数个主管保护其领土上的非物质文化遗产的机构"，以及"采取适当的法律、技术、行政和财政措施，以便促进建立或加强培训管理非物质文化遗产的机构以及通过为这种遗产提供活动和表现的场所和空间，促进这种遗产的传承"等，也不难看出各级政府文化部门在文化保护中所必须起到的重要作用。

三、民族民间文化传承人和非物质文化遗产代表性传承人

国内层面，自2004年全国人大常委会关于批准《保护非物质文化遗产公约》的决定颁布以来，我国政府就正式启动了非物质文化遗产保护的工作，文化部、财政部联合发出《关于实施中国民族民间文化保护工程的通知》，明确保护对象主要是珍贵、濒危的并具有历史价值的民族民间传统文化，而涉及传承人的条款已经出现，全称为"民族民间文化传承人"，在基本保护方式中提出"通过对传承人的资助扶持和鼓励，建立民族民间文化传承机制"，在主要实施内容中提出"建立民族民间文化传承人（传承单位）的认定和培训机制，通过采取资助扶持等手段，鼓励民族民间文化的传承与传播"。在具体的实施步骤中，也提出"研究、制定《民族民间传统文化传承人（传

承单位）命名办法》、建立保护工程专项资金用于民族民间文化传承人的培养和资助"等，均是一些较为具体的行政性规划，但对传承人的定义、责任与义务并未涉及。

当然，中国民族民间文化保护工程的提出与实施，包括对民族民间文化传承人的定义与讨论在时间上均晚于中国民协时任主席冯骥才先生所发起的中国民间文化遗产抢救工程，以及所提出的"中国民间文化杰出传承人"这一概念，因此，通常认为是国家行政机关借鉴了中国民协在民间文化工作中的先进经验，而国家行政机关与中国民协针对非物质文化遗产所开展的双线并行保护模式依然延续至今，成为我国非物质文化遗产实践的一大特色。

2005年，国务院下发《国务院关于加强文化遗产保护的通知》（国发〔2005〕42号），提出几点要求：第一，设立"文化遗产日"（现已更名"文化和自然遗产日"）；第二，正式确立"保护为主、抢救第一、合理利用、传承发展"的十六字方针，作为我国非物质文化遗产保护工作的指导方针沿用至今；第三，在该文件中首次提出了"非物质文化遗产代表性传承人"的概念。同年，国务院下发《国务院办公厅关于加强我国非物质文化遗产保护工作的意见》（国办发〔2005〕18号），在该意见所附的《国家级非物质文化遗产代表作申报评定暂行办法》中，首次明确了对非物质文化遗产"传承"的要求，即"通过社会教育和学校教育等途径，使该项物质文化遗产的传承后继有人，能够继续作为活的文化传统在相关社区尤其是青少年当中得到继承和发扬"，以及对"传承人（团体）"的申报要求，即"公民、企事业单位、社会组织等，可向所在行政区域文化行政部门提出非物质文化遗产代表作项目的申请，由受理的文化行政部门逐级上报。申报主体为非申报项目传承人（团体）的，申报主体应获得申报项目传承人（团体）的授权"。

2006年，文化部办公厅成立国家非物质文化遗产保护工作专家委员会，邀请时任中国文联副主席、民间文艺家协会主席冯骥才先生担任主任委员，中国艺术研究院、中国社会科学院以及全国诸多高校、科研院所的行业专家均列入名单，而他们所负责的其中一项工作便是国家级非物质文化遗产项目传承人的认定，这也是非物质文化遗产领域政策与学术界真正意义上的首次合作。同年，文化部印发《国家非物质文化遗产保护专项资金管理暂行办法》，正式确认专项经费的使用用途涵盖"传承人及传习活动补助费"，当年年底，《国家级非物质文化遗产保护与管理暂行办法》（中华人民共和国文化部令第39号）正式颁布，提出国家级非物质文化遗产项目代表性传承人应当符合"完整掌握该项目或者其特殊技能""具有该项目公认的代表性、权威性与影响力""积极开展传承活动，培养后继人才"等要求，同时提出"国家级非物质文化遗产项目代表性传承人应当履行传承义务；丧失传承能力、无法履行传承义务的，应当按照程序另行认定该项目代表性传承人；怠于履行传承义务的，取消其代表性传承人的资格"，所以我国的"传承人"概念从一开始就将文化的持有与文化的纵向传承并列起来，甚至将传承作为传承人的第一要务。

2008年，在第一批国家级非物质文化遗产项目代表性传承人名录公布后,《国家级非物质文化遗产项目代表性传承人认定与管理暂行办法》(中华人民共和国文化部令第45号)审议通过,对国家级非物质文化遗产项目代表性传承人需要符合的条件进行了进一步细化,表现在将"完整掌握该项目或者其特殊技能"调整为"掌握并承续某项国家级非物质文化遗产",再次重申了传承的重要要求,"具有该项目公认的代表性、权威性与影响力"也微调为"在一定区域或领域内被公认为具有代表性和影响力",符合非物质文化遗产的地域性特征。办法中明确指出,"从事非物质文化遗产资料收集、整理和研究的人员不得认定为国家级非物质文化遗产项目代表性传承人",也是对我国传承人在定义方面的补充。与此同时,办法中也对传承人应承担的义务做了说明,包括"在不违反国家有关法律法规的前提下,根据文化行政部门的要求,提供完整的项目操作程序、技术规范、原材料要求、技艺要领等""制定项目传承计划和具体目标任务,报文化行政部门备案""采取收徒、办学等方式,开展传承工作,无保留地传授技艺,培养后继人才""积极参与展览、演示、研讨、交流等活动"以及"定期向所在地文化行政部门提交项目传承情况报告"。但从实际情况来看,绝大多数传承人能够履行第一、第三、第四条的义务,而第二、第五条的义务则较难履行。

2011年,《中华人民共和国非物质文化遗产法》正式颁布,宣告我国非物质文化遗产有关工作迈上了一个新的台阶,进入了崭新的阶段。在该项法律中,非物质文化遗产代表性项目的代表性传承人应符合的条件与《国家级非物质文化遗产项目代表性传承人认定与管理暂行办法》(中华人民共和国文化部令第45号)中所包括的几项基本,只不过逐渐向基层倾斜,不再对非物质文化遗产的级别进行要求。具体的条件依然为三点,包括:"(一)熟练掌握其传承的非物质文化遗产;(二)在特定领域内具有代表性,并在一定区域内具有较大影响;(三)积极开展传承活动。"而在所履行的义务方面则发生了较大的变化,《办法》中的第二、第五两条由于在实践中较难履行被取消,将第三条所要求的传承义务上升至第一条,于是,非物质文化遗产代表性项目的代表性传承人应当履行的义务包括:"(一)开展传承活动,培养后继人才;(二)妥善保存相关的实物、资料;(三)配合文化主管部门和其他有关部门进行非物质文化遗产调查;(四)参与非物质文化遗产公益性宣传。"自《非遗法》公布以来,各省相继发布配套的条例,以更为贴合本省实际的规章辅助《非遗法》的施行。但可惜的是,尚未有较为典型的案件在本法律的指导下进行判决。

四、结语

总的来说,我国"传承人"较为偏重于行政与实用层面,并未沿用联合国教科文组织所采用的"社区、群体和个人",而是设立了专有名词,并结合联合国教科文组织的有关要求进行了概念上的补充与拓展,与国情紧密联系,形成了具有中国特色的非物质文化遗产保护模式。传承人是非物质文化遗产的重要载体,是民族民间文化信息的携带者与传播者,是非物质文化遗产"活"的灵魂。自2007年至今,我国共公布了五批国家级非物质文化遗产代表性项目代表性传承人名单，共计 3068 人，在世界范围内都是一个堪称惊人的数字。虽然名录已经建立，但由于传承人普遍年事已高，与传承人有关的工作依然需要抓紧步伐推进，而随着 2016 年《保护非物质文化遗产伦理原则》的公布，之前学术界与政府部门均在热议、犹豫的一些问题，诸如文化复古观、生产性保护等政策此时也应该有进一步的讨论与决定。随着党的十九大胜利召开，着眼于决胜全面建设小康社会的关键阶段，文化部门也应积极响应，与"乡村振兴战略"等重点国家战略相结合，与学术界加强交流，以公共政策的推陈出新、与时俱进不断完善非物质文化遗产传承人的学术定位与有机实践，提升全民族的文化自尊与文化自信。

参考文献及网站：
1. 邴正：《从文化反省到文化自信：中国文化建设助推社会建设40 年回顾》，《社会》2018 年第 6 期。
2. 冯骥才：《灵魂不能下跪》，宁夏出版社 2007 年版。
3. 冯骥才主编，向云驹、张士闪、马知遥副主编，郭平、祝昇慧、冯莉著：《传承人口述史方法论研究》，华文出版社 2016 年版。
4. UNESCO. https://en.unesco.org/.
5. 中国非物质文化遗产网，http://www.ihchina.cn/。
6. 中华人民共和国文化和旅游部，https://www.mct.gov.cn/。

第二编 文献与图说

开幕式

在"传承人'释义'学术研讨会"开幕式上的讲话

邱运华

中国民间文艺家协会分党组书记、驻会副主席

尊敬的冯骥才先生、天津大学领导、各位专家学者、传承人朋友、老师同学们:

大家上午好!很高兴在这个红叶知秋的季节,再一次来到美丽的天津大学冯骥才文学艺术研究院。作为本次研讨会的主办方之一,我谨代表中国民间文艺家协会,向前来参加会议的各位嘉宾表示热烈的欢迎和诚挚的敬意!每次来这里参加与非遗相关的活动,我都由衷地感受到非遗融入校园、学者心系传人的美好氛围。今天我们在此召开"传承人'释义'学术研讨会",将继续围绕非遗重中之重的传承人问题展开深入的学术探讨,为下一步的理论和实践工作指明方向。

民间具有传承一个民族文明和精神的功能,传承人是民间文化传承过程中当之无愧的主角,是民间文化的领军人物。一个地域的民间审美、民间技能都在他们身上得到体现,一个地方的民间文化最大的信息量也保存在传承人身上。一代代通过口传身授传递民间文化薪火的传承人,是民间文化遗产保护工作的核心和根本。

在21世纪初"中国民间文化遗产抢救工程"中,冯骥才先生提出"传承人是非物质文化遗产之本"这一核心理念,并前瞻性地将口述史理论与方法应用到民间文化遗产保护中,填补了国内传承人口述史领域

的空白。在冯先生的领导下，中国民协于2005年率先制定了《中国民间文化杰出传承人调查、认定、命名工作手册》，并出版了《中国民间文化杰出传承人丛书》。随后，我们将这套日渐成熟的理论与方法广泛应用于民间文学、木版年画、剪纸、唐卡、泥彩塑、传统村落等项目的普查中，为各门类的民间文化遗产建立起永久性的文化档案。

可喜的是，冯骥才文学艺术研究院的师生们同样将传承人口述史的理论与方法应用于田野作业中，相继出版了"中国木版年画传承人口述史"丛书、"天津皇会文化遗产档案"丛书等成果。在成功获批国家社科基金重大项目和国家社科基金艺术学项目后，他们又拿出了《传承人口述史方法论研究》《嬗变与传承：现代社会转型期天津皇会的研究》等学术专著。鉴于他们在传承人口述史领域的实绩，中国民间文艺家协会与天津大学批准于2015年6月16日将我国第一个国家级传承人保护与研究机构——中国传承人口述史研究所设立于冯骥才文学艺术研究院。今天，冯骥才文学艺术研究院在此召开"传承人'释义'学术研讨会"，必将对非物质文化遗产传承人口述史的田野实践与理论建设工作再向前推进一步。

朋友们，在此文化昌盛、文明复兴的伟大时代，我们的民间文化工作者、我们的传承人必将大有作为。民间文化在中国特色社会主义文化建设中具有重要地位，民间文化传承要与现代教育体制相结合，要与中华美育精神的弘扬相结合，让我们携手并进，共同推进民间文化在新时代的繁荣发展。

在"传承人'释义'学术研讨会"开幕式上的致辞

孙广平

天津大学党委副书记

尊敬的冯骥才先生,各位领导、专家、非物质文化遗产传承人代表、老师们、同学们:

大家上午好!金秋九月,青藤渐红,我们相聚在美丽而诗意的冯骥才文学艺术研究院,品味民间艺术精髓,探讨学术前沿话题。今天,"传承人'释义'学术研讨会"隆重召开,在这里,我谨代表天津大学对各位的到来表示衷心的感谢!

自2003年2月,由时任中国民间文艺家协会主席的冯骥才先生倡议发起的中国民间文化遗产抢救工程正式启动以来,我国非物质文化遗产抢救与保护工作已经走过十五载的春秋寒暑。在这15年间,冯骥才先生始终身体力行,奔走在960万平方公里的土地上,为民族民间文化的挖掘与抢救殚精竭虑。

正是在他的不懈努力之下,我国设立了"文化和自然遗产日",建立了四级非物质文化遗产名录体系,逐渐重视传承人的普查与保护,并推进了非遗立法的进程。至今,国家已公布了四批国家级非物质文化遗产代表性项目名录与五批国家级非物质文化遗产代表性项目代表性传承人名录,共计1836项国家级非物质文化遗产与3068位国家级非物质文化遗产代表性传承人,基本摸清了"家底",实现了从"非遗前"到"非遗后"的过渡。

刚刚大家一同欣赏了国家级非物质文化遗产——

刘家园祥音法鼓老会的精彩表演，也让我想到了冯骥才文学艺术研究院在今年举办的"清明"民俗展览和体验活动以及"花满青藤——非遗传承在校园"系列主题活动，许许多多的师生参与其中，陶醉于传统文化的芬芳馥郁，了解节日背后的深刻含义，亲身体验传统节日中的种种习俗，实现了穿越时空的文化对话，反响强烈。感谢冯骥才先生与研究院的各位师生，让天津大学这样一所以工科见长的高校也能够洋溢着文化与艺术的气息，让天津大学的莘莘学子也有机会触碰、感知民间文化的博大魅力。"文以载道，文以化人"，相信经过优秀传统文化的熏陶与思想的传播、普及，我们的学子必将做求真学问、练扎实本领，承载伟大使命，创造无愧于历史与时代的功绩！

民间文化是由一代代的劳动人民所创造、传承并延续至今的宝贵精神财富，是新时代中国特色社会主义文化的重要组成部分。冯骥才先生曾说，知识分子要自觉地站在时代的前沿，关切整个文化的现状、问题与走向，敏锐地觉察到社会进程中崭露出来的富于积极和进步意义的文化潮头，或是负面的倾向。当然，不只是发现它、提出它、判定它，还要推动它或纠正它，一句话——承担它，主动而积极地去引领文化的走向。今天，各位学术领域的专家、学者齐聚一堂，重新探讨"传承人"这一概念的定义与边界，将文化自觉与文化先觉的理念贯彻得淋漓尽致。而我想，这不仅是一次学理上的大讨论，更是一件"天大的事"，是我校着眼未来所提出的"强工""厚理"，"振文""兴医"的综合发展理念的一次有力实践与优秀范本。期盼各位专家、学者为非物质文化遗产的未来、为民族民间文化的未来诊脉问断，畅所欲言，建言献策。

最后，预祝本次会议圆满成功！谢谢大家！

米花歌·嘎登阿谬制人烟（片段）
（节选翻译68行）

刘廷荣（苗族歌师）\ 唱诵并口译
余未人 \ 记录整理

刘廷荣在唱诵

天下哪个年纪大？
只有奔波九腮年纪大。
天下哪个年纪老？
只说奔波九腮年纪老。

奔波九腮说，
要制天穹给人戴，
要造大地给人在。
奔波九腮讲，
捡柴拾草等下凝。
栽种庄稼，
饿饭时节不挨饿，
养儿育女来防老。

奔波九腮问，
从前谁当后生时光长？
得九当后生日月长，
他当后生一百六十又三岁，
胡子拉碴遮耳朵。
哪个当姑娘时日长？
昂牤当姑娘日子长，
她当姑娘一百六十又四岁，
披头散发遮脑壳。

哪个没有女人？
得九没得媳妇。
是谁没有男人？
昂牤没得丈夫。
得九去到昂牤家，
迎娶昂牤做新娘。

昂牤嫁到得九家，
五六七年怀不上。
个个嘴脸好难看，
男人生气女人愁。
得九昂牤来商量，
德表脘盖（地名）去求子。
求子得了子，
求女怀上女。
得九昂牤转回六七年，
生儿育女不知有多少。

栽麦种荞吃不饱，
撒麻种麻不够穿。
二人商议开荒坡，
前边野草生，
后头蒿枝长。

挖到太阳正当顶,
得九昂忙打瞌睡。
瞌睡太长日子短。
睡眠中母牛下牛仔,
醒来牛仔长成母牛大,
分辨不出母和仔。
睡到太阳再当顶,
睡眠中母羊下羊仔,
醒来羊仔长成母羊大,
分辨不清仔同母。
荒山荒坡挖多少,
挖得锄把生菌子,
掘得锄头长青苔。

从前男人不会死,
男人老了蜕层皮,
蜕皮又成小后生,
天下不够坐。
从前女人死不了,
女人老了蜕层皮,
蜕皮转来当姑娘
天下住不完。
出门进家哭伤心。
太白金星看到说,
嘎登阿谬不要哭,
我有一颗葫芦种,
此时拿给你们栽。
你等有天又有日,
你家姊妹可得坐。

2018年9月30日,刘廷荣在贵阳市花溪区燕楼镇同心村嘎多寨唱诵。10月11日在天津大学冯骥才文学艺术研究院举办的"传承人'释义'学术研讨会"开幕式现场演述。
《米花歌》是2018年9月8日中国民间文艺家协会顾问余未人在嘎多偶然发现的。全歌唱诵时间需12小时左右,尚未搜集记录。这是《米花歌·嘎登阿谬制人烟》片段。本段唱诵时间13分钟。歌师唐明勇(50岁)、陶玉强(72岁)、陶华银(74岁)、唐光前(64岁)参与苗语口译。

∧ 传承人"释义"学术研讨会与会者合影

现场图片

 ∧ 国家级非遗项目刘家园祥音法鼓老会设摆

 ∧ 老会精彩的茶炊子表演

 ∧ 与会嘉宾签到

 > 冯骥才与老艺人们相见甚欢

﹥冯骥才和与会学者、传承人合影

∨冯骥才和与会嘉宾、传承人、学者合影

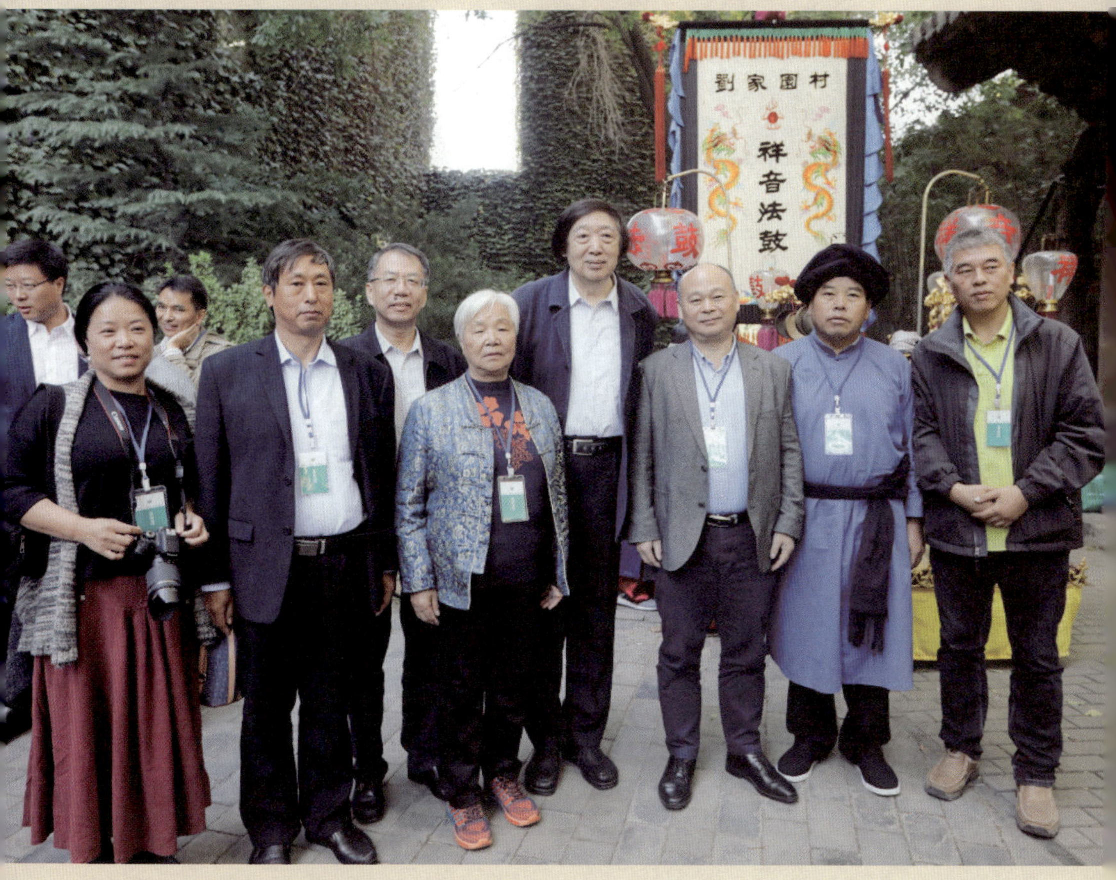

∧ 冯骥才与老会会员聊传承

∨ 老会精彩的上擂表演

＞老会的新生代传人上场献艺

∨冯骥才与老会会员合影

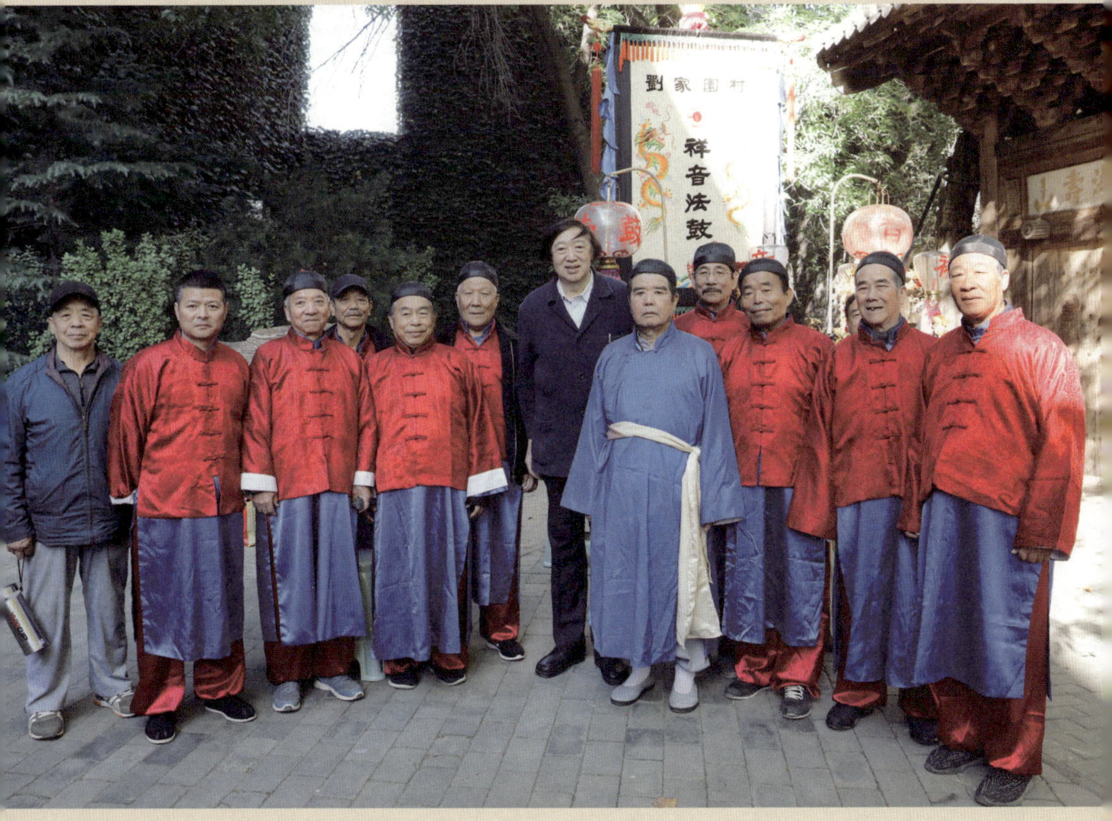

∧ 扬州雕版木刻传人宋保旺向冯骥才等介绍作品

∧ 陕西剪纸传人张雪萍演示古法熏样

∧ 冯骥才与苗族古歌传人合影

∧ 与会专家参观冯骥才文学艺术研究院院史展

∧ 与会专家参观冯骥才文学艺术研究院博物馆

Academic Symposium of the inheritor "interpretation"

> 扬州广陵琴派传人樊继健弹奏《平沙落雁》

∨ 罗杨在研讨会上发言

研讨会档案

∨ 研讨会背景板

∧ 老会出会表演简介

∧ 研讨会会议指南

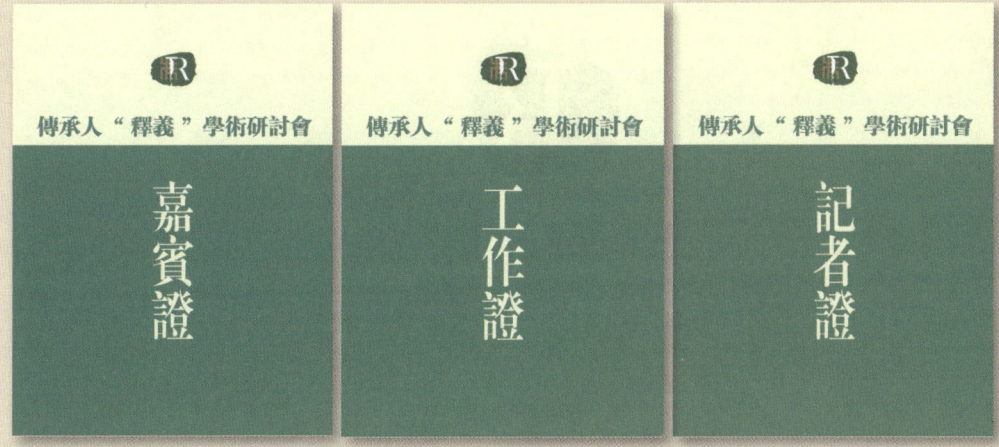
∧ 研讨会证件

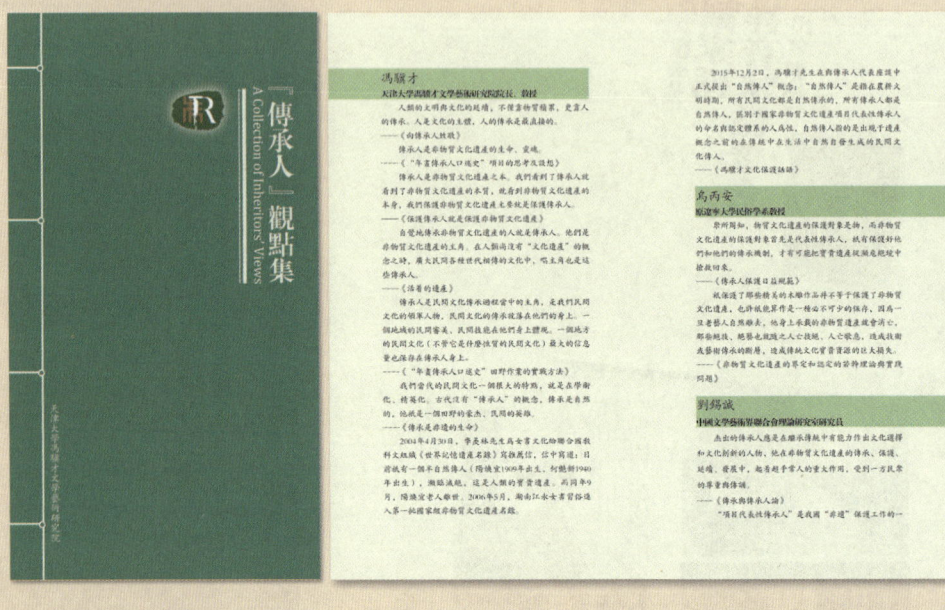

∧ "传承人"观点集

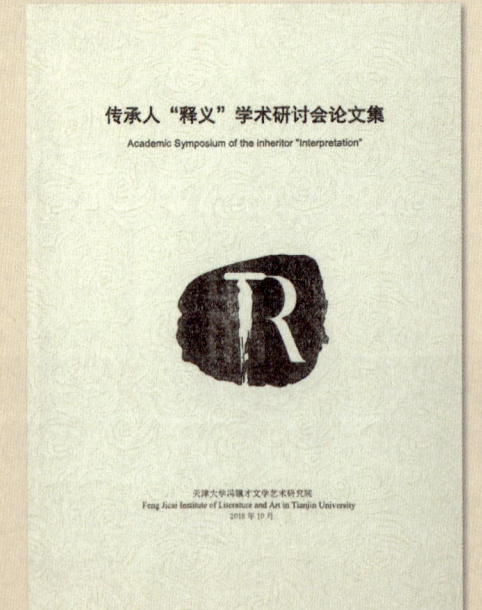

< 研讨会会议用论文集封面

相关报道

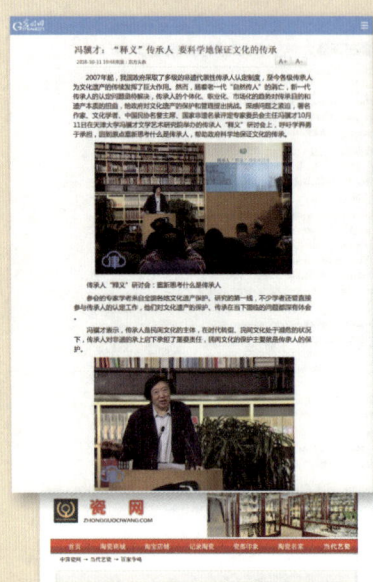

01 关于传承人的观点

在视频结束不久的"传承人'释义'学术研讨会"上，与会的专家学者就重新释义传承人作了精彩发言。冯骥才先生作为非物质文化遗产保护运动的发起者之一，有很多关于"传承人"以及"传承人口述史"的前瞻性重要观点。在此，我们摘录部分以飨读者。

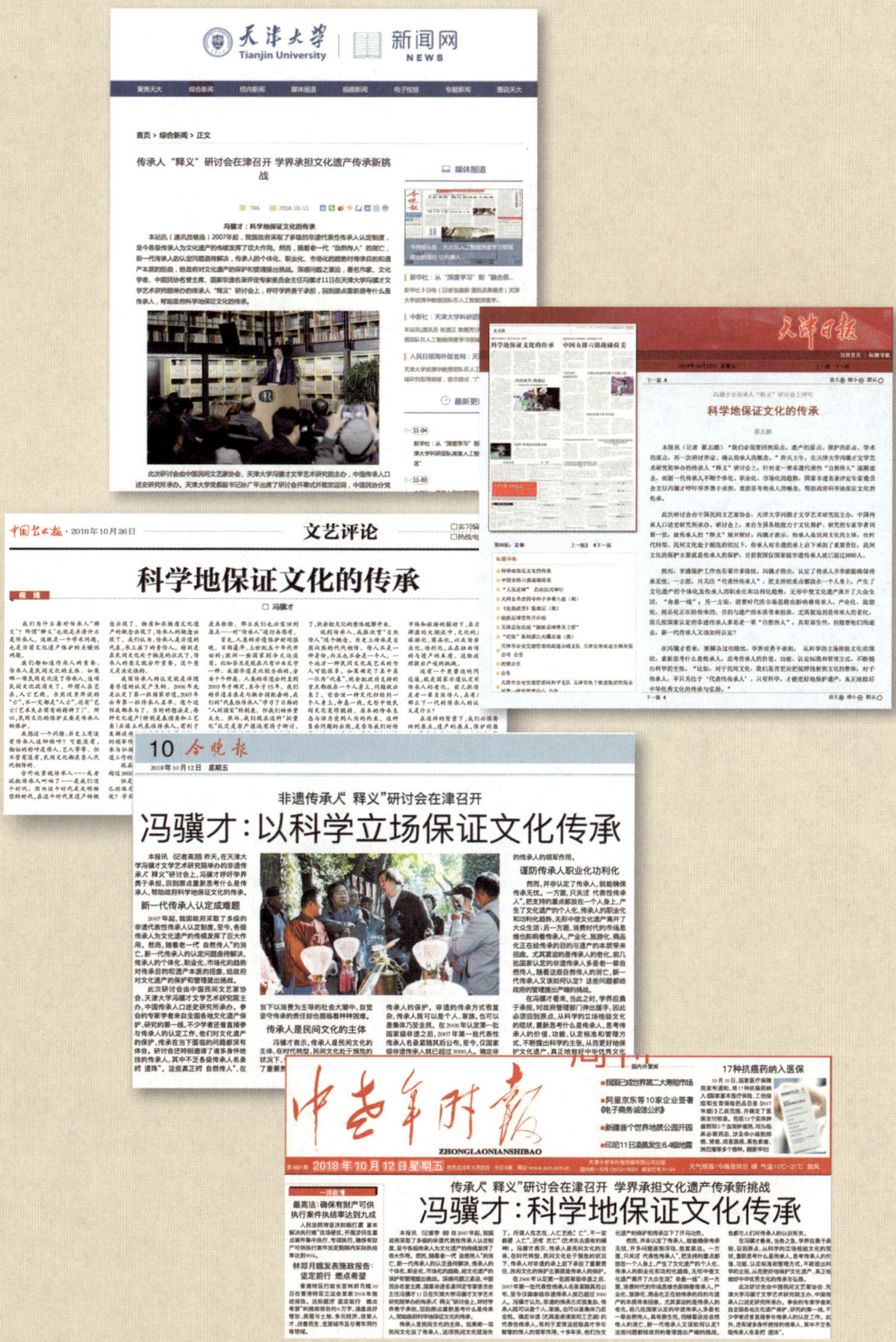

天津大学 Tianjin University | 新闻网 NEWS

首页 > 综合新闻 > 正文

传承人“释义”研讨会在津召开 学界承担文化遗产传承新挑战

冯骥才：科学地保证文化的传承

本站讯（通讯员杨扬）2007年起，我国政府采取了多级的非遗代表性传承人认定制度，至今各级传承人为文化遗产的传续发挥了巨大作用。然而，随着老一代“自然传人”的消亡，新一代传承人的认定问题亟待解决，传承人的个体化、职业化、市场化的趋势对传承目的和遗产本质的扭曲，给政府对文化遗产的保护和管理提出挑战。深感问题之紧迫，著名作家、文化学者、中国民协名誉主席、国家非遗名录评定专家委员会主任冯骥才11日在天津大学冯骥才文学艺术研究院举办的传承人“释义”研讨会上，呼吁学界勇于承担，回到原点重新思考什么是传承人，帮助政府科学地保证文化的传承。

天津日报

科学地保证文化的传承

中国艺术报 · 2018年10月26日 文艺评论

科学地保证文化的传承

冯骥才

10 今晚报 2018年10月12日 星期五

非遗传承人“释义”研讨会在津召开

冯骥才：以科学立场保证文化传承

本报讯（记者高丽）昨天，在天津大学冯骥才文学艺术研究院举办的非遗传承人“释义”研讨会上，冯骥才呼吁学界勇于承担，回到原点重新思考什么是传承人，帮助政府科学地保证文化的传承。

新一代传承人认定成难题

2007年起，我国政府采取了多级的非遗代表性传承人认定制度，至今，各级传承人为文化遗产的传续发挥了巨大作用。然而，随着老一代“自然传人”的消亡，新一代传承人的认定问题亟待解决，传承人的个体化、职业化、市场化的趋势对传承目的和遗产本质的扭曲，给政府对文化遗产的保护和管理提出挑战。

此次研讨会由中国民间文艺家协会、天津大学冯骥才文学艺术研究院主办，中国传承人口述史研究所承办。参会的专家学者来自全国各地文化遗产保护、研究的第一线，不少学者还曾直接参与传承人的认定工作，他们对文化遗产的保护、传承在当下面临的问题都深有体会。研讨会还特别邀请了诸多身怀绝技的传承人，其中不乏各级传承人名录的“遗珠”。这些真正的“自然传人”，在当下以消费为主导的社会大潮中，自觉坚守传承的责任却也面临着种种困难。

传承人是民间文化的主体

冯骥才表示，传承人是民间文化的主体，在时代转型、民间文化处于濒危的状况下，……

……传承人的保护。非遗的传承方式很复杂，传承人既可以是个人、家族，也可以是集体乃至全民。在2006年认定第一批国家级非遗之后，2007年第一批代表性传承人名录紧随其后公布，至今，仅国家级非遗传承人就已超过3000人。确定非……的传承人的领军作用。

谨防传承人职业化功利化

然而，并非认定了传承人，就能确保传承无忧。一方面，只关注“代表性传承人”，把支持的重点都放在一个人身上，产生了文化遗产的个人化、传承人的职业化和功利化趋势，无形中使文化遗产离开了大众生活；另一方面，消费时代的市场思维也影响着传承人，产业化、旅游化、商品化正在给传承的目的与遗产的本质带来扭曲。尤其紧迫的是传承人的老化，前几批国家认定的非遗传承人多是老一辈自然传人，随着这些自然传人的消亡，新一代传承人又该如何认定？这些问题都给政府的管理提出严峻的挑战。

在冯骥才看来，当此之时，学界应勇于承担，对政府管理部门伸出援手，因此必须回到原点，从科学的立场检验文化的现状，重新思考什么是传承人，思考传承人的价值、功能、认定标准和管理方式，不断提出科学的主张，从而更好地保护文化遗产，真正地做好中华优秀文化……

中老年时报 ZHONGLAONIANSHIBAO 2018年10月12日 星期五

传承人“释义”研讨会在津召开 学界承担文化遗产传承新挑战

冯骥才：科学地保证文化传承

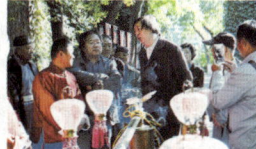

图书在版编目（CIP）数据

传承人"释义"学术研讨会论文集 / 冯骥才主编.
— 北京：文化艺术出版社，2019.7
ISBN 978-7-5039-6718-4
Ⅰ.①传… Ⅱ.①冯… Ⅲ.①民间艺人 – 中国 – 学术会议 – 文集 Ⅳ.①K825.7-53

中国版本图书馆CIP数据核字(2019)第114437号

主　　编	冯骥才
责任编辑	齐大任
摄　　影	吉　德
书籍设计	顾　紫
出版发行	文化艺术出版社
地　　址	北京市东城区东四八条52号 100700
网　　址	www.caaph.com
电子信箱	s@caaph.com
电　　话	（010）84057666（总编室）　84057667（办公室） 　　　　　84057696 – 84057699（发行部）
传　　真	（010）84057660（总编室）　84057670（办公室） 　　　　　84057690（发行部）
经　　销	新华书店
印　　刷	鑫艺佳利（天津）印刷有限公司
版　　次	2019年10月第1版
印　　次	2019年10月第1次印刷
开　　本	710毫米×1000毫米 1/16
印　　张	21.5
字　　数	230千字 图片约100幅
书　　号	ISBN 978-7-5039-6718-4
定　　价	78.00元

版权所有，侵权必究。印装错误，随时调换。